한일지역복지론

한일지역복지론

전광현 · 마끼사또 쯔네지 편

사회복지
전문출판 나눔의집

머리말

사회복지서비스 시대라고 할 수 있는 요즈음, 지역사회복지라는 관점의 필요성이 부각되고 있다. 특히 수요자 중심의 복지 원칙을 강화하며 이를 근거로 하여 시장 기능을 확대하려고 하는 한국의 사회복지에 있어서 지역을 중심으로 하는 복지서비스의 구현은 매우 중요하다.

과거의 사회복지서비스는 삶의 질의 추구라는 관점보다는 생존 문제를 해결하는데 급급했던 면이 크다고 할 수 있다. 물론 삶의 질이라고 하는 것이 서비스 대상자의 확대와 더불어 강화되어 가는 시대적 흐름이라고 할지라도 이러한 욕구에 대한 접근과 대응은 늦은 감이 있다.

물론 정부가 복지서비스 시대를 맞이하여 지방분권이라든가 바우처 제도, 장기요양보험제도 등등을 준비하고 시도는 하고 있으나 도처에서 신음 소리가 들리고 있는 실정이다. 이는 지역사회복지라고 하는 관점이 정립되지 않은 상황에서 땜질 방식의 제도를 만들었기에 나타나는 필연적인 결과라고 할 수 있다.

지역사회복지를 추구하는 관점은 크게 4가지로 제시할 수 있다. 우선 복지공동체를 구현하려는 의도이다. 단순히 서비스가 잘 된다고 할지라도 더불어 사는 지역사회에 대한 의식이나 태도로 나타나지 않으면 서비스 제공만으로는 우리가 바라는 사회를 구현할 수 없다. 둘째는 주민 주체의 형성이다. 복지서비스 시대에 있어서 제공자가 강조되다 보니 주민은 없고 복지정책, 제도, 서비스 기관들만이 난무하여 주객이 전도된 느낌을 갖게 된다. 지역주민들의 생활을 지원하기 위한 정책이나 서비스가 주민들의 삶의 질에 대한 관점은 없고 서비스의 종류만이 무수한 상태가 되어 버렸다고 할 수 있다. 따라서 삶의 주체인 주민들의 권리를 찾고 구축해 나가야 할 필요가 있다.

셋째는 재가복지의 확대이다. 서비스 대상자의 확대는 초저출산, 초고령화 사회인 한국에서는 필연적인 시대적 사명이다. 그러나 종래의 복지 자원들의 효율성과 효과성에 의한 분석과 평가가 선결된 가운데 각종 서비스들이 제공되어야 할 것이다. 따라서 시설의 사회화와 복지 서비스 대상자들의 조직화는 먼저 검토되어야 할 과제이다. 마지막으로 지역사회복지를 추구하기에 적절한 환경을 갖추지 않으면 지역 주민들의 다양하고 복잡한 생활 문제를 해결하기 어려울 것이다. 그러기에 신자유주의 복지 시대에 확인해야 할 것은 공적 책임의 명확화, 권한과 책임을 수반하는 지방 분권화, 또 복지가 선거 이슈로 정치화되어 가고 있는 한국적 상황에서 지역사회 주민들의 필요에 근거한 지역사회복지계획의 현실화가 이루어져야 하고, 아울러 매칭 펀드 시스템에 의거한 지방복지행정으로 야기되는 각종 문제를 해결하기 위하여 행정기능의 통합화가 추진되어야 할 것이다.

　이상과 같은 네 개의 커다란 축을 근거로 하여 지역사회복지를 구현하여야 할 필요가 대두됨에 따라 지역사회복지방법론에 대한 검토가 요구된다. 종래의 지역사회복지방법론은 균형 있는 접근이 이루어지지 않았다고 할 수 있고, 대개 지역사회 수준에서 실천하고 있는 기관들에 대한 방향제시라고 할 수 있다. 그러기에 새로운 시대에 새로운 접근 방법에 대한 모색을 필요로 하는 한국의 실정에서 우리 보다 지역사회문제에 대한 고민을 먼저 진행한 일본의 지식과 경험을 함께 나누는 것이 의미가 있다고 생각하여 일본의 지역사회복지전문가들과 한국의 지역사회복지전문가들이 하나가 되어 책을 출판하게 되었다. 아직도 사회적, 문화적 배경이 다른, 관점이 통일되지 않은 상태에서 부족한 책을 낸다고 하는 두려움이 있으나 이를 기반으로 하여 좀 더 통합된 접근이 가능할 것이라 기대한다. 많은 지도와 편달이 있어야 할 것이다. 오래전부터 준비하였지만 지금에서야 이 책이 세상에 나오게 되었다. 나눔의집 출판사에 미안함과 감사함을 전한다.

2010년 2월

집필자 대표 전광현 / 한국지역사회복지학회장

지역복지의 개념과 지역복지계획

마끼사또 쯔네지(牧里每治)*

1. 지역복지의 역사적 변천과 사상

어떠한 인식의 틀을 가지고 있는가에 따라 지역복지를 인식하는 개념도 실체도 달라진다. 이와 유사하게 지역사회와 커뮤니티에 대한 인식도 입장과 목적, 그리고 방법에 따라서 달라진다. 예를 들면, 어떤 역사적인 사실과 현상을 지역복지라고 할 것인가에 대해서도, 현대사회가 과제로 인식함에 있어 그 보는 방법과 생각의 영향을 받는다는 것은 굳이 말로 표현할 필요조차 없을 것이다.

지역복지론의 교과서에는, 역사적 사실로서 반드시 자선조직화Charity Organization Society 운동과 인보관settlement을 예로 든다.[1] 공동모금회Community Chest와 지역사회개발Community Development도 지역복지의 역사를 논의할 때 항상 언급되는

_____
* 關西學院大學敎授

것이다.[2] 그러나 이러한 활동과 조직은 어떠한 이유로 지역복지의 범위에 속한 것일까. 이런 역사적 사실로 인식되는 그 본질은 어떻게 설명될 수 있는 것일까. 민생아동위원民生兒童委員會의 전신인 방면위원제도方面委員制度는 어떤 의미에서 지역복지라고 말할 수 있을까. 일본의 농촌사회에서 볼 수 있는 유이結い와 모야이もやい, 그리고 미조溝는 왜 지역복지가 아닌 것일까. 지역복지의 본질이 상호부조와 서로 돕기에 있다고 하면, 유이와 모야이도 지역복지라고말할 수 있지 않을까라는 의문이 생긴다.[3]

지역복지의 개념화를 ①활동(분야) 차원, ②방법(기술) 차원, ③정책 차원, ④사상(이념) 차원으로 설정해서 고찰해 보면, 다음과 같이 파악할 수 있을 것이다.[4] 예를 들면, 역사적으로 인보관과 공동모금 또는 시민복지협의회(사회복지협의회)는, 지역복지를 하나의 활동과 분야로 취급하고 있는 것으로, 맹아형태로써는 거의 ①의 활동 차원에 포함된다. 오늘날에도 슬럼Slum과 도심Inner city, 과소過疎지역 등에서 보이는 빈곤문제와 생활문제 등, 일정 생활수준의 시점으로 본 경우, 열악한 주택조건과 고용상실, 범죄다발과 주민의 고립화 등 사회적 병리가 집중적으로 누적된 지역에 대한 대책으로써 지역복지를 취급하는 경우가 있다. 또한 이러한 빈곤문제와 새로운 생활문제의 확대와 심각화가 특정 지역을 넘어서 일반 지역으로도 확대되고, 지역복지도 대중적인 문제에 대한 대책으로 확대되어 온 것으로 보는 것도 가능하다.

②의 방법 차원의 예로는, 지역사회조직Community organization과 지역사회실천community work을 들 수 있다. 최근에는 지역사회복지실천Community social work과 지역사회실천community practice이라고 하는 새로운 방법도 제기되고 있다.[5]

이러한 것들은 대개 기술과 방법으로써 인식되지만, 실제로는 조직화활동과 단체 간의 조정활동 그 자체로써, 또는 기술, 방법과 연결해서 이해되었다. 조사법, 소집단활동group work, 홍보기법, 집회, 회의의 기술, 계획기술 등의 각종 기법·기술의 복합화와 사회사업social work의 통합화 속에서 정련

되어 왔다고 해도 좋을 것이다. 즉, 지역사회에서 발생한 여러 생활문제들을 주민의 연대와 협동으로 해결하는 방법과 활동프로세스라는 용어로 바뀌 불리도 좋을 것이다. 이러한 숙련된 기술들도 사실은, 인보관운동과 공동모금활동, 자원봉사volunteer 속에서 태어난 것으로, 그 역사는 자선조직화운동까지 거슬러 올라갈 수 있다.

지역복지활동의 확대와 조직화기술의 혁신·보급의 결과로 정책에 반영된 것이 지역사회개발Community development과 (얼마 후에 영국에서 정책화된) 지역사회보호community care일 것이다. 주로 민간단체, 시민단체 사이에서 활용되었던 지역사회조직Community organization의 기술과 실천수법은, 중앙정부, 지방정부의 지역정책으로써 도입되게 된다. 이러한 것들이 ③의 정책 차원에 있어서 유이한柚= 개념이 될 것이다. 특히 지역사회개발은 공적 자금 기술과 주민의 제안initiative에 의해 전개된 공사협동의 지역정책이라고도 말할 수 있지만, 대상지역의 주민 생활문제의 공동해결을 공적기관이 재정적, 기술적으로 지원한 것이다.[6] Community development는 일본어로 직역하면, 지역개발이 되지만, 일본에 있어서는 산업개발우선의 지역개발이 아니라, 사회생활의 개선과 향상 또는 주민의 인간관계의 회복 등 생활우선의 지역개발, 마을 만들기이고, 사회개발 또는 공동사회개발이라고 표현해야만 할 내용으로 되어 있다.

마지막으로 ④의 사상(이념)으로써 지역복지란, 정상화Normalization의 이념과 복지커뮤니티의 사상, 장애인의 자립생활사상 등이 해당될 것이다.

정상화의 이념은, 덴마크의 미켈슨N. E. Bank-Mikkelsen에 의해 제창된 개념이다. 반드시 지역복지의 이념에 포함시킬 수 있는 것은 아니고, 광의의 사회복지의 궁극적인 이념이라고 말하지 않으면 안 되지만, 지역사회 내에서 만이 구체적으로 실현될 수 있는 것이다. 그런 의미에서 무엇보다 더 지역복지에 가까운 이념이다. 개괄적으로 말하면, '장애인을 일반 시민으로서 인정하지 않는 사회는 취약한 사회이고, 정상적인 사회라고는 말할 수 없을 것이고, 또한 장애인도 일반시민과 같은 생활을 영위하는 것이, 정상적인 생활이다' 라고 하는 사상이다. 지역사회에 통합도시 · 장애물 없는 환경 만들기$^{Barrier-free}$와 연대가 있는 인간환경 만들기야말로, 그 사상을 실천하는 것이다.

복지커뮤니티의 사상도 거의 정상화 이념에 가깝지만, 커뮤니티가 가지고 있는 자연적인 치료력治療力과 복지력福祉力을 주민운동과 시책만들기에 활용하려는 것으로, 명확하게 개념화되어 있지는 않다. 복지커뮤니티는, 성차와 세대간, 장애와 계층을 초월해서 형성된 지역 차원의 '다원주의적 사회' 이며, 주민 각자에게 있어서는 주체형성의 장이고, 복지 생활권이다.

장애인의 자립생활사상[7]은, 거번 데종$^{Gerben Dejong}$에 의해 제창되어 나중에는 장애인의 공민권법이라고도 말할 수 있는 ADA$^{Americans with Disabilities Act}$법 제정을 촉진시켰고 , 일본에 있어서는 하트빌법[고령자, 신체장애인 등이 원활하게 이용할 수 있는 특정건축물의 건축촉진에 관한 법률 — 역자]과 복지마을 만들기 조례 등 통합도시 형성에도 영향을 주었다.

지역복지 개념화를 몇 개의 차원을 설정해서 살펴보는 방법도 지역복지의 범위와 내용을 확정해 가는 방법이다. 그렇다고, 지역복지의 본질적 특징을 파악하게 된 것은 아니다. 다른 각도로 접근해서 살펴야 할 필요도 있다.

2. 지역복지의 개념과 연구 접근법

일찍이 1980년대까지 지역복지 이론으로 불린 여러 학설을 '구조와 기능' 의 관점 — 지역복지의 이념을 구조적으로 인식할 것인가, 기능적으로 인식할 것인가 — 에서 정리한 적이 있다. 이것은 구조와 기능이라고 하는 일반적 형식에 따라 지역복지라고 부르는 사회현상을 파악하려고 한 것

이다.[8]

구조라고 하는 것은, 어떤 틀과 골격 또는 그릇과 같은 것으로, 실체는 없다. 기능은, 활동과 효용, 어떤 경우에는 행위와 작용으로 부르는 것을 말하지만 일정한 구조가 없으면 인식하기 어려운 성질을 가지고 있다. 말하자면, 구조와 기능은 상호보완적인 관계에 있고, 상대가 없으면 식별할 방법이 없는 관계에 있는 것이다. 이것을 지역복지에 적용해서 관찰해 보면, 지역복지라고 하는 상호부조적 기능과 욕구 충족기능, 생활문제해결기능은 법률과 재정, 행정, 조직과 자금, 인재 등으로 이루어진 구조적 장치가 없으면 실현될 수 없고, 그 기능에 대한 파악도 할 수 없다. 마치 인간의 신체가 골격과 근육 등의 체구와 감각과 동작 등의 움직임과의 복합체로 되어 있는 것과 같이, 지역복지라고 부르는 정책과 사업활동도 기능과 구조로 되어 있다.

사회복지를 인식함에 있어서도 이제까지는, 제도정책으로 이해하는 입장과 기술방법 또는 기능으로 이해하는 입장이 있었다. 사회복지사업·정책의 인식방법이 그 접근법에 따라 다름과 같이 지역복지의 이해와 인식에 있어서도 그 영향을 피할 수 없다. 단지, 사회복지의 지역판이 지역복지인가라고 하면, 반드시 그렇다고 명백하게 말할 수 있는 것은 아니다. 국가차원에서의 복지정책과 지방, 특히 지방자치체의 지역복지, 지역사회의 '주민복지'는 상대적으로 각각의 독자성을 가지고 있고, 국가정책의 의사가 지방의 복지 모든 것에 걸쳐서 관철되는 것도 아니다. 그런 의미로, 지역사회라고 하는 필드를 토대로 해서 사회복지의 구조적 측면, 기능적 측면 양면으로 지역복지를 추적해 볼 수 있을 것이다.

지역복지의 구조적 측면에 초점을 맞춘 것을 구조적 접근법, 기능적 측면에 시점을 맞춘 것을 기능적 접근법이라고 명명하고, 구조적 접근법의 연구중점은 지역복지정책의 형성과정에 있고, 그 형성을 둘러싼 모순과 대립의 명확화에 있다. 한편, 기능적 접근법은 지역복지 서비스의 공급시스템화와 지역복지의 체계화를 오로지 기능적 성립조건 속에서 발견하고, 지역복지의 상대적 고유성과 독자성을 생활관련 공공시책과 관련해서 명백하게 하는 것이라고 말할 수 있다.

하지만, 이처럼 '구조와 기능' 으로 인식하는 방법은 1990년대 이후의 지역복지정책과 지역복지실천의 유효성에 있어서 의문이 제기되고 있다. 전후 일본이 구축해 온 복지정책과 복지제도의 구조가 흔들리기 시작하고 있기 때문이다. 국가책임, 행정책임을 기반으로 한 중앙집권적 정책에 의해 형성된 복지제도라고 하는 '구조' 가 변용되고 피로하기 시작하면, '기능' 도 변질되고 본래의 효과가 없어지면서, 복지보조금의 악용과 남용 등 다른 작용으로 나타나기 시작한다. 오래된 제도 '구조' 가 커버할 수 없는 실천적 · 선구적 시도는 새로운 '기능' 을 충족할 수 있는 틀과 시스템을 요구한다. NPO^{Non-profit organization}의 대두와 정보미디어의 혁신은, 지역복지실천의 모습을 변형시켜 오고 있고, '기능' 이 '구조' 를 변혁시키고 있다. 1990년대 이후의 지역복지의 개념을 어떤 틀로 재인식할 것인가에 있어서 포스트 구조 기능론, 탈구조화론이 요구되고 있다.

1990년대에 들어와서 부터는, 1980년대의 복지정책, 지방분권화, 공급시스템의 다원화 등에 영향을 받으면서 지역복지론에도 새로운 움직임이 보이기 시작하고 있다. 1990년과 1992년에 사회복지사업법이 2회의 개정을 거치고, 기초자치체를 기본으로 한 계획적 지역복지서비스시스템으로 변환하려고 하고 있고, 종래의 '재가복지형지역복지론'[9]에서 '자치형지역복지론' 과 '참여형지역복지론' 이 형성되고 있다. 70년대 이전의 시설복지편중시대에서는 재가복지의 중점화는 기본적인 정책과제였고, 그 이론화에 비화폐적 욕구론과 복지경영론에 의해 지지되고 있던 '재가복지형지역복지론' 이 시대의 요청에 응했던 것이다. 보건복지의 일체화와 시설과 재가의 융합이 진행되고 있는 가운데, 지방분권과 주민참여의 재논의가 요구되고 있는 시대를 반영하여 전후 일본의 복지제도의 피로가 나타나고 있고, 그 속에서 주민자치에 대한 모색과 주민참여, 주민주체형성에 초점을 두고 있다.

소위 '자치형지역복지론'[10]이라고 하는 것은, 右田紀久惠가 세운 이론으로 1970년대 지역복지론을 한 단계 높인 것이라고 말할 수 있고, '새로운 공공성'[11]을 지역사회를 기반으로 구축하기 위한 지방분권화과 시민·주민참여의 시점에서 지역복지체계를 제도론으로 재구성한 것이다. '참여형지역복지론'[12]은, 大橋謙策의 주체형성을 중요시하는 지역복지론이라고 말해도 좋을 것이다.

재가복지서비스를 중심으로 하는 지역복지의 계획적 추진에는, 시구정촌市區町村[행정구역단위 ― 역자] 등의 행정기관만이 아니고 사회복지협의회를 시작으로 하는 민간기관이 해야 할 역할이 크고, 그 역할을 다하기 위해서는 시민·주민이 지역복지의 주체로서 성장하지 않으면 안 된다. 이러한 주체형성의 방법으로 복지학습과 복지교육이 자리 잡고 있다. '참여형지역복지론' 은, '자치형지역복지론' 과 메달의 앞뒷면의 관계에 있는 것처럼 생각할 수 있지만, 주체형성과 주민자치, 공공성의 재정의 등이 양론의 저변에 흐르고 있다.

이렇게 보면, 1990년의 복지8법 개정을 계기로 한 지방자치체의 복지정책화를 의식했던 것이 '자치형지역복지' 와 '참여형지역복지' 라고 말할 수 있지 않겠는가. 그리고 이 양론의 공유부분으로 시민·주민의 자치능력형성이 밑바닥에 깔려 있고, '주민자치' 의 재형성이 그 과제로 남아 있다. 1980년대에 전략적으로 전개되었던 재가복지의 정책화에서 벗어나, 1990년대는 지방자치체를 무대로 하는 지역복지의 새로운 틀, 주민자치형지역복지의 '새로운 구조화' 를 목표로 했던 시대라고도 할 수 있다.

3. 전후 지역복지의 생성과 혼돈[13]

전후로부터 1950년대에 걸쳐서 사용된 지역복지의 의미는 슬럼과 해방되지 않은 부락 등에서의 인보관운동이 중심이었다. 따라서 일반적인 의미에서의 지역복지가 아닌 빈곤지역의 종합적 대책으로써 인식하고 있었다. 즉, 그 시대의 복지대책의 주류는 복지시설건설이었고, 더욱이 수용보호를 전제로 하는 수용형 시설의 정비가 긴급과제로 인식된 시대이기도 하다. 예를 들면, 부모 모임 등 관계자를 중심으로 한 복지촌 건설운동 등이 하나의 특징일 것이다. 이 시기의 사회복지대책이 수용처우 중심, 소위 '시설복지'에 편중되었던 것은 복지시설이 지역사회와 지리적, 기능적으로도 격리된 상태로만 존재할 수 있었고 그것을 허락했던 지역구조가 있었기 때문이다. 다시 말하면, 일반적으로는 1950년대 말까지는 적어도 서서히 형해화形骸化해 가고 있다고 해도, 형식적으로는 가족, 지역사회의 상호부조기능이 잔존해 있었다고 추측할 수 있고, 복지기능이 저하·마비되었던 곳은 특정지역에만 한정되었고, 그 외의 대부분은 상호부조 또는 시설의 격리수용으로 처리되고 있었던 것으로 추측할 수 있다.

그런데 1960년대에 들어오면서 사정은 일변했다. 60년대부터 70년대 전반에 걸쳐서, 고도경제성장정책으로 인한 좋지 않은 여파가 현실화되고 공해문제, 교통재해 등 각종의 지역문제가 사회문제로 인식되고, 수많은 주민운동, 시민운동이 분출하였다. 인구의 도시집중 및 유동화, 핵가족화와 생활양식의 도시화 등 급격한 사회변동은 여러 가지의 지역문제를 불러일으켰다. 이러한 상황으로 인해 주민운동, 시민운동의 분출은 더욱 격화되었다.

1960년대부터 시작된 지역조직화의 활성화는 주민운동 등의 대두로부터 자극을 받기에는 충분했다고 생각된다. 예를 들면, 운동체 사협[사회복지협의회의 약자 — 역자]의 원점인 주민주체의 원칙을 제창했던 62년의 「사회복지협의회기본요강」과 대상자 참여를 논의한 73년의 「시구정촌사협 활동강화요강」은, 60년대 이후의 사회변동과 운동 상황을 상당부분 반영하고 있다. 이처럼 지역주민조직의 해체와 생활환경 파괴는, 일반지역에도 조직화를 필요로 하게 함과 동시에 지역복지활동이 특정 계층의 점유물에서 넓게 시민권을 획득할 수 있게 하는 결과를 가져왔다. 또한 이 시대는 소위 통원·통소복지시설과 이용시설이 증가하기 시작한 시기이기도 하고, 이제까지의 수용형복지시설과 더불어 지역복지의 객관적 기반이 양성된 시대이기도 했다. 그 외에 1962년에 홈헬퍼 제도가 만들어지면서 현재의 재가복지와 관련된 조건이 갖추어졌다.

한편, 정책차원에서는 과소과밀지역문제와 주민운동의 격화를 반영하는 형태로 1960년대 말부터 70년대 초에 걸쳐서 경제기획청을 시작으로 각각의 성청省廳[행정기구단위 — 역자]이 연달아서 커뮤니티 정책을 내놓았다. 정책적 의도는 분출하는 주민운동의 공격대상을 딴 데로 돌리고, 주민조직의 분단지배分斷支配와 정신론의 고양 등에 있었지만 이것이 지역복지의 보편화에 큰 요인이 되었던 것은 부정할 수 없을 것이다.

1970년대 이후부터 80년대 초는, 종래의 지역복지일반이 아니라 지역사회보호community care론과 재가복지론이 중심이 되는 시기이다. 이런 흐름은, 전 단계에서 확산되고 있던 지역복지일반을 조금 더 수렴시키려고 한 것이다. 즉, 주민일반을 위한 복지가 아니라, 불리Handicap를 가진 원호를 필요로 하는 계층을 중심에 두고 구상된 것임을 알 수 있다. 이것은, 초기의 지역사회보호community care에 관한 논의에서 노인복지 영역을 중심으로 하는 재가복지론, 장애(아)인복지영역을 중심으로 하는 정상화Normalization, 통합Integration 연구로 왕성하게 진행되었다. 그 외에 지역복지연구의 일부로써 복지시설의 사회화론, 볼런티어연구 등으로 확장되었다. 이는 단지 연구에만 그치지 않고 양적·질적인 실천이 전개되었다는 증거이기도 하다.

1970년대 사회배경의 특징은 무엇보다도 73년 말의 석유파동을 경계로 한 고도경제성장의 종언, 저성장 감속경제시대의 시작이다. 경제불황 및 재정위기를 구실로 한 74년 이후의 '복지재검토론'의 등장, '일본형복지사회론'으로 경사된 흐름이 복지계를 지배하게 되었다. 재정난을 이유로 복지행정의 공적 책임범위를 축소시키고, 그 결과로 빚어진 충족되지 않은 생활 욕구에 대해서는 각자의 자조와 가족·지역사회의 상호부조로 대응시키려고 하는 것이 일본형복지사회론의 본 모습이라고 해도 좋을 것이다. 더욱이 '민간활력의 이용'이라는 미명하에 복지의 유료화·상품화의 촉진을 그 목표로 하기도 했다.

일본형복지사회론은 한 축으로 지역복지를 들고 있고, 국가와 행정도 지역복지에 상당한 기대를 걸고 있었다. 그렇지만, 여기서 말하는 지역복지는 주민이 희망하는 지역복지와는 다른 것이라고 확실하게 말해두지 않으면 안 된다. 반복할 필요도 없이 정책당국에서 의도했던 지역복지란, 공적 복지의 억제와 상호부조의 고양이라고 하는 구도에서 나온 것이었고, 대중운동으로 희구된 지역복지, 즉 복지의 공적책임화와 생활수단의 사회화(예를 들면 가사와 수발의 사회화 등)로 구성된 것과는 명확하게 다른 것이었다. 또한 다른 각도로 말하자면, 국민대중의 분리와 통치를 노린 정책과 주민의 연대단결을 원하는 운동이 지역이라고 하는 장에서 대립하고 있는 상황을 상상할 수 있을 것이다. 이와 같이 현실적으로는 지역복지의 개념과 내용이 정책과 운동의 맞부딪침과 융합이라고 하는 상황 하에서 형성되고 있다는 사실을 재확인해두지 않으면 안 될 것이다. 1980년대의 사회적 배경의 특징은, 81년에 시작된 임조행혁臨調行革에 있다. '활력 있는 복지사회' 실현을 위한 자립자조의 강조, 복지의 유료화, 민간위탁촉진, 민간서비스의 장려 등과 같은 '작은 정부'를 요구하는 것이었고, 이것은 70년대에 요구했던 정책 그 자체를 이어가는 형태이다. 82년의 홈헬프 서비스의 유료화, 85년의 실버서비스진흥지도실의 설치, 87년 사단법인 실버서비스진흥회의 발족 등이 지역복지와 관련된 정책전개이다. 지방자치체차원에서는, 80년에 무사시노^{武藏野} 복지공사가 설립되어 유료유상 재가서비스를 복지공사방식으로 제공한 것 등 이른바 '주민참여형재가복지서비스'를 제공하는 임의단체가 배출되게 된다.

1990년대는, 1970년대 이후의 '복지재검토론'의 총결산인 '복지제도개혁'이 재가복지를 중심으로 한 지역복지정책으로 법제화가 진행되는 시대라고 할 수 있다. 89년의 복지관계 세 개의 심의회 합동기획분과회의 의견구신^{意見具申}을 받아 '고령자보건복지추진 10개년전략(골드플랜)'이 책정되었고, 고령자복지가 중심이 되었다고 말할 수 있는 재가복지서비스의 계획적 확충과 90년의 복지관계8법 개정을 통해 지방자치체로의 사무이관을 법적으로 추인했다. 93년에는 일부 복지시설의 입소결정사무를 시정촌^{市町村}에 이양하는 등 복지정책의 지방자치체화는 착실히 진행되었다. 94년에는 목표치를 올린 신골드플랜이 발표됨과 동시에, 같은 해 후생성^{厚生省}은 '고령자개호·자립지원시스템연구회'에 공적개호보험에 대한 구상을 발표하게끔 하고, 97년에는 2000년에 시행될 개호보험법을 성립시켰다.

개호보험제도의 실시와 함께 조치^{措置}, 조치비^{措置費}제도에 대한 재평가는 피할 수 없었고, 중앙사회복지심의회에 의해서 서비스공급조직의 규제완화, 성년후견인제도, 권리옹호서비스, 지역복지계획정책 등의 내용이 포함된 「사회복지기초구조개혁에 관해서」가 98년에 발표되었다. 또한, 동년에는 특정비영리활동촉진법도 성립되고, 본격적으로 지역복지의 시스템설계, 서비스공급의 다원적 경영 등 근본적인 패러다임 전환이 요구되는 시대가 되었다.

4. 지역복지시스템형성과 자율화

1980년대부터 약 20년간의 동향에 대해서, 예전에는 '지역복지'가 사회복지의 일부분이었던 것이, 지방자치체를 핵으로 하는 사회복지시스템 만들기의 유도 원리의 일각을 형성하고 있다. '지역복지'를 사회복지의 기본원리로까지 높이려고 하는 시점으로, 이제까지의 '분야로서의 지역복지'를 '원리로서의 지역복지'로 재구축하려고 하고 있다. '지역복지'와 '지역의 복지'를 구별하고자 하는 논의에서, 원리와 분야에 대한 식별을 명확하게 할 필요성이 있음을 알 수 있을 것이다.

이것은 지역복지의 기반이 되는 지역사회의 변형에 따라 지역복지의 본질과 실체에 대한 개념규정을 재정리해야함을 요구하고 있다. 지역사회는 산업화와 도시화, 또는 정보화 등에 의해 해체화의 길을 걷고 있고, 한편으로는 생활권의 광역화와 기능화 등 행정서비스에의 의존도가 높아지고 있다. '지역복지형 사회복지'[14]라고 하는 표현도 나오고 있지만, 지역복지의 내용도 지역사회의 상호부조적 활동과 지방자치체에 있어서는 복지서비스의 범위를 초월해서 주택과 교육, 고용 등 생활 관련 시책과 연계·통합·융합이 진행되고 있다. 사회보장과 보건위생 등과 사회복지와의 관계성만이 아니라, 사회정책Social policy과 상위개념을 둘러싼 그 위치관계를 명시할 필요성이 발생하고 있다. 지역복지가 '분야'에서 탈피해 '논리'를 지향한다고 하는 것은, 지역의료, 지역보건, 문화·교육, 고용·취로, 주거환경계획, 교통·통신 등으로 논리가 확산되는 것을 함의하는 것이지만, 원리·원칙과 정책실천이 연동된 체계로써 재정의되지 않으면 안 될 것이다. 적어도 의료·보건·복지의 연계와 통합은, 개호보험의 제도화로 개호서비스부분에서는 현실화되고 있다. 더욱이 지방자치체가 자율적으로 지역복지의 운영·경영을 할 수 있게 된다면 경제제도와 노동제도시스템의 일부로써 복지마을 만들기를 추진하는 시점이 불가결하게 된다.

특히 개호보험제도는, 기업을 포함한 다원적 조직들 간의 경쟁 하에서 개호서비스를 제공하는 시스템이고, 이제까지와 같이 지방자치체의 공적 책임 하에서 일원적으로 서비스를 제공하는 시스템과는 근본적으로 다른 제도이다. 개호보험제도에 기반을 둔 개호서비스를 사회복지서비스의 확대로 볼 것인가, 21세기의 고령사회에 있어서 여섯 번째의 사회서비스로 받아들일 것인가, 사회복지의 전문성과 고유성에 대한 재논의가 요구되고 있다. 지역복지정책과 그 실천은, 재가복지서비스를 중심으로 대인사회서비스Personal social service로써 다른 생활관련 여러 서비스들보다 먼저 생활사회화의 선구적인 길을 열어 왔다. 그런 의미에서는 사회복지와 지역복지가 확대되면서 동시에 전문적인 기능과 고유의 역할을 명확하게 하지 않는다면, 사회복지와 지역복지 그 자체는 사라질 수도 있다.

　지방자치체를 핵으로 하는 지역복지시스템 형성은, 국가에 있어서 삼권분립과 같이 지방자치체의 내부에 복지정책의 입안에서 실시, 그리고 불복신청과 옴부즈맨 제도를 포함한 조정·재정裁定의 시스템을 구축하지 않으면 안 된다. 즉 지역복지계획의 책정, 공사협동, 관민협력에 기반을 둔 서비스공급, 성년후견인제도, 권리옹호제도와 고충처리, 불복신청제도, 더욱이 정보공개와 서비스평가제도에 이르는 실천과 평가PDSC: PLAN-DO-SEE-CHECK의 시스템 구축이 그 과제가 된다. 지역복지의 자율화란 바로 자치체가 복지서비스에 대한 정책력을 가지는 것이다. 이것을 '자기조직화형의 지역복지'[15]라고 불러도 좋을 것이다. 기능과 서비스내용에 따라서는 외부에 연계를 구하여 광역화를 의도하고, 동시에 내부에 하위체계sub-system를 구축해 가는 자치체에 대한 모색이 계속되어야 할 것이다. 지방분권이 지방내부의 주민조직, NPO의 참여가 없으면 실효성이 약하다는 지적을 받고 있는 것처럼 PDSC시스템 구축도 시민참여, 주민참여 없이는 효력을 갖지 못할 것이다. 지역복지에 있어서 시민참여와 주민참여 또는 그것을 위한 주체형성을 강조한다면, 그것을 '주민자치형 지역복지'라고 칭할 수도 있을 것이다.

　'자기조직화형의 지역복지'는, 다른 측면에서 보면, 네트워크형의 지역복지를 요구하고 있다. 지역복지의 네트워크 형성은 주민의 주체형성과 관련된 과제이기도 하다. 지역복지가 사회정책의 하나라고 하는 것은, 지역사회에는 사회문제가 존재하고 있고, 예를 들면 빈곤문제와 생활문제를 안고 있는 사회계층이 존재하고 있다는 것을 전제로 하는 것이다. 이런 문제의 해결방책으로는 시민의 측면에서 말하자면, 빈곤·저소득층에 대한 시책에 대하여 국가에게 행정적 책임을 지게 하는 운동과 제도를 만들도록 하거나 개선하도록 하는 활동 등이 해당될 것이다. 그러나 지역복지를 주민·시민이 활동과 실천의 일환으로 서비스를 제공하거나, 그 시스템구축에 참여하는 것이라고 인식한다면, 지역복지는 본질적으로 행정서비스와 제도의 틀밖에 있는 존재까지 포함해서 인식하지 않으면 안 된다는 것을 시사한다. 즉, 행정서비스의 대상자와 이용자를 초월하여 시민·주민을 지역사회에 있어서 생활주체로써 재인식하는 것의 중요성을 지역복지가 제기하고 있다. 주민은 정책의 대상과 서비스의 이용자로서 인식되는 존재이기도 하지만, 정책과 계획에 영향을 미치는 시민주체로서, 또는 실천주체로서, 더욱이 사업주체로서 종합적·통합적으로 인식되지 않으면 안 될 것이다.

지역복지의 새로운 전개는, 어떻게 지역에서 복지사회의 형성을 꾀할 것인가가 최선의 것일지도 모르지만, 전통적이고 지리적인 지역사회^{community}가 붕괴·해체되고 있는 와중에, 이후 '복지 커뮤니티'를 어떻게 성격화하고 포장해서 새롭게 내실화해 갈 것인가라는 과제도 안고 있다. 그렇지만, 지역복지의 주요한 담당자이기도 한 여성의 취업화가 진행되고, 더욱이 자영업자의 감소, 활동자의 고령화 등 구래의 지역활동 패턴만 고집한다면, 새로운 전개는 기대될 수 없을 것이다. 볼런티어도 지식인도, 경제사회의 국제화의 영향을 받아 21세기의 삶의 방식, 일의 형태가 크게 변화할 것이라는 점은 대체로 예측하고 있는 것이다. 노동의 다양화·유동화 또는 생활스타일의 변용, 가치관의 다양화 등에 대응할 수 있는 자기조직화형의 '복지 커뮤니티' 모델을 제시해 가는 것이 필요하다.

그런 의미에서 비영리섹터의 역할과 그 정책적 위치가 지역복지에 있어 더욱 더 중요한 과제가 될 것이다. 이른바 비영리민간단체[NPO]의 지역복지 정책, 실천에 있어서의 의미와 복지사회만들기에 있어서의 사회적 장치로 서의 의의를 명확하게 하지 않으면 안 된다. 전후 복지국가는, 공공성과 공 적책임을 수행하는 정책과 제도를 중앙집권적 관료시스템으로 확립시켜 왔지만, 시민과 주민의 자치 능력과 계획 역량을 신장시키는 구조와 기회 를 창조해 왔던 것은 아니었다.[16] 볼런티어도 주민복지활동도 일종의 왜곡 된 특징을 가지면서 발전해 오고는 있지만, 재정력도 조직력도 취약하고, 자기조직적 발전과 비영리조직의 마을 만들기의 경영론 개발에 대해서는 이후를 기대할 수밖에 없다.

지역사회에 있어서의 복지조직의 다원화, 다양화를 향한 기존의 사회복 지법인의 재검토와 법인의 복합조직화와 연합화 등의 지역복지경영이라 고 하는 시점도 무시할 수 없다. 어떤 의미에서는 공공성을 가지고 있다고 하는 비영리조직의 강함은, 자금의 다원화와 인재의 유동적 운용, 사람들 의 사명·경영과 조직의 정체성[Identity]에 있고, 거기에서 도출될 수 있는 시 민참여·주민참여의 기업화[起業化], 사업화의 방법론에 대한 제시가 요구되 고 있다.

5. 지역복지계획의 책정과 공사협동

2000년에 성립된 사회복지법에 지역복지의 추진내용이 포함되고, 2003년 부터 법정화된 지역복지계획이 지방자치체의 행정계획으로써 책정되었 다. 이 사회복지법에 기반을 둔 지역복지계획을 이제까지 책정된 유사한 지역복지계획과 분별하기 위해서, 여기에서는 '신 지역복지계획'으로 호 칭하기로 한다. 이 지역복지계획의 책정은, 지방자치체의 임의사항이지

만, 법정계획이라고 하는 의미에서 지방자치체가 사회복지행정을 종합적
으로 운영하는데 크나큰 영향력을 줄 것이라고 생각한다.

'신 지역복지계획'은, 제107조에 규정된 시정촌^{市町村} 지역복지계획과 제
108조에 기반을 둔 도도부현^{都道府縣} 지역복지지원계획으로 구성되어 있고,
각각의 계획에 포함되어야할 내용에 대해서도 사회복지법에 명기되어 있
다. 그림 1-1은 '신 지역복지계획' 중에 시정촌 지역복지계획의 위치와 계
획구성 내용에 대해서 전국사회복지협의회의 '지역복지계획에 관한 조사
연구위원회'가 제기한 것이고, 밑줄친 부분인 '협의의 지역복지계획'에서
부터 노인보건복지계획, 장애인계획, 아동육성계획을 포함한 종합적 계획
으로서의 '광의의 지역복지' 및 지방자치체의 종합계획, 사회복지협의회
에 의한 지역복지활동계획, 그 외 복지마을 만들기계획 등이 관련된 '가장
넓은 의미의 지역복지계획'까지를 나타내고 있다. '신 지역복지계획'을
어떻게 확장하고 깊이 있게 만들 것인가는, 각각의 자치체의 판단에 맡기
고 있다. 시정촌 자치체의 정책능력과 주민의 자치능력에 의해서 지역복
지계획의 범위와 내용이 정해지고, 그것이 지역복지시스템의 내용과 수준
까지 결정하게 될 것이다.¹⁷

개호보험사업계획과 후속 계획인 노인보건복지계획도 시정촌 행정계획
으로써 개정에 대한 재검토가 진행되어 왔지만, 이후 기존의 다양한 복지
관련 계획과 신 지역복지계획을 연계시켜가면서 책정하지 않으면 안 된다.
'신 지역복지계획'은 시정촌에 책정의무가 있는 개호보험사업계획, 노인
보건복지사업계획으로부터 제외된 욕구와 아동, 여성, 장애인 등 지원을
필요로 하는 사람들의 욕구를 포함시켜 종합적으로 정책을 추진하기 위해
서는 종합적으로 계획을 책정하지 않으면 안 된다. 사회복지법에 규정된
'신 지역복지계획책정'을 매개로 해서 주민자치의 올바른 모습을 전망할
수 있는 좋은 기회가 주어진 것이라고도 말할 수 있다. 그래서 시정촌 지역
복지계획의 이미지를 창출하기 위해서 포인트가 되는 몇 개의 특징을 신

[그림 1-1] 지역복지계획의 기본구조

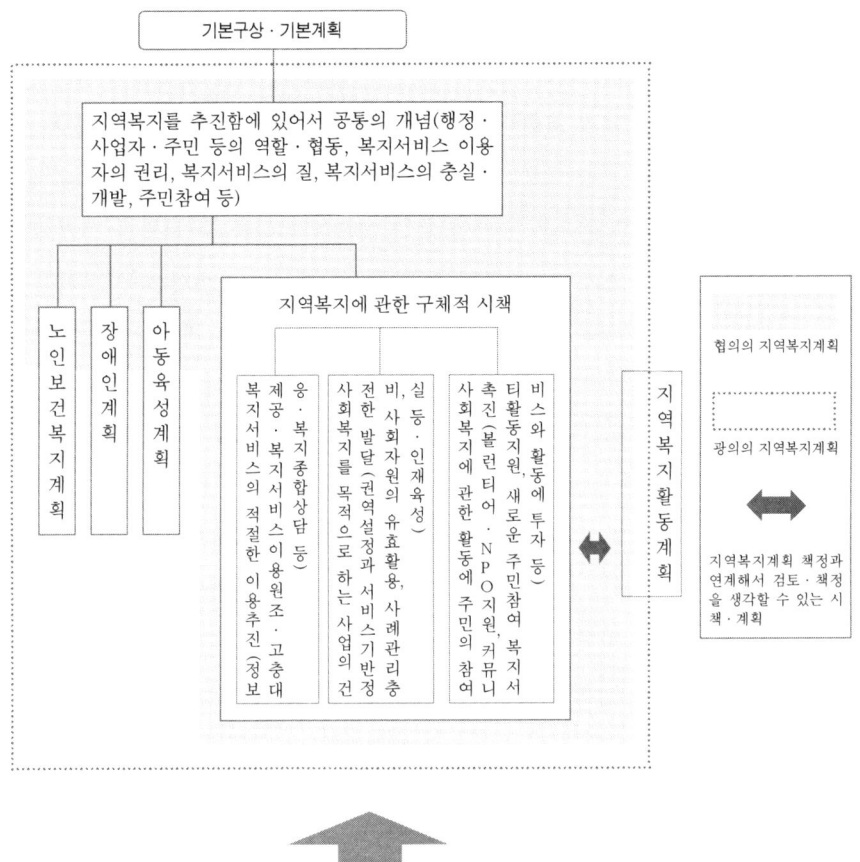

* 자료: 全國社會福祉協議會地域福祉計畵に關する調査硏究委員會「地域福祉計畵に關する調査硏究結果につ
いて」2001年 9月 一部修正している

지역복지계획의 이미지로써 정리해 보기로 한다.[18]

첫째, '신 지역복지계획'은 시정촌의 종합행정계획(이른바 Master plan)과 이미 책정된, 또는 책정될 예정인 각종의 분야별 계획을 연결하고 매개하는 기능을 가진 계획으로 할 필요가 있을 것이다. 만약 신지역복지계획이 이미 책정된 분야별 계획을 '끌어모으는 기능', 또는 각 분야별 계획에서 충족되지 않은 시책·사업의 '떨어진 벼이삭줍기 기능'을 가진 것에 불가한 것이라고 한다면, 극히 소극적이고 잔여적인 계획이 될 것이다. 옥상옥과 같은 지역복지계획이라면 그 필요성이 없어지게 되고, 또한 그와 같은 각종의 분야별 계획에서 감산하고 남은 사업을 쌓아올린 계획이라면, 각종 분야별 계획을 횡렬나열시키는 식의 계획을 책정한 것에 불과하다. 오히려 '신 지역복지계획'은 각종의 분야별 계획을 쌓아올려 더해 가는 부문별 복지계획과 인접한 분야별 계획을 종합·연계하는 복지의 마스터 플랜Master plan의 기능을 가진 것으로 하지 않으면 안 된다. 따라서 '신 지역복지계획'에는 지역복지의 장래에 대한 비전과 지역복지의 거시적 설계Grand design 또는 복지정책의 기본이념을 착실하게 정리한 것이 아니면 안 될 것이다. 또한 각 분야에 걸친 기초적 사업과 분야를 연결link시키는 종합·연계 프로그램의 설계 등이 포함되어 있지 않으면 안 된다. 결국, 전 분야에 걸친 종합상담사업과 복지정보제공·정보공개사업, 또는 권리옹호사업과 볼런티어 지원사업 등이 기초적 사업이 된다.

둘째, 기존과 같은 행정계획에 머물지 않고, 적극적으로 주민참여·참획을 추진하는 복지계획이 되어야할 것이다. 이른바 시정촌의 종합계획이란 것은, 행정직원에게 있어서는 사업을 진행하는 교과서와 안내서Manual와 같은 것이고, 행정직원만이 아니라 주민에게 있어서도 '우리 마을의 복지 만들기'를 촉진하는 활동의 바이블bible이 되지 않으면 안 된다고 생각한다. 세금 등의 공금을 재원으로 하는 시책·사업이므로 행정이 책임을 지고 계획을 책정하는 것은 잘못된 일은 아니지만, 모든 것을 행정에서 책정하고 실시하는 방법은 한계가 있다. 우측상방향으로 올라가는 성장경제의 시대라면 모르지만, 한정된 경제력으로 아픔을 서로 나누지 않으면 안 되는 환경에 적용하기 쉬운 순환형 사회계획은, 지역사회의 Stock과 주민의 에너지를 포함시킨 계획이어야 할 것이다. 그러기 위해서는 계획책정에서부터 실시, 평가에 이르기까지 주민과 함께 하는 계획이 되어야할 것이다. 지금부터의 시정촌자치체는, 이러한 주민의 활동과 공동·제휴·지원하면서 공사협동·민관협력의 파트너십Partnership을 구축하지 않으면 안 되고, 그와 같은 공공사업·공익활동을 '신 지역복지계획' 속에서 세워가지 않으면 안 된다.

셋째, '신 지역복지계획' 은 가능한 한 주민의 생활에 밀착된 지방Area별 계획 또는 지역Community별 계획, 영역Block별 계획을 가지고 있어야 한다. 물론 인구규모가 작은 정촌이라면, 지역복지계획이 하위계획으로서의 지방별 계획과 지역별 계획을 겸하는 경우도 있을 수 있고, 주민이 복지마을 만들기의 주체자로서 참여·참획하기 위한 것만이 아니라, 주민의 욕구에 신속하고 정확하게 대응하기 위해서는 주민이 생활하고 있는 바로 그 곳에 보다 더 가깝게 근접해서 서비스가 제공될 수 있는 구조와 제도가 필요할 것이다. 보다 전문성이 높은 서비스가 시차원이나 광역차원에서 공급되는 것은 규모의 효율성 등의 문제로 어쩔 수 없겠지만, 일상성이 높은 서비스 등은 소지역단위로 예방적·전인적 대응이 더 효과적일 것이다. 예를 들면, 교구校區사회복지협의회의 활동 등 지역볼런티어 활동의 추진이나 지원을 필요로 하는 사람을 지원하기 위한 소小지역복지 네트워크형성, 미니주간보호서비스 활동과 탁노소託老所 만들기 등, 지방과 지역을 의식한 정책전개가 요구되고 있다. 그렇지만, 이른바 자치회自治會, 정내회町內會로 대표되는 지역커뮤니티는 기능마비에 가까운 상태에 놓여 있고, 그것을 대신할 수 있는 지역조직도 육성되어 있지 않다는 한탄의 소리도 있다. 물론, 기존의 지역커뮤니티에만 의존하는 것이 아니라, 새로운 생활스타일을 가진 시민을 의식한 새로운 참여의 장 만들기를 계획책정의 기회로 창출하는 것이 필요하다.

6. 지역복지계획과 지방자치

계획목표가 되는 지역복지의 장래비전을 어떻게 그려 갈 것인가는, 복지의 거시적 설계는 사람들의 입장과 복지와 지역사회에 대한 인식방법의 차이에 따라서 크게 달라질 것이다. 일반적으로는, 지역복지란 국가와 광역적 행정의 바람직한 역할을 바라면서 실천적으로 가사·육아·개호의 공동화·사회화를 구현하는 현대적 상호부조시스템이라고 말할 수 있다. 또한 지역에 있어서 복지시스템 만들기를 행정에게만 맡기는 것이 아니라 공사협동·민관협력의 파트너십을 구축하는 실험적·선구적 실천이 지역복지라고도 말할 수 있다. 그리고 그것을 위해서는 대의제민주주의와 더불어 주민참여형의 직접민주주의 이념 하에서 복지마을 만들기를 전개하는 계획적인 행위이기도 하다. 더욱이 지역에서 복지서비스와 복지활동을 전문가와 유급직원만이 종사하는 사업으로 이해하는 것이 아니라, 당사자, 가족, 볼런티어 등 다양한 인재로 구성된 네트워크 형성으로 발전시키는 시도이기도 하다. 이와 같은 복지의 네트워크는, 법과 예산에 의해 협의적으로 구속되어 있는 사회복지사업의 틀을 초월한 보건의료뿐만 아니라 주택과 환경, 또는 교통과 통신까지를 연계시킨 것이다. 고령자보건복지계획의 책정을 시작으로, 노인복지분야에 한정되어 있다고는 하지만, 보건과 복지의 연계가 의식되어, 마침내 장애인계획은 고용에서부터 스포츠·예술 등 문화에 이르기까지 연계하는 것을 의식하고 있다. 아동육성계획도 여성정책 등 연계의 범위확장을 보여주고 있다. 또한 계획정책에 시민과 주민의 참여에 관해서도 이념에 머물고 있었던 것이 서서히 시민공모제의 도입과 계획책정의 정보공개 등 복지계획의 영역으로 확대되어 가고 있다. 개호보험사업계획은, 이러한 영역간의 연계와 시민참여의 도달점을 나타낸 것이라고도 말할 수 있고, 실질적으로는 지역복지법이라고 하는 성격을 가지고 있다. 새로운 사회복지법의 성립으로 '신 지역복지계획'이라고 말해야 할 시정촌지역복지계획을 책정하는 것은, 더욱 더 새로운 영역연계와 시민참여를 촉진시킬 필요성이 있다.

자신들이 이용하고, 활용할지도 모르는 사회복지서비스의 창출과 관리에 주민의 의사를 반영시키고 싶다는 움직임은, 사회복지의 지방자치시대를 맞아 더욱 더 강해질 것이다. 이와 같이 직접민주주의이라고도 말할 수 있는 주민자치의 요구는, 주민의 생활요구가 의회제민주주의에서는 완전하게 관철될 수 없는 한 당연한 요구로써 계속 존재할 것이다. 지역복지계획의 착수를 지방자치와의 관련해서 그림 1-2와 같이 나타낼 수 있을 것이다. 계획책정활동을 중심으로 해서 지역복지와 자치체의 관계를 나타내려고 한 것이고, 총체로서의 주민이 사회적 자기실현, 사회적 자기관철을 꾀하는 루트^{root}는 두 계통이 있음을 나타내고 있고, 그 프로세스^{Process}가 계획과정이기도 하다는 것을 표현하고자 했다. 조금 반복되지만, 지역복지계획의 책정을 사회복지에 있어서 지방자치의 재구축의 한 방법으로 규정하고, 행정이라고 하는 단체자치와 주민에 의한 주민자치라고 하는 양 바퀴에 의해 '지방자치'가 완성되는 것이라고 생각할 수 있다.[19]

이처럼 생각하는 것은, 지역복지계획에 있어서 주민참여가 계획책정과정에는 불가결한 것이고, 주민의 주체적 참여가 보이지 않는 계획은 지역복지계획이라고 호칭할 수 없다고 생각하기 때문이다. 지역복지가, 전문가에 의해 제공되는 행정서비스만이 아니고 주민의 협력 또는 주민단체의 독자적인 서비스 활동을 포함하고, 나아가서 연계 · 중복 · 복합적으로 형성되고 있는 것처럼 지역복지계획도 책정의 각 단계에 주민참여를 기획하지 않으면 안 된다. 그것은, 바로 지역복지계획책정이야말로 지역복지의

[그림 1-2] 계획책정주체를 둘러싼 영향

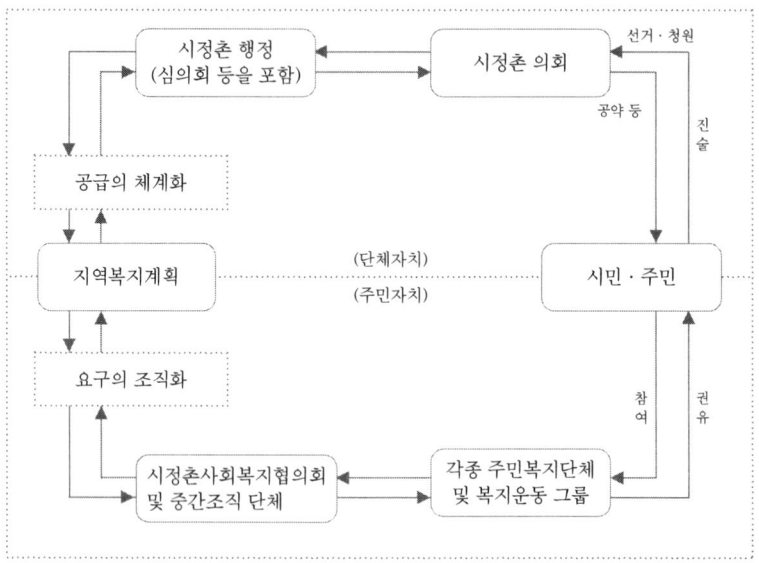

*자료: 牧里每治「地域福祉計畵における行政と住民參加」1998年 一部修正している古川孝順編「社會福祉21世 紀のパラタイム·理論と政策Ⅰ」誠信書房

공사협동·민관협력의 장이고, 지역복지추진의 규칙만들기와 루트만들기 의 시도이기도 하기 때문이다.

이런 식으로 보면, 지역복지계획은 그림 1-2와 같이 공사협동·민관협 력에 의한 수급조정계획의 성질을 가지고 있지 않으면 안 된다. 하나는, 시 정촌 의회를 통해서 시정촌 행정을 처리하는 '공급의 체계화'와 또 하나 는, 주민운동과 복지활동단체에서 시작해서 시정촌 사회복지협의회 등이 우선순위를 정하는 '요구의 조직화'가 서로 융합해서 지역복지계획이 탄 생된다. 현실적으로 사회복지협의회는, 지역의 각종단체, 여러 기관의 연 락조정·연합체이지만 그 실정은, 신구주민의 욕구파악조차 되어있지 않 은가 하면, 제2의 행정기관화가 되어 있던가, 복지행정의 하청조직이 되어 있다는 비판도 많지만, 복지문제에 관해서 지역차원에서 민간종합복지기 관으로써 사회복지협의회 이외에는 없다는 것도 사실이다. 물론 실례는 그다지 많지 않지만, 마을 만들기 협의회 방식과 같은 사회복지협의회조직과 비슷한 횡적나열식 조직화인 지역단체가 주민요구의 조직화를 행한 예도 없지는 않다.[20]

이 주민요구의 조직화는, 구체적으로는 행정과 타 단체의 요망서의 처리와 요망운동으로써 계획된 것이지만, 지역복지계획의 운동계획의 부분이라고 해도 좋을 것이다. 그 중에는 요망서라기보다 제안, 아이디어의 제공 등 주민 측으로부터의 옹호계획 advocacy planning 의 양상을 띠는 것도 있을 것이다. 주민의 생활에 뿌리를 둔 아이디어와 좋은 생각을 수집하고, 프로그램을 설계하고, 사업으로써 제안하는 등의 활동이 있어도 좋을 것이다. 이런 식으로 생각하면, 지역복지계획에 있어 주민 측으로부터 제기된 계획은, '행동계획' 의 성질을 가지는 것으로 주민 자신의 서비스 활동을 계획하는 '활동계획' 과 자치체와 기업에 요망서를 제출하고 요구하는 '운동계획' 으로 구성될 것이다.

주민요구의 조직화라고 하면, 뭔가 대단한 것처럼 들릴지 모르겠지만, 요구의 조직화·서열화에는 우선순위가 낮은 요구와 연기해도 되는 요구의 순열을 정하는 것도 포함되어 있고, 말하자면 주민의 주민에 의한 요구의 자주적 통제라는 의미도 내포하고 있다. 주민요구의 조직화에 기반을 두어 계획내용이 한정되거나 고정되는 경우도 있겠지만, 이와 같은 리스크를 포함한 주민요구의 조직화야말로 주민자치의 기본이라고 말할 수 있지 않을까?

2장

안전망과 재가복지서비스

가와시마 유리꼬(川島ゆり子)*

1. 들어가는 글

일본의 복지시스템은 현재 개혁의 거센 파도 속에 있다. 1980년대부터 빠른 속도로 진행되고 있는 고령화 사회와 경제의 급속한 침체라는 배경하에 복지개혁이 진행되고 있다. 1979년에 발표된 「신경제사회7개년계획」은 '일본형 복지사회'를 제언하고 있고, 그것은 자조^{自助}와 민활^{民活}(민간활용)을 그 중심으로 하고 있다. 또한 1989년의 복지관계3심의회 합동기획분과회에서 「금후 사회복지의 모습에 대해서」란 제목으로 제출한 의견에서는 재가복지의 추진과 복지공급시스템의 재편에 대해서 언급하고 있다. 이후 그 방침에 따라, 복지국가의 대안으로 작은 정부를 표방하며 조치제도에 의해 실시되어 왔던 재가복지서비스에 시장원리를 도입하려는 움직

*花園大學專任講師

임이 나타났고, 그 결과 1997년 개호보험법이 성립(제정)되었다. 또한 고령자 분야에 이어서 2003년 장애인 분야에도 지원비제도가 도입되고, 현재 '조치'措置에서 '계약' 으로의 변화를 표방하면서 복지서비스에 시장원리를 도입하는 패러다임 전환이 이루어지고 있다. 이러한 상황 속에서, 근래에 '안전망' safety-net 개념이 지역복지추진의 방법론으로 활용되고 있다. 안전망이란 용어 자체는 결코 새로운 것이 아니지만, 일본의 사회복지를 둘러싼 현재의 상황 속에서 왜 이 용어가 지금 지역복지의 맥락 속에서 이용되고 있는지, 무엇을 목표로 하고 있고, 어떠한 과제가 거기에 내재되어 있는지를 고찰하고자 한다.

2. 안전망의 의미

안전망에 대한 원래의 어원은, 서커스단에서 공중그네타기를 연기하는 곡예사가 만일 추락하는 사태가 발생해도 바닥에 떨어지는 일이 없도록 펼쳐놓은 안전망이란 의미에서 유래된 것이다. 이 용어는 '만일에 대비하는 안전' 이라는 의미뿐만 아니라, 다의적으로 정치, 경제, 복지와 그 외에 다양한 분야에서 사용되고 있다.

金子(1999)는 경제학의 입장에서 안전망을 노동 · 토지 · 화폐라고 하는 본원적 생산요소의 시장을 중심으로 형성되는 다양한 시스템으로 규정하고 있다. 다시 말해서 각각의 시장에서 요구되고 있는 최후의 요새로써

노동시장 - 연금 · 의료 · 실업 등에 관한 사회보장 시스템
금융시장 - 중앙은행의 최후 융자기능과 예금보험기구
토지시장 - 공영주택과 주택금융제도 등의 공적주택정책, 도시계획규제

라고 하는 다양한 안전망의 형태를 제시하고 있고, 寺西(2003)는 사회안전망$^{Social\ Safety\text{-}net}$이 '개인과 가계의 예상할 수 없는 위험^{risk}에 대응하기 위한 사회정책프로그램을 의미한다'고 하였다. 또한 尾村(2003)는 노동시장의 안전망이라는 관점에서 '빈곤층의 생활수준을 사회의 최저한도선 이상으로 끌어올리기 위한 공공정책'이라고 보며, 翁(2002)는 경제·금융의 입장에서 안전망이란 이용자의 손실을 직접 보상하는 이용자보호제도라고 하였다. 어떤 입장에서도 안전망의 본질적인 의미에 대해서는 '시장경제체제하에서 개인의 위험을 사회 전체가 커버하는 제도'로써 인식하고 있다.

3. 사회복지의 개념으로서의 안전망

그럼, 사회복지의 범주에 있어서 안전망은 어떤 의미로 사용되어 왔던 것일까.

高田(1992)는 사회복지에는 두 가지 측면이 존재한다고 하였다. 하나는 개인의 사회적 생활의 안전을 가족, 경제, 종교, 정치라고 하는 사회제도를 통해 충족할 수 없을 경우에 작동하는 잔여적^{residual} 기능, 다시 말하면 안전망 기능으로, 이것은 제2차 세계대전 이전 사회복지가 제도로서 확립되지 않았던 시대의 일본 사회복지의 실태이다(그림 2-1, 왼쪽). 사회로부터 낙오된 약자를 구제한다는 것을 의미하고, 필연적으로 사회복지 대상자에게는 차별의 낙인이 따라다니게 된다. 또 다른 측면은 사회복지가 제도로서 확립되고, 생존권을 보장하기 위한 주계통으로써 작동한다는 제도적 ^{institutional} 기능의 측면이다(그림 2-1, 오른쪽). 현재 일본의 사회복지는 제도적인 것 — 추락해서 바닥에 떨어지는 일을 방지하는 잔여적인 것이 아니라 — 으로 발전하고 있다. 다음은 사회복지에 있어서 안전망 개념이, 사회생활의 안전을 보장하는 '사회보장'을 목적으로 잔여적 기능에서 제도적

[그림 2-1] 사회복지의 개념

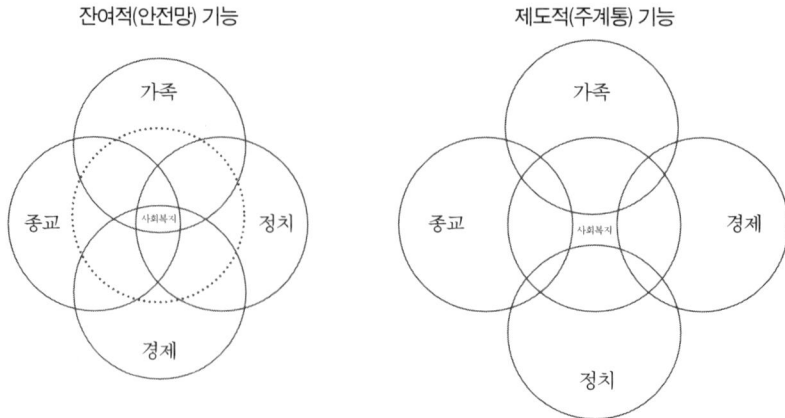

* 자료: 高田眞治(1992)「社會福祉の基礎」『新版 社會福祉原論』ミネルヴァ書房, p.36.

기능으로 발전해 온 역사적 경위에 대해서 살펴보고, 금융시장, 토지시장
에 있어서의 안전망 개념을 참고해서, 본 논문의 주제인 복지서비스와 안
전망과의 관련에 대해서 살펴보고자 한다. 본 논문에서는 노동시장의 안
전망으로써의 생활자의 생존권 보장을 목적으로 하는 사회보장에 그 초점
을 두고자 한다.

4. 사회복지정책을 배경으로 한 안전망에 대한 재검토

제2차 세계대전 이전의 사회복지는, 전술한 것과 같이 가족과 제도만으
로는 충족되지 않는 잔여적인 부분에서 기능하는 사회안전망으로서의 역
할을 해왔다. 그러나 종전 이후의 사회복지제도는 복지6법의 제정으로 법
적정비가 진행되었고, 노동시장에 있어서의 사회보장개념으로 안전망이
라는 용어는 주로 고용보장으로서의 '실업보험' 또는 소득보장으로서의

'공적부조', 다시 말하면 정책적으로 '공'^公이 복지 조치를 행하는 제도적인 사회보장이라는 한정적인 의미로 사용되었을 뿐, 종전 후 1990년대까지 사적영역을 포함한 사회복지서비스 맥락 속에서 검토된 적이 거의 없었다.

그러나 2000년 12월 후생성(현재 후생노동성)사회 · 원호국에 의해 제언되었던 「사회적인 원호를 필요로 하는 사람들에 대한 사회복지의 본연의 자세에 관한 검토회 보고서」에서, 안전망이란 용어가 새로운 복지의 전개과정 속에서 재검토되고 있었다. 말할 필요도 없이, 이 보고서의 배경에는 「사회복지사업법 등의 일부를 개정하는 법률」의 성립과 사회복지서비스는 공^公에 의한 구제라고 하는 '조치'에서 이용자가 스스로 주체적으로 사회복지서비스를 '선택'한다는 새로운 제도로의 전환, 그리고 이용자의 생활의 장과 가까운 시정촌을 중심으로 지역복지를 추진한다는 내용으로 된 사회복지 기초구조개혁의 움직임이 있었다. 이를 통해 지역복지의 담당자로서 공^公 · 공^共 · 사^私의 다양한 주체가 연계하는 종합적인 서비스 제공이 제창되었고, 복지서비스에 시장원리가 도입되었다.

이러한 구조개혁의 흐름을 배경으로, 새롭게 제기된 안전망은 어떠한 내용과 과제를 가지고 있는지에 대해서 보고서의 내용을 중심으로 검토하기로 한다.

먼저, 보고서는 기본적으로 현대사회에서는 사람들의 연대가 취약해지고 사회와 사회복지의 지원이 사회적 원호를 필요로 하는 사람들에게 제대로 전달되지 않는 사례가 발생하고 있음을 지적하고 있다. 그리고 사람들 간의 연대의 재구축을 통해서 차별과 편견을 극복하는 것이 현재 사회복지의 과제라고 말하고 있다. 또한 복지의 대상 문제에 대해서는, 종래의 조치제도하의 선별적인 복지정책의 대상이었던 '빈곤' 문제와 더불어 홈리스 문제, 학대 · 폭력에 대한 대응 등 경제적으로는 풍부하게 된 사회가 내포하고 있는 보다 복잡한 여러 문제들이 중복 · 복합화 되어 있고 구조화되

[그림 2-2] 현대사회의 사회복지의 제 문제

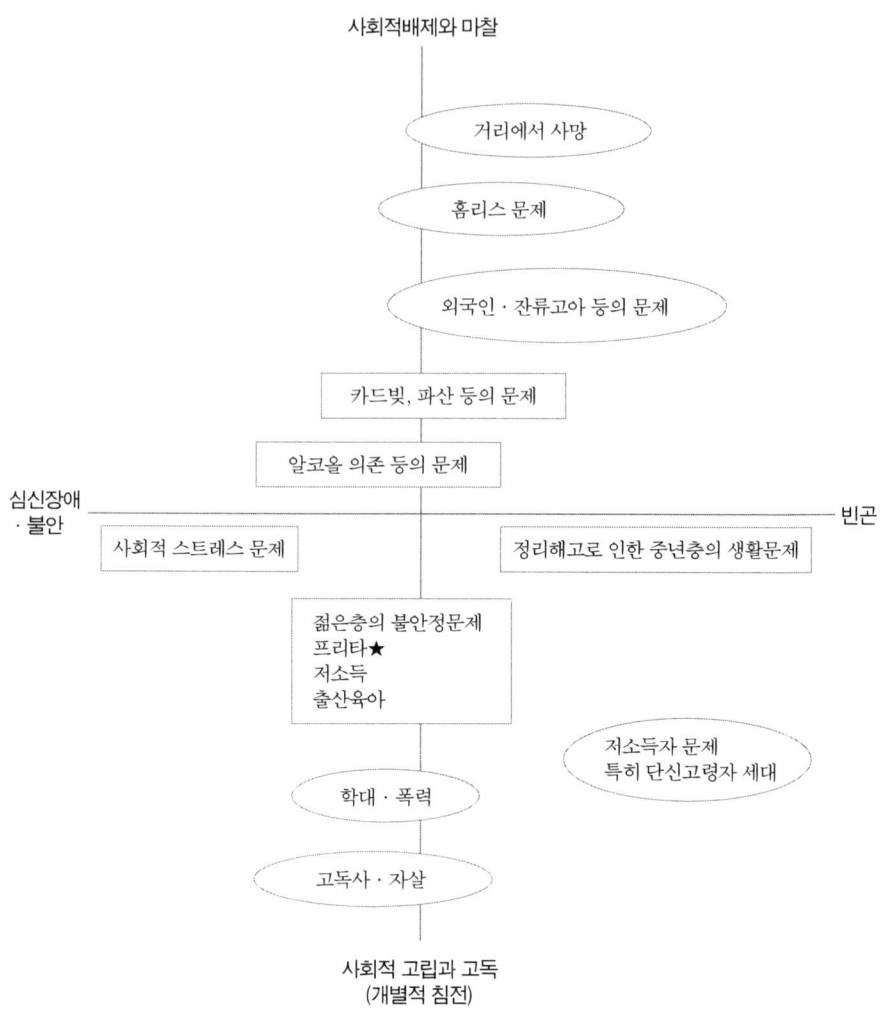

사회적배제와 마찰

거리에서 사망

홈리스 문제

외국인 · 잔류고아 등의 문제

카드빚, 파산 등의 문제

알코올 의존 등의 문제

심신장애 · 불안   빈곤

사회적 스트레스 문제   정리해고로 인한 중년층의 생활문제

젊은층의 불안정문제
프리타★
저소득
출산육아

저소득자 문제
특히 단신고령자 세대

학대 · 폭력

고독사 · 자살

사회적 고립과 고독
(개별적 침전)

* 자료: 厚生省社會 · 援護局(2000)「社會的援護を要する人人に對する社會福祉のあり方に關する檢討會」報告書
* 비고: 가로는 빈곤과 심신의 장애 · 불안을 기초로 한 문제를 의미한다면 세로는 그것을 현대사회와 관련해서 본
　　문제성을 나타낸 것이다. 각 문제는 상호 관련되어 있다.
　　사회적 배제와 고립이 강할수록 제도로부터 제외되기 쉽고 복지적 지원을 긴급하게 필요로 한다.
★ 주: 프리(free)와 아르바이터(Arbeiter)의 합성어, 일본에서 생겨난 신조어로 파트타임 노동만으로 살아가는
　　사람을 의미한다.

고 있다고 하였다.

그림 2-2와 같이, 다양한 문제의 구조는 종래의 '빈곤'이라고 하는 축과 더불어, 아래의 세 가지 요인을 합쳐서 좌표축에 두고 복합적으로 검토할 필요가 있다.

① 심신장애 · 불안(사회적 스트레스 문제, 알코올 의존 등)

② 사회적 배제와 마찰(거리에서 사망_{路上死}, 중국잔류고아, 외국인의 배제와 마찰 등)

③ 사회적 고립과 고독(고독사, 자살, 가정 내 학대, 폭력 등)

특히 ②의 사회적 배제와 마찰과 ③의 사회적 고립과 고독은 현대사회의 '사람들 간의 연결'이 취약해져 있음을 시사하는 것으로 '잘 보이지 않는다'라고 하는 특징을 가지고 있고, 문제파악이 곤란하여 현재화되었을 때는 돌이킬 수 없는 상황에 빠져있는 경우가 적지 않다. 보고서는 "'잘 보이지 않는' 문제를 보일 수 있도록 하기 위한 다각적인 대응이 필요하다"라고 하고, 다음과 같이 네 가지를 제안하고 있다.

① 새로운 공_共의 창조

사회복지법을 기초로 한 사회복지계획책정에 주민의 폭넓은 참여가 요구된다. 또한 지역에 있어서 사회복지협의회, 자치회, NPO, 생협 · 농협, 볼런티어 등의 다양한 기관, 단체의 연계, 연결을 구축함으로써 새로운 공_共을 창조하는 것이 바람직하다.

② 문제의 발견과 파악 그 자체를 중시

정보제공, 문제의 발견과 파악, 상담체제를 중시한 사회적 연결을 확립한다.

③ 문제파악부터 해결까지의 연계와 통합적 접근

　　문제의 발견 · 상담을 반드시 해결에 연결시킨다.

④ 기본적 인권을 기초로 한 안전망의 확립

　　개인의 자유존중과 사회적 공동에 의한 안전망의 확보를 의도한다.
　　특히 최저한의 의식주에 대해서는 최우선적으로 확보되도록 할 필요
　　가 있다.

　④에서 '안전망의 확립' 이 제언되고 있지만, 여기서 말하는 안전망은
기존의 조치 제도하에 이용되어 왔던 실업보험, 공적부조 등의 공적인 책
임에 기초한 생존권의 보장이라고 하는 의미에서의 안전망과는 그 내용이
다른 것은 아닐까? 안전망의 주체로서 공적 책임이 전면에 명기되어 있지
않고 '개인의 자유존중과 사회공동' 이 제시된 것은 1980년대 이후 큰 정
부에서 작은 정부, 복지의 시장화를 목표로 한 일본형 복지사회의 방향성
과 깊은 관련이 있는 것은 아닐까? 안전망의 재검토속에서 안전망 구축의
주체에 관한 논술의 변화에 주목할 필요가 있다.

5. 복지국가에서 일본형 복지사회로

　복지국가의 방향성은 1942년 영국의 '베버리지 보고서' 에 의해 처음으
로 제시된 것이다. 이는 국가가 경제성장과 복지라고 하는 두 개의 정책목
표를 동시에 추구했던 '시장 · 집권모델' 이었고(高田, 2003; 廣井, 2003),
케인스주의 정책과 표리일체의 관계에 있다(廣井, 2001). 케인스주의 정
책이란 경제성장을 전제로 하고 경제를 시장에 맡기는 것이 아니라 국가
또는 정부가 다양한 공공사업을 적극적으로 행하고, 세금 등을 통해서 고

소득자와 저소득자간의 소득을 재분배하고, 전체의 총수요를 확대하는 소득재분배정책을 수행하는 것을 말한다.

일본의 복지국가 체제는 1960년대 종전 후부터 고도경제성장기를 배경으로 해서 복지제도의 충실기로 향하고 1973년 석유파동에 의한 경제성장의 종언을 맞이할 때까지 유지되어 왔다. 그러나 복지국가의 전제인 경제성장을 기대할 수 없게 되면서 복지국가의 한계가 드러나기 시작했고, 일본의 복지정책은 케인스주의 정책에 의한 '시장·집권모델'에서 '시장·분권모델'로 이행하게 되었다. 1979년에 제시된 「신경제사회7개년계획」이 그 계기가 되었다고 말할 수 있을 것이다. 복지국가체제에서 자립·자조, 민간활용, 재가복지로의 방향전환, '큰 정부'에서 '작은 정부'로의 전환이 명확하게 나타나게 되었다. 廣井(2001)가 지적했던 것처럼, 중요한 점은 복지국가의 확립 과정과 나란히 가족·지역공동체라는 '커뮤니티'가 점점 희박해졌다는 사실이다. 앞서 논의한 사회원호국의 보고서에도 '사람들과의 연결'의 취약화가 지적되고 있다. 공적책임에 의한 조치제도의 시대는, 연금 등의 현금급여가 중시되고 서비스부분은 비공식적으로 가족과 지역공동체에 의존해 왔지만, 이러한 커뮤니티의 희박화와 가족형태의 변화에 의해 지지력이 취약해지면서 그 담당자를 상실하고, 더 이상 복지서비스공급체계가 기능할 수 없다는 위기 상황이 일본의 복지정책의 구조적 변혁을 요구하고 있다.

경제성장의 종언과 함께 그 종료를 맞이한 복지국가체제를 대신해서 일본이 원하는 일본형 복지사회 모델은, 받을 사람이 없는 장소에 공을 던지는 위험한 행위가 되고 있지는 않은가. 이런 정부의 정책전환에 대해서 伊藤(2002)는 "국가에 의한 복지공급을 일의적으로는 시장부문에, 그 다음으로는 가족과 볼런티어 등의 비공식부문에 의한 복지공급으로 전환하려고 한다"라고 비판하고 있다. 자립·자조를 조장함과 동시에 복지공급체계에 시장원리를 도입함으로서 이미 커뮤니티가 희박해지고 증대한 복지욕구에 대처할 만큼의 능력을 갖추고 있지 않은 지역사회에 복지공급을 대신하게 하는 '공의 후퇴'를 용인하는 것은, 복지의 후퇴를 용인한다는 의미가 된다. 우리가 요구해야 하는 것은, 지역사회 속에서의 새로운 연결의 재구축과 함께, 공의 정책에 영향력을 미칠 수 있는 공과 사의 협동의 장으로써의 새로운 '공공'의 모습은 아닐까.

6. 재가복지서비스의 패러다임 전환

지금까지 일본의 복지정책의 패러다임 전환과 그와 동시에 공의 후퇴에 대한 위기감에 대해서 논의했다. 그와 더불어 본론의 또 다른 키워드인 재가복지서비스 공급시스템의 변천에 대해서 정리하고자 한다. 당연한 일이지만 정부의 정책방침은 서비스실천시스템에 절대적 영향을 주고 있고, 정책의 패러다임과 실천의 패러다임은 표리일체의 관계로 취급될 수 있을 것이다.

1960년대부터 70년대에 걸쳐서 일본의 사회복지서비스공급은, 기본적으로 국가가 그 책무를 지는 것이지만, 사회복지사업법의 제1종 사회복지사업의 허가를 받는 사업자가 대체적으로 복지서비스를 제공하고 그 대가로써 국가로부터 조치비를 받는 시스템이 형성되어 있었다. 서비스의 공급주체는 배타적, 독점적인 성격을 갖고, 복지서비스를 수급하는 자에게는 '나라님의 보살핌을 받는다'라고 하는 낙인이 따라붙었다.

이러한 조치 제도하에, 공적 서비스가 전달되지 않는 부분은 볼런티어도 사회복지협의회에 의해 커뮤니티를 중심으로 해서 재가복지서비스가 전개되어 충족되게 된다. 그 시작은 1956년 나가노현 우에다市 사회복지협의회가 시작한 '가정양호부파견사업'이였고, 그것이 계기가 되어 1962년 '가정봉사원제도'가 제정되었다(山口, 2001). 그 시기에는, 풍부한 경제성장에 힘입어 선진적인 자치체가 독자적으로 재가복지서비스를 구축하는 움직임들을 찾아볼 수 있었다. 그러나 볼런티어리즘에 의한 서로돕기와 사회복지행정에의 참여를 포함한 주민참여라는 인식은 희박했다(大橋, 2002). 복지서비스는 어디까지나 공의 책임으로 인식했고, 복지서비스를 받는 것에 대한 부정적인 인상이 주민의식 속에 깊게 뿌리 박혀있던 것도 그 이유일 것이다. 그러나 1973년 석유파동을 계기로 정부의 방침은, 복지국가에서 일본형 복지사회로 크게 방향전환을 하지 않으면 안 되게 된다. 平岡(2003)는 일본형 복지사회로의 정부방침의 전환과 함께 사회복지의 기본적인 틀이 선별주의에서 보편주의로 이행했다고 지적하고, 그 요인으로써

① 가족의 욕구충족기능의 쇠퇴
② 사회보장정책의 발전
③ 생활수준의 향상
④ 화폐적 욕구에서 비화폐적 욕구로 중점과제의 변화
⑤ 급속한 인구의 고령화

를 들고 있다. 산업발달에 의한 도시로의 인구유출과 그와 동시에 핵가족화, 인구고령화는 복지의 대상을 빈곤층이라는 한정된 영역에서, 보다 일반적인 육아지원, 고령자수발로 보편화시켜 왔다. 大橋(2002)는 복지의 보편화는 3가지의 의미를 포함하고 있다고 하였다. 첫째, 욕구가 빈곤층뿐만 아니라, 보편적으로 나타나고 있다는 의미의 욕구소재의 보편화. 둘째, 서비스가 필요할 때는 누구든지 이용할 수 있다고 하는 서비스이용의 보편화. 셋째, 서비스제공조직 및 제공방법의 보편화이다. 이러한 의미를 내포한 보편화로의 이행은, 서비스공급주체의 다양성을 요구하게 되고, 공적 공급체계만으로는 그러한 요구에 대응할 수 없는 상황에서 복지서비스공

급시스템에 있어서 사적영역을 확대하는 민활(민간활용)노선이 추진되었다.

재가복지서비스 패러다임 전환의 결정적인 계기가 되었던 것은 1990년 사회복지관계 8법의 개정이라고 말할 수 있을 것이다. 그 중에서 재가복지서비스와 시설복지서비스가 지역사회에서 통합적이고 계획적으로 제공될 수 있도록 복지서비스공급체계 구축이 제언되었다. 재가수발사업(홈헬퍼서비스), 주간보호서비스사업, 단기입소사업(쇼트 스테이) 등 재가복지의 세 기둥으로 부르는 서비스가 명확하게 제2종 사회복지사업으로 법제화되면서, 이후 일본의 사회복지는 재가복지서비스를 기반으로 한 지역복지를 중심으로 해서 전개된다.

재가복지서비스에서는 민활노선이 추진되고, 일본의 사회복지공급체제에 경쟁원리가 도입된다. 서비스공급의 효율화, 서비스공급주체의 다양화에 의한 이용자의 선택의 폭이 넓어지는 것은, 지역사회를 기반으로 한 복지서비스시스템의 추진에 있어서 이후 추구해야할 사회적 자본으로서 받아들일 수 있다. 그렇지만, 동시에 이윤추구로 인한 서비스 질의 저하, 경쟁원리로 인한 시장편중의 결과로 발생할 수 있는 서비스공급시스템의 문제의 틈을 감시하고 정정해 갈 수 있는 체계가 필요할 것이다. 어떻게 하면 균형적인 최적화를 이룰 수 있는가, 어떻게 하면 지역사회에서 누구든지 배제되지 않고 서비스에 접근할 수 있는가가 시장화된 재가복지서비스 시스템의 과제가 될 것이다.

7. 시장원리와 안전망의 관계

金子(1999)는, 시장원리의 도입에 있어서 안전망의 필요성에 대해서 다음과 같이 지적하고 있다.

" '시장에서 경쟁하는 것' 과 '신뢰하고 협력하는 것' 이라는 일견 서로 맞지 않는 행위는 실은 서로를 보완해주는 관계에 있다. 상호신뢰를 전제로 하는 '협력의 영역' 이 있기 때문에 '시장경쟁의 영역' 도 잘 움직이는 것이다. 이 신뢰와 협력의 제도에 합당하는 것이 위험을 사회전체로 나누는 안전망이다."

망 아래에 안전네트가 없으면, 곡예사는 과감하게 줄타기에 임할 수 없다. 그 안전망을 '신뢰와 협력에 의한 안심' 으로, 줄타기를 '시장경쟁' 으로 바꾸어 보면, 양자의 상호보완관계를 알 수 있을 것이다.

이런 견해로, 사회복지서비스의 시장원리 도입에 대해서 고찰해 보고자 한다. 시장원리가 도입된다는 것은, 이제까지 공적영역이 담당해 왔던 서비스공급에 다양한 주체들이 참여할 수 있음을 의미하고, 복지공급주체의 혼합화가 진행된다는 것이다. 이 일은 필연적으로 주체간의 경쟁을 불러일으킬 것이다. 경쟁에는 긍정적 효과와 부정적 효과가 있고, 경쟁으로 인한 서비스 질의 향상을 기대할 수는 있지만, 경쟁에만 의존하면, 그 결과 경제적 효율에 시장영역이 집중하게 되어, 지역사회에서 '잘 보이지 않는' 문제까지 서비스가 전달되지 않을 수도 있다. 시장경쟁체제 속에서 잘 보이지 않는 약자가 제외되어 가는 것을 방치하는 지역사회는, 이미 그 시장경쟁체제 자체도 들어설 수 없게 되는 위험성을 내포하고 있다. 다양한 복지공급주체들이 서로 신뢰, 협력해서 지역사회 전체에서 그 위험을 나눌 수 있는 네트워크야말로 지금 요구되고 있는 안전망이다.

金子는 시장원리에 있어서 안전망 네트워크의 필요성을 논하고, 나아가 안전망에 대해서 잘못된 이해를 하고 있다고 지적하면서, 두 개의 안전망론에 대해서 논의하고 있다. 하나는, 시장이 혼란할 때만 안전망을 준비하고, 그 외의 경우에는 모두 시장원리에 맡기면 된다고 하는 '안전망의 예외론' 으로 이것은 가능한 한 시장원리에 맡기는 것이 좋으므로, 할 수 있는 한 안전망은 적을수록 좋다고 주장하고, 시장이 혼란스러울 때만 안전

망을 예외적으로 작동시키면 된다고 하는 논리이다. 또 다른 하나는 시장
메커니즘으로는 대응할 수 없는 사례에만 안전망을 작동시킨다고 하는
'안전망의 사용분별론' 이다.

이와 같은 안전망론은 시장과 안전망의 본질적인 상호보완관계를 무시
하고 있다고 金子는 지적하고 있다. 신뢰와 협력의 영역에 의해서 시장경
쟁의 영역이 뒷받침되기 때문에 양자는 분리할 수 없는 것이다. 「사회적
원호를 필요로 하는 사람들에 대한 사회복지의 본연의 자세에 관한 검토회
보고서」에서 논의하고 있는 것처럼, 사회문제의 복잡화, 다양화로 인해 사
회적 원호를 필요로 하는 개인이 증가하고 있는 실태는 사회복지가 중요한
과제로 대응해가야 할 것이다. 이러한 제도의 대상에서 제외된 사람들에
게만 대처적으로만 작동하는 안전망은 상기의 '안전망의 예외론' , '안전망
의 사용분별론' 과 같이 좁은 의미로 안전망을 다루고 있다고 할 수 있다.
우리들은 단지 대처적으로만 작동하는 안전망이 아니라, 시장원리와 상호
보완적으로 작용하는 '신뢰와 협력' 에 의해 사회 전체가 위험을 나누는
안전망을 지향해야 할 것이다.

8. 신뢰와 협력을 기초로 한 안전망 구축을 위해서

1) 안전망의 두 개의 의미

하나는, 실제적으로 제도의 대상에서 제외된 요원조자의 생존권을 보장
한다는 의미에서의 안전망이다. 보이지 않는 욕구의 발견에 힘쓰고, 그 대
상에 대해서 적절한 타이밍에 접근하는 재가복지서비스이고, 촘촘하고 신
속한 움직임을 가진 네트를 연상할 수 있을 것이다. 또 하나는 지역사회 전
체에 펼쳐져 있어, 고립된 사람들이 발생하지 않도록 예방하려고 하는 안

심망이다. 이러한 안심망은, 지역사회를 구성하는 다양한 주체들의 신뢰와 협력에 의한 복지의식의 양성이라고 하는, 눈에는 보이지 않지만 확실하게 지역사회를 변혁시키는 힘인 연대감도 내포하고 있다. 이것에 대해서 二文字(2002)는 스웨덴사회의 연대감에 대해서 언급하면서 "단지, 그곳에서는 복지사회에만 걸 맞는 '안전망' 이 존재하고 있다는 것을 잊어서는 안 된다. 경쟁에서 승리할 수 없는 '사회적 약자' 를, '인간으로서의 존경' 의 대상으로서 보는 사상이 있다"라고 하였다. 복지서비스공급체제에 시장원리가 도입된 지금, 지역사회에서 보이지 않는 욕구에도 대응할 수 있고, 지역사회에서 생활하고 있는 한 사람 한 사람의 생존권을 보장할 수 있는 안전망은, 촘촘한 측면과 지역사회의 전체에 넓게 펼쳐져 있다는 측면, 즉 쌍방의 기능을 가진 중층적인 구조로 형성되어야 할 것이다.

2) 새로운 안전망 구축

지역사회에 요구되는 안전망은, 다양한 주체들, 다양한 기능을 내포한 복합체로 구축되어야 한다. 아래의 그림은 그 개념도를 나타내고 있다.

[그림 2-3] 안전망 개념도

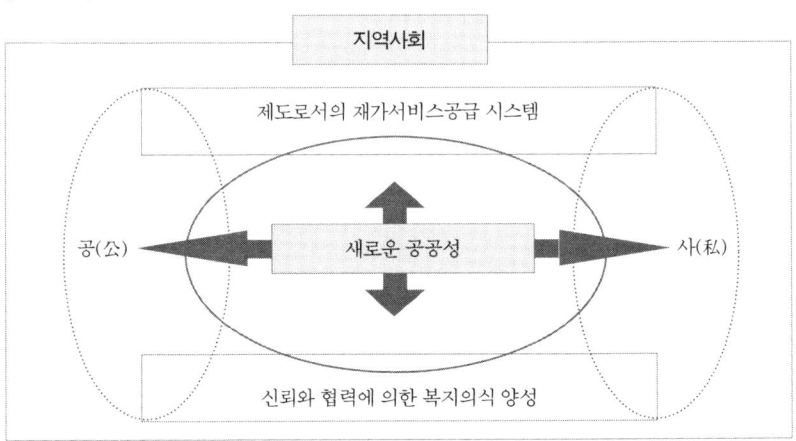

그 지역사회에서 생활하고 있는 사람의 관점에서 형성된 안전망은, 지역 사회의 재가서비스공급 시스템이라는 제도적 안전망과, 공적영역과 사적 영역을 포함한 지역사회의 다양한 주체들의 신뢰와 협력으로 형성되는 연대의식적 안전망이라는 중층적인 구조로 구성되어야 한다(그림 2-3 참조). 시장원리가 작용하고 있는 제도적 재가서비스공급 시스템에는, 이윤추구 의 원리가 내재되어 있음을 고려할 때, 그 대상에서 제외되고 고립된 사람 들이 발생할 위험성도 내포하고 있다. 이러한 개인의 위험을, 지역사회의 전체의 위험으로 인식할 수 있는 복지의식의 형성은, 개인의 위험을 지역 사회 전체의 것으로 나누는 첫 걸음이고 그 결과로서 지역사회에는 지역복 지 안전망이 구축될 수 있을 것이다. 이러한 의식이 서비스시스템으로 뒷 받침되고, 또한 지역사회의 서비스실천의 축적이 복지의식을 형성시켜가 는 횡방향의 펼쳐짐^{dimension}에 있어서도 상호 중층관계로 구축된다. 그럼 종 방향으로 펼쳐진 공적영역과 사적영역의 관계에 대해서는 어떻게 다루어 야 할 것인가.

공급시스템에서의 공과 사의 관계에 대해서, 후생성의 사회 · 원호국 보 고서에 기술된 '새로운 공의 창조'와 '개인의 자유의 존중과 사회공동'은 공적책임의 후퇴라고도 해석될 수 있으므로, 사적영역이 공적영역을 항상 감시하고 운동을 일으킬 수 있는 대등한 관계여야 할 것이다. '법적 강제력 을 독점하는 공적부문을 정정하고, 영리부문의 시장원리를 넘을 가능성을 가지고 있는 시스템이므로, 생활자로서의 시민의 입장에서 시민적 생존권 과 공공성을 열 것으로 기대된다'(高田, 2003)라고 하는 새로운 공공성이 공과 사의 관계 속에서 형성될 필요가 있을 것이다. 이것을 바탕으로 공적 부문이 책임져야 할 영역을 명확하게 제시하고, 필요하다면 행동을 취하 여 서비스공급 시스템을 수정해 가는 것도 가능하게 될 것이다.

복지의식의 형성에서의 공과 사의 관계는, 사적영역에서의 복지의식의 육성, 공적부문에서의 복지의식의 변혁, 공적책임의 재확인이라고 하는 각자의 영역에서의 복지의식 형성과 동시에, 공과 사가 함께 지역사회의 일원이고, 지역복지의 안전망을 협동해서 구축하는 파트너로서 상호간 인식한다는 복지의식의 공유를 내포하고 있다. 그것은 공사관계의 대등함으로부터 형성되는 '새로운 공공성'의 내실을 기하게 한다고 생각할 수 있다. 이와 같이 지역사회에 있어서 모든 주체들에게 형성되는 의식의 안전망이 시장원리를 포함한 서비스공급시스템의 안전망을 지탱하고, 경쟁원리를 조정하는 역할을 담당할 것이다.

이상의 논의를 고찰해 보면, 후생성의 사회·원호국의 보고서와 같이, 지금의 지역복지행정 분야에서 사용되고 있는 안전망이란 용어는 공사관계의 연속성, 대등함을 내포하지 않고, 또한 서비스시스템과 의식은 중층적 구조로 언급되지 않는다. 金子가 지적한 것처럼, 그것은 현재의 제도의 대상에서 제외된 경우에만 작동하는 '안전망의 분리사용론'에 입각한 협의의 안전망이라고 말하지 않을 수 없다. 더욱이 안전망의 주체로서의 공의 역할이 명확하게 표기되어 있지 않다는 위험성을 간과해서는 안 될 것이다.

현대사회의 생활문제는 그 복잡화·다양화로 인해 쉽게 파악할 수 없고, 사람들 간의 연결도 취약해져 있다는 점에 대해서는 후생성의 사회·원호국이 지적한 것과 같이 더 이상 논의가 필요 없는 상태이다. 그렇기 때문에 우리가 지금, 지역사회를 기반으로 해서 구축해야 할 안전망이란, '제도적 재가서비스공급 시스템'과 '신뢰와 협력에 의한 복지의식의 형성'이라는 중층적 관계로 구성된 횡적 팽창과, 공의 후퇴에 적극적으로 대응하는 행동을 취할 수 있는 공과 사의 관계, 그 결과로 형성되는 새로운 공공성이라고 하는 종적 팽창으로 구성된 지역사회 공간에 펼쳐져 있는 안전망의 총체로서 다룰 필요가 있다.

3장

고령자의 지역케어와 사례관리

권현주*

1. 들어가며

최근 일본의 지역복지에 있어서는 '지역포괄시스템' 혹은 '새로운 지역복지·시스템' 등의 용어를 통해 알 수 있는 바와 같이, 지역복지의 새로운 시스템 구축의 필요성이 제기되고 있으며, 그것의 실현을 위한 지역복지 실천에 관심이 모아지고 있다. 이와 같은 지역복지시스템의 구축에 있어서는 커뮤니티 워크나 지역복지계획 등의 지역복지원조기술과 함께, 요원호자^{要援護者}의 지역생활을 지원하는 원조방법인 사례관리 실시가 필요불가결하다. 특히, 고령자복지에 초점을 맞추어 보면 고령자가 지금까지 살아온 지역에서 가족관계 및 이웃관계를 유지하면서, 필요한 사회적 지지를 종합적으로 이용함으로써, 가능한 한 자립적인 생활을 계속해 갈 수 있도

*岡崎女子短期大學敎授

록 지원하는 재가복지의 이념이 1990년대에 들어와 보편화되고 있다.

정책적으로도 재가복지 실현을 위한 제도 정비에 박차를 가해 왔으며, 지금도 그러한 흐름이 지속되고 있다. 1989년의 '사회복지관계8법개정'부터 시작하여, '고령자보건복지추진10개년전략(골드플랜 1991)', '노인복지복지계획책정(1993)', '고령자보건복지추진10개년전략의 수정(신골드플랜, 1994)', '향후5개년간의 고령자보건복지 시책의 동향(골드플랜 21, 1999)', '개호보험제도'의 시행 및 사례관리의 제도화(2000)에 이르기까지, 1990년대 이후 고령자의 재가복지 추진을 목표로 한 고령자지원 시책의 정비가 급속히 진행되어 왔다. 이와 같은 일련의 고령자지원 시책에 있어서 중심적인 이념으로써 자립지원, 이용자중심, 이용자의 선택, 종합적인 서비스제공 등을 들 수 있다. 즉, 복지서비스 제공자의 시점에서 서비스를 할당해 온 종래의 조치^{措置}제도를 지양하고, 복지서비스 수급자를 이용자로서 위치 설정하여 서비스를 필요로 하는 본인의 욕구를 충족시키는 것을 목표로, 서비스의 선택을 최대한 보장하는 방향으로의 전환이 모색되었다.

이와 같이, 고령자의 욕구 충족 및 지역생활의 계속적인 지원을 위해서는 보건·복지·의료 분야에 있어서 제도화되어 있는 공식적 서비스만으로는 한계가 있으며, 지역의 비공식적 지원을 포괄한 전체적인 지원체계 total support system를 구축하는 것이 중요한 과제로 제기된다. 즉, 고령자의 생활 전체를 지원하는 시점에서 지역사회에 존재하는 가능한 한 모든 사회자원을 활용하여 총체적으로 지원할 필요가 있으며, 그 필요성은 공적서비스가 양적으로 급증한 개호보험제도 도입 이후에도 변함없이 제기되고 있다. 이와 같이, 고령자의 지역생활을 실현시키기 위해, 서비스 이용자인 고령자의 입장에 서서 고령자가 서비스를 선택하여 이용할 수 있도록 지원하는 방법으로써 사례관리가 주목받게 되었다. 물론, 사례관리는 개호보험제도가 도입되기 전부터 주로 재가개호지원센터를 기반으로 하여 재가고령자의 생활지원 분야에서 활용되어 왔지만, 개호보험제도의 실시와 함께 사례관리가 제도화된 것을 계기로 보건복지 영역에서 사례관리에 관한 관심이 비약적으로 고조되었다.

그러나, 개호보험제도 내에 제도화됨으로써, 사례관리에 대한 일반의 관심과 이해가 확장되었다는 공로와 함께, 다른 한편으로는 사례관리의 기능 및 내용 그 자체에 대한 단편적인 이해가 확대되어 온 점 또한 간과할 수 없다. 사례관리의 설명에 있어서 '개호보험제도하의 사례관리', '본래의 사례관리'라는 표현이 사용되고 있는데, 이는 양자에 있어서 내용적인 차이가 있다는 점을 시사하는 것으로 볼 수 있다. 실제로 개호보험제도하의 사례관리의 전개에 있어서는 사례관리가 왜소화되어, 케어플랜을 작성하는 것이 사례관리 실천인 것으로 오인되고 있는 등 우려되는 측면이 많이 있다.

개호보험제도하의 사례관리에 대해 白澤는, 제도 도입에 앞서 다음과 같이 지적한 바 있다. '사례관리의 기능은, 공적개호보험제도하에서 전개되는 사례관리라고 할지라도 대상자의 개호라는 좁은 범위의 지원에 그쳐서는 안 되며, 대상자의 생활을 지원한다는 목적을 달성하기 위해서는 공적개호보험제도의 급부서비스와 함께 그 밖의 사회자원을 활용하는 것이 과제로써 제기된다. 이 사회자원에는 지방자치체가 실시하는 일반적인 고령자보건서비스 및 의료보험제도 하의 서비스 뿐 아니라 가족, 친구/동료, 자원봉사자와 같은 비공식적 사회자원도 포함된다'고 하였다(白澤, 1998). 즉, 고령자의 생활지원을 위한 사례관리에 있어서는, 지역사회의 다양한 사회자원의 연계에 기반을 둔 네트워크 형성이 중요하며, 케어매니저는 그와 같은 시점과 역량을 갖추고 있을 필요가 있음을 지적하고 있다.

그러나 개호보험제도 시행으로부터 5년이 경과한 현재, 개호보험제도하의 사례관리 실천에는 많은 문제점이 노정되고 있다. 이용자 중심의 사례관리가 이루어지지 않고 있으며, 지역사회 내에서 고령자의 자립생활을 가능케 하는 지원에도 많은 어려움이 제기되고 있다. 다수의 케어매니저는 이러한 현실의 어려움과 이념 사이에서 딜레마에 빠져 있으며, 일상적인 업무에 쫓겨 소진 상태에 이르는 등의 문제가 나타나고 있다(金子, 2002). 이와 같은 문제를 해결하고, 본래의 사례관리의 이념과 목적에 근거한 사례관리 시스템 구축과 실천을 추진하는 것은 지역복지의 충실을 위해서도 필수불가결하다.

이와 같은 문제의식에 기반을 두고 이 글에서는, 먼저 개호보험제도하의 사례관리의 문제점에 대해 개관하고, 그것이 고령자의 지역케어에 어떤 영향을 미쳤는지에 대해 검토하고자 한다. 또한, 사례관리의 전개과정과 각 과정에 있어서의 케어매니저의 역할과 기능을 재인식함으로써, 지역케어 진전에 있어서의 사례관리의 과제에 대해 고찰하는 것을 목적으로 한다.

2. 개호보험제도하의 사례관리의 문제점

현재 진행되고 있는 개호보험제도 개정 논의에 있어서 사례관리 관련 내용은 주요 부분을 차지하고 있다. 개호보험제도 도입 당시 사례관리는 개호보험제도의 중심축으로 인식되었고, 개호지원전문원介護支援專門員은 개호보험의 성공여부를 좌우하는 결정적인 역할을 할 존재로써 주목되었다. 그러나 실제로는 케어매니저 개개인의 역량의 문제와 함께, 케어매니저의 역할이 당초의 기대에 부응하지 못하고 있다는 문제점이 제기되었다(橋本, 2001). 그 밖에 사례관리의 문제점으로써 홈헬프 서비스 한 종류만으로 구성된 단조로운 케어플랜, 거택개호지원사업소(사례관리 실시 기관)를 병설하고 있는 동일 법인이 제공하는 특정서비스에로의 편중, 서비스 담당자회의 등을 통한 타 직종 전문직과의 연계 부족(특히, 의사와의 연계가 곤란) 등의 문제가 지적되고 있어, 이용자를 지역에서 계속적으로 사후관리follow up해 가기 위한 시스템 구축의 필요성이 제기되어 왔다.

본 절에서는, 사례관리 원조에 있어서 핵심 이념인 이용자의 욕구중시와 지역의 다양한 사회자원을 활용하는 지원 네트워크support network에 초점을 맞추어, 사례관리 시스템 및 실천에 있어서의 문제점에 대해 검토하고자 한다.

1) 이용자 중심의 서비스 이용, 욕구 중시의 원조실천에 대해

최근 사회복지에 있어서는 이용자 주체의 원조, 이용자의 복지서비스의 선택의 중요성이 강조되고 있다. 2000년 6월부터 시행된 「사회복지법」에 있어서도 복지서비스의 기본적 이념으로써 이용자의 선택성을 강조하고 있으나, 실제로는 그다지 진전되고 있다고 보기는 어렵다. 특히, 개호보험 제도 하에서 사례관리를 실시하고 있는 개호지원전문원의 원조가 이용자 본위의 이념에 기반을 둔 고령자의 선택을 지원하고 있다기보다는, 오히려 개호지원전문원의 판단으로 서비스를 결정하는 경향이 크다는 점이 지적된 바 있다(橋本, 2001).

개호지원전문원이 이용자의 욕구를 사정assessment하여, 이용자가 안고 있는 생활상의 문제점 및 이용자에게 바람직한 상태를 파악하고 있으나, 이용자가 자각하는 자신의 문제점 및 욕구의 내용, 그리고 그러한 욕구의 충족을 위해 이용자가 희망하는 원조내용 및 원조시기는 개호지원전문원의 판단과 일치하지 않는 경우가 있다. 만일, 이용자 자신이 개호지원전문원이 파악한 욕구와 그에 기반을 둔 지원을 원하지 않는 상황에서 개호지원전문원의 판단에 따라 일방적으로 원조를 제공하려고 한다면, 이용자가 거기에 반발하거나, 원조에 대한 거부감을 가질 가능성은 충분히 있다. 그렇게 되지 않도록 하기 위해, 개호지원전문원은 먼저 이용자가 바라는 것부터 원조를 시작해 이용자와의 신뢰관계를 구축해 나가면서 이용자의 자립 및 생활의 질을 높이는 원조로 이어 나가는 것이 유효할 것이다. 다시 말해, 전문가가 파악하는 규범적 욕구$^{normative\ needs}$뿐만이 아니라, 동시에 이용자 자신이 느끼는 체감적 욕구$^{felt\ needs}$를 파악하는 것도 중요하며, 그러한 접근을 통해 실제적 욕구$^{real\ needs}$를 발견하여 이를 충족하기 위한 케어플랜을 수립하고, 그에 기반을 둔 서비스를 제공하는 것이 사례관리의 중요한 기능 가운데 하나라고 할 수 있다.

그러나 개호보험제도하의 사례관리에서는 이러한 접근이 좀처럼 이루어지지 않고 있다. 개호보험제도하의 재가개호 현장에서 요구되는 것은, 보다 신속히 이용자에게 개호보험의 급부서비스를 이용하도록 하는 것이 우선적인 관심사이다. 이용자가 보험급부서비스를 이용하지 않는 한 사업소에는 개호보수^{介護報酬}가 들어오지 않는다. 다시 말해, 개호지원전문원이 계획한 서비스를 서비스 제공자가 이용자에게 제공하여 개호보수를 수급함으로써 사업소의 운영이 이루어지기 때문에, 이용자 자신이 서비스를 선택하는 것을 기다리고 있을 수만은 없다는 현실적인 문제가 발생하게 된다(金子, 2002). 이러한 문제의 배경에는 개호지원전문원 개개인의 질과 능력의 격차가 크다는 문제점과 함께, 현행의 개호보수로는 거택개호지원사업소^{居宅介護支援事業所}의 경제적인 자립이 어렵다는 문제점과도 관련이 있다. 특히, 똑같이 사례관리를 실시해도 개호보험제도 하에서 급부되는 공식 서비스$^{formal\ services}$를 메뉴로 하여 작성한 케어플랜$^{care\ plan}$만이 보수 책정의 대상이 되며, 이용자의 욕구충족을 위해 비공식적 지지$^{informal\ supports}$를 활용한 케어플랜을 작성해도 그것은 보수로 연결되지 않는 등, 사례관리의 평가 면에서 볼 때도 여러 가지 제도상의 한계가 존재하고 있어, 이용자의 욕구에 기반을 둔 이용자 본위의 사례관리 실천이 어려운 상황이다.

2) 중복된 생활욕구를 충족시키기 위한 지원네트워크 또는 연계가 이루어지고 있는가

중복된 생활문제 또는 욕구를 가지고 있는 고령자가 재가생활을 계속하기 위해서는 본인의 노력, 가족의 지원은 물론, 개호보험제도하에서 제공되는 서비스, 그리고 비공식적 지지 등을 이용하는 것이 필수불가결하다. 이러한 고령자의 욕구에 대해, 다양한 서비스 기관 등에서 제공하는 서비스 또는 지원을 이용자가 자신의 의사에 따라 적절히 이용할 수 있도록 원조하는 기술이 본래의 사례관리이다. 네트워크 구축과 고령자의 지역케어에 관해 上野谷는 다음과 같이 지적하고 있다. '개호를 필요로 하는 고령자와 그 가족의 생활욕구는 복합적이기 때문에 단편적인 서비스 제공만으로 대응할 수가 없다. 전문직이 제공하는 서비스와 함께 비공식적 지지 제공자인 이웃, 친구 등에 의한 지원을 함께 제공함으로써 고령자의 생활욕구를 보다 잘 충족시킬 수 있다. 이러한 시스템을 일정한 지역 내에 종합적, 포괄적으로 정비할 필요가 있다. 다시 말해, 사례관리의 핵심은 연계, 네트워크이며, 고령자가 생활하고 있는 지역사회 안에 이러한 시스템을 실현하도록 커뮤니티 사례관리^{community care management}의 기능을 강화해 가는 것이 긴급 과제이다'(上野谷, 2004).

즉, 사례관리 실천에 있어서는 이용자가 가지고 있는 생활상의 다양한 욕구를 충족시키기 위해, 의사, 간호사, 보건사, 홈헬퍼, 건축사 등 공적 분야의 전문직과 연계하여 공식서비스 네트워크를 만들어야 한다. 그리고 이용자의 중복적인 욕구를 충족시키기 위해서는 이웃, 친족, 친구, 볼런티어 등 이용자 주위의 인간관계 등을 활용한 비공식네트워크를 구축하는 것 또한 중요하다. 山手는 이러한 지원네트워크의 형태로써, 공식네트워크가 중심이 되고 그것을 보충하거나 응급 시에 일시적으로 보완하는 역할을 비공식네트워크가 담당하는 형태가 이상적이라고 하였다(山手, 2003). 이용자의 생활욕구 충족과 생활의 질^{QOL}의 향상을 목표로 한 사례관리에 있어서는 각 이용자의 욕구 및 생활과제의 해결을 위한 지원네트워크를 어떻게 만들어 나가는가가 중요한 과제의 하나이다. 그 점에 있어서 케어매니저는 이용자 개개인의 비공식지지자원$^{informal\ support\ resources}$을 파악함과 동시에, 각 지역에 있는 사회자원에 대한 정보에 정통할 필요가 있으며, 공식적 사회자원과 비공식적 사회자원을 조직하는 유능한 네트워커가 되어야 한다.

그러나 전술한 바와 같이 개호지원전문원이 실시하는 사례관리에서는 개호보험제도하의 서비스만으로 구성된 케어플랜이 대부분이며, 비공식적 자원과의 네트워크는 드물다. 개호보험의 개호보수 수급으로 연결되는 서비스 중심의 케어플랜이 대부분인 현상에 대해, 케어 매니지먼트가 아니라 '카네(금전) 매니지먼트' 라는 비판의 소리도 나오고 있다. 단일서비스 만으로 구성된 케어플랜이 50%를 점하고 있다는 보고도 있으며(橋本, 2001), 2002년의 개호보수 개정 시에는 4종류 이상의 서비스메뉴로 구성된 케어플랜에 대해서 보수 가산제도를 신설한다는 조치가 실시되기도 하였다[2006년부터는 폐지 — 역자]. 또한 이용자 본인, 가족, 다 직종간의 협력 및 연계를 목적으로 한 서비스제공자 회의의 개최율이 낮다는 것도 문제점으로 제기되고 있는데, 그 배경으로는 개호지원전문원이 담당하고 있는 케이스 수가 과다하다는 점, 그리고 다 직종간의 시간조정이 용이하지 않다는 등의 난점이 지적되고 있다.

한편, 일본이 사례관리의 제도화를 검토할 당시 모델이 된 영국의 경우, 현재 일본의 상황과는 많은 차이가 있는 것으로 알려지고 있다. 영국에서는 시설입소 및 장기입원의 대안으로써 재가에서의 보다 효과적인 케어를 실현하기 위해 도입된 커뮤니티케어$^{community\ care}$의 전개에 의해서, 비공식돌봄$^{informal\ care}$이 후퇴한 것이 아니라 공식돌봄$^{formal\ care}$과 비공식돌봄 사이에 보다 견고한 상호보완 관계가 형성되었다는 보고가 있다. 즉, 이용자의 이웃 주민을 커뮤니티헬퍼$^{community\ helper}$로 채용하여, 이용자의 대화상대 및 안부확인방문 등에 우호적으로 활용함으로써, 이용자의 개별적 욕구 충족과 주민 자신의 욕구 충족은 물론, 사회적 욕구 충족으로 이어지는 효과를 얻고 있다(窪田 외 역, 1991).

3. 본래의 사례관리란 무엇인가?

1) 지역복지에 있어서 사례관리의 위치

일본에 있어서 사례관리는 1990년대에 재택개호지원센터를 중심으로 하여, 개호를 필요로 하는 고령자의 지역생활을 지원하는 원조방법으로써 시작되었다. 스웨덴, 영국 등 복지선진국을 중심으로 하여 시설중심의 고령자개호시책에서 재가 및 지역에서의 자립적 생활을 보장하는 것을 목표로 한 커뮤니티케어 중시로 고령자케어의 중심이동이 일어나는 가운데, 그것을 가능케 하는 원조방법으로써 사례관리가 주목되었고, 일본에서도 1990년대에 들어와 개호를 필요로 하는 고령자의 재가케어를 지원하는 원조방법으로서 확산되었다. 즉, 개호가 필요한 상태가 되었다고 해서 어쩔 수 없이 지역을 떠나 시설로 들어가는 것이 아니라, 지금까지 살아온 지역에서 생활을 계속해 나갈 수 있도록 하기 위해서는 지역에서 제공되는 다양한 케어자원을 이용자에게 적절히 연결하는 것이 필요하며, 그러한 원조에 의해 비로소 지속적인 지역생활이 가능하게 된다. 이와 같이 사례관리는 지역사회의 사회자원을 이용자 중심의 관점에서 활용하는 것을 촉진하는 기능을 가지며, 고령자의 자립생활을 가능케 하는 원조방법으로써 각국에서 도입되었다. 이러한 흐름에서 보면, 고령자의 지역케어와 사례관리는 분리불가분의 관계에 있다고 할 수 있다.

그 외에도, 지역복지와 사례관리의 관련에 대해서는 다양한 논점이 있는

데, 高森는 지역복지의 구성요소의 측면에서 사례관리에 대해 언급하고 있다. 즉, 사례관리를 구성하고 있는 요소로써 지역사회자원, 지역복지원조기술을 들고 있으며, 지역복지를 추진해 나가는 원조기술로써 커뮤니티워크, 지역복지계획과 함께 사례관리를 들고 있다. 사례관리는 커뮤니티케어 실시에 있어 이용자 중심의 시점에서 지역사회자원의 활용을 추진하는 기능을 가진다고 하였다(高森 외, 2003).

또한, 지역복지와 사례관리의 이념(또는 개념)면에서 양자의 관련을 검토해 보는 것도 양자의 관련에 대한 이해 증진에 도움이 될 것이다. 지역복지는 실로 다의성을 가진 개념이며, 개념정의를 시도하는 것이 본고의 목적은 아니므로 간략히 소개하고자 한다. 일반적으로, 지역복지는 개인이 인간으로서의 존엄을 가지고, 가정 및 지역 안에서 장애의 유무나 나이 등에 상관없이 안심하고 사람다운 생활을 할 수 있도록 자립을 지원하는 것이라고 널리 인식되고 있다. 牧里는, 지역복지사상의 엣센스로써 주민참가의 이념, 네트워크의 이념, 생활의 공동화의 이념을 제기하고 있다(牧里每治, 1995). 한편, 사례관리도 다양하게 정의되고 있어 개념통일이 이루어지지 않고 있지만, 대상자의 사회생활상의 중복적인 욕구를 충족시키기 위해 적절한 사회자원과 연결시키기 위한 과정의 총체라는 정의가 일반화되어 있으며, 그러한 원조를 통해 대상자의 생활의 질을 향상시킴과 동시에, 지역에서의 자립생활을 실현하는 것을 이념으로 하고 있다. 즉, 서비스 이용자의 욕구를 충족시킴으로써 이용자의 지역에서의 자립생활지원과 생활의 질 향상을 궁극적인 목적으로 하고 있다.

위와 같은 시점에서 볼 때, 사례관리는 이용자 개개인의 욕구에 맞추어 충실히 커뮤니티케어를 전개하고자 하는 이념이며, 커뮤니티케어에 있어서 케어를 유효하게 관리하는 것이라고 이해할 수 있다. 즉, 서비스 이용자의 욕구를 중심으로 한 욕구우선접근^{needs-oriented approach}으로의 전환을 가능케하는 유력한 원조방법으로써 등장한 것이며, 그것은 모든 사람이 지역 안에서 사람다운 생활을 영위할 수 있도록 자립을 지원하는 지역복지의 이념을 구체적으로 실현해 나가는 데 있어서 필요불가결한 것이다. 이와 같이 주민참여를 원칙으로 하여 지역의 네트워크화를 추진해 나간다고 하는 지역복지의 엣센스는 본래의 사례관리 실천을 통해서 구체화될 수 있다. 그러나 현행의 사례관리에 있어서는 그러한 이념을 충분히 실천하고 있다는 평가를 내리기는 어려우며, 지역케어의 실현에도 미치지 못하고 있는 상황이라는 사실은 전술한 바와 같다.

2) 사례관리 실천 사례

사례관리는 이용자 개개인의 생활상의 곤란 및 욕구를 적확히 파악하여, 이용자 자신이 중심이 되어 곤란한 문제를 해결하고, 욕구를 충족할 수 있도록 원조해 가는 프로세스이다. 그리고 그러한 과정을 통해 이용자의 자립을 지원하고, 생활의 질을 향상시키는 것을 목적으로 한다. 이하에서는 사례를 통해 사례관리의 원조과정을 개략적으로 정리한다. 이하의 사례는 白澤編 사례집에서 인용한 것임을 밝혀 둔다(白澤, 1999).

고령자의 지역케어에 있어서의 사례관리 원조 사례

- 재가개호지원센터의 사회복지사가 실시한 사례관리 사례 -

독거고령자인 A씨(남성, 80세)는, 최근 허리를 다쳐 일상생활을 제대로 하지 못하는 상황이다. 요통 때문에 이동 및 기거동작에 시간이 걸려 이동범위는 집안으로 제한되고 있으며, 요통이 발병한 이후 제대로 목욕도 못하는 실정이다.

주거환경은 아파트(자기소유)의 3층으로, 방 2개에 거실과 부엌이 딸려 있는 구조이다. 침대생활이 아닌 일본식 다다미방에서 취침을 하고 있으며, 화장실은 양변기이고, 목욕탕에는 욕조가 설치되어 있다. 자녀는 1남 1녀를 두고 있으며, 며느리가 한 달에 한 번 정도 방문하고 있다. 본인은 자식들에게 폐를 끼치지 않고 생활하고 싶어 한다.

어느 날, A씨의 이웃에 사는 주민으로부터 연락을 받고 케어매니저가 가정방문을 실시하였다. 먼저 긴급한 문제로써 요통 치료를 위해 진찰을 받을 것을 권유, 리프트가 설치된 차로 B병원에 모시고 가 진찰을 받도록 하였다. 그 결과, 요추변형 증세가 확인되어, 콜 제작 및 통증치료를 위해 1개월간 입원하게 되었다.

퇴원을 앞두고 케어매니저는 본인 및 장남부부와 함께 케어플랜을 작성, 퇴원 시부터 케어플랜을 실시하기로 하였다. 케어플랜의 내용은 다음과 같다.

---

(1) 요통으로 인해 방바닥에서 일어나는 것이 곤란하므로, 전동침대를 일상생활용구로써 급부 받도록 한다.
(2) 요통으로 인해 화장실 변기에 앉았다가 일어서기가 곤란하므로, 일상생활용구로써 변기높이 조절용 용구와 손잡이를 급부 받아 물리치료사의 협력을 얻어 설치한다.
(3) 요통으로 인해 자택 내 욕실에서 입욕하는 것이 어려우므로 베스보드(bass board), 입욕대, 미끄럼방지매트, 샤워체어, 손잡이를 일상생활용구로 급부 받도록 하며, 손잡이는 물리치료사의 협력을 얻어 설치한다. 욕실에 맞는 발판은 장남이 일요일을 이용해 만든다.
(4) 본인 혼자서 조리, 청소, 세탁, 시장보기, 쓰레기 버리기 등을 실시하기에는 부담이 너무 크므로 주 2회 홈헬프서비스를 이용함과 동시에, 불런티어그룹이 실시하고 있는 배식서비스를 주 2회 이용한다. 그리고 토요일은 장남부부가 보살펴 드린다.
(5) 주치의가 없어 의료면의 조치가 안 되고 있으므로, 자택 근처의 진료소에서 진찰을 받도록 하고, 통원 시에는 홈헬퍼가 개호한다.
(6) 독거생활로 인해 안부확인 면에 불안요인이 있으므로 이웃 주민이 수시로 방문하며, 문제가 발생한 경우에는 재가개호지원센터에 즉시 연락하도록 한다.

위의 케어플랜에 기초한 A씨의 사회자원과 1주일간의 스케줄은 그림 3-1 및 그림 3-2와 같다.

[그림 3-1] A씨 주위의 사회자원

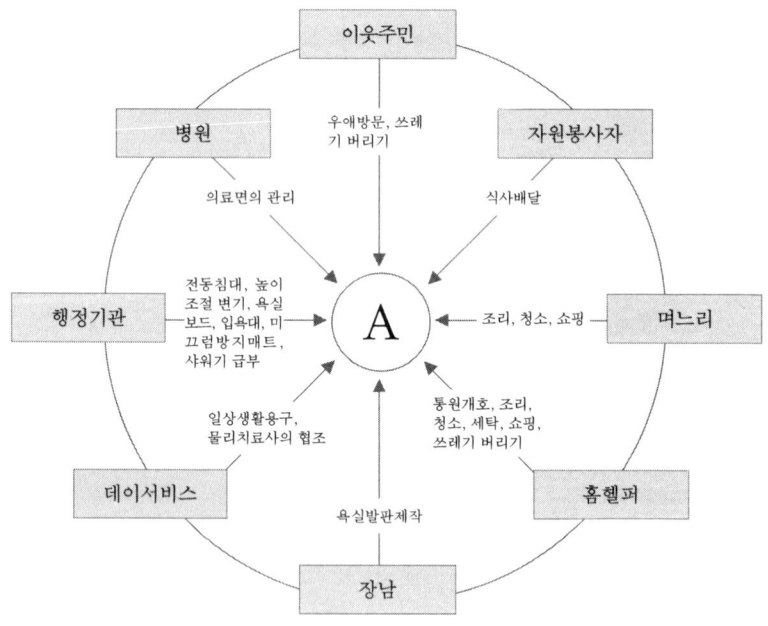

[그림 3-2] A씨 주간스케줄

구분	월	화	수	목	금	토	일
이른아침							
조식							
오전	홈헬퍼 청소, 조리 목욕보조 등 2시간			홈헬퍼 청소, 쇼핑 조리, 목욕 보조 등 2시간		장남부부 청소, 쇼핑 조리, 목욕 보조 등 2시간	월 1회 정도 큰며느리 방문
중식							
오후			이웃주민의 방문말상대, 일용품 조달, 쓰레기버리 기 등				
석식	도시락 배달 서비스			도시락 배달 서비스			
야간							

3) 사례관리의 프로세스

사례관리의 프로세스는, 엔트리^{entry}, 사정^{assessment}, 케어플랜 작성, 케어플랜 실시와 모니터링^{monitering}, 재사정$^{re-assessment}$, 종결의 순서로 전개된다. 여기서는 각 단계의 개요 및 각각의 단계에 있어서 케어매니저에게 요구되는 역할과 원조기술에 대해 간략히 정리하고자 한다.

(1) 엔트리(케이스 발견/스크리닝/인테이크)

엔트리 단계에서는 사례관리를 필요로 하는 사람을 찾아내고(케이스 발견), 그 사람에게 사례관리가 필요하다는 것을 확인하며(스크리닝), 사례관리를 실시하는 것에 대한 동의를 얻어 원조계약을 맺을 것인지(인테이크), 혹은 타 기관에 소개할 것인지를 결정한다. 케이스 발견의 경로로써는, 지원을 필요로 하는 당사자 또는 그 가족으로부터의 직접적 상담에 의

해 시작되는 경우, 또는 지역의 서비스제공기관의 상담, 의뢰에 의해 시작
되는 경우도 있다. 어떠한 경로를 통한 경우에도 케어매니저는 면접을 통
해 이용자의 생활상의 주요 과제를 중심으로 욕구를 파악하여, 그 사람에
게 사례관리를 실시하는 것이 적절한가에 대해 판단한다. 즉, 그 사람이 중
복적인 생활과제나 욕구를 가지고 있는가를 확인한다. 그리고 그 욕구의
긴급성을 판단하여, 긴급을 요하는 경우 신속히 대응하는 것이 필요하다.
개호보험제도와의 관련에 있어서는 요개호도^{要介護度}를 확인하여 개호보험제
도의 이용 대상자인지를 확인한다. 인테이크 단계에서는 비밀유지 원칙을
준수할 것, 요원호자의 인권을 존중할 것, 그리고 요원호자 및 가족이 사례
관리에 주체적으로 관여해 나갈 수 있도록 동기부여를 행할 것 등이 중요
하다. 이 단계에 있어서 케어매니저에게는 아웃리치^{out-reach}, 욕구 파악을 위
한 정보망, 면접기법 등의 제 지식과 기술이 요구된다.

(2) 사정

사정 단계에서는 주로 면접 및 관찰을 통해 신체적, 심리적, 사회 환경적
측면에서 생활을 파악하여 요원호자의 생활욕구를 사정^{査定}한다. 즉, 요원
호자로부터 다양한 문제상황을 듣고, 생활의 전체적 시점에서 그 사람의
현시점에서의 여러 가지 생활상의 어려움과 욕구를 도출해 나간다. 사정
의 내용으로써는 현재의 문제상황, 요원호자의 신체적, 정신면의 건강상
태, 일상생활동작능력^{ADL}, 경제상황, 요원호자의 생애사^{life history} 및 가치관,
가족·이웃·친구 등의 가족관계 및 인간관계, 현재의 서비스이용 상황
및 지원의 정도, 요원호자가 가지고 있는 능력 및 의욕^{workability} 등이 포함된
다. 이 단계에 있어서 케어매니저에게는 생활문제의 파악을 위한 정보수
집 및 분석기법, 주택환경, 지역환경 사정, 긴급시의 리스크 판단과 서비
스제공, 사회자원의 정비상황, 팀 사정과 매니지먼트 능력, 면접 기법 등
의 제 지식과 기술이 요구된다.

(3) 케어플랜 작성

사정을 통해 파악한 요원호자의 생활상의 욕구, 과제를 해결하기 위한 원조목표와 해결방책을 입안한다. 원조목표는 장기목표와 중·단기목표로 나누어 생각하는 것이 중요하다. 양자의 관계를 보면, 장기목표는 이용자의 자립지원과 자기실현, 생활의 질 향상 등의 가치관을 실현하는 것 등 원조의 최종적인 목표가 되는 것이며, 단기목표는 그러한 장기목표를 실현하기 위한 수단이 되는 당면 목표이다. 케어플랜의 작성은 원조목표를 달성하기 위해 인적자원, 물적자원, 정보 등의 제 자원을 이용자의 욕구의 우선순위를 고려하여 효과적으로 배치하는 작업이다. 구체적으로는 생활 욕구 충족을 위한 바람직한 개호내용, 서비스의 종류 및 이용시간, 이용횟수 등을 계획하고, 서비스 이용에 소요되는 비용을 계산하여 이용자에게 제시한다. 서비스 이용료 가운데 이용자가 부담해야 하는 금액을 포함하여 케어플랜의 내용을 이용자에게 설명하고, 이용자의 승인을 얻는 인지된 동의^{informed consent}가 필요하다. 나아가, 합의된 케어플랜에 대해 서비스 제공자와의 조정을 통해, 다 직종간의 정보공유와 팀워크를 도모한다. 요원호자에 관한 정보를 타 기관과 공유할 경우, 사전에 이용자의 승낙을 얻어야 하며, 프라이버시 보호의 기본원칙을 준수해야 한다. 이 단계에 있어서 케어매니저에게는 각종 사회자원에 관한 정보를 이용자에게 정확히 전달하는 정보전달 능력, 이용자의 워커빌러티의 활용, 공식서비스 공급주체 및 비공식 사회자원과의 교섭능력, 네트워킹^{networking}기법 등의 지식과 기술이 요구된다.

(4) 케어플랜의 실시와 모니터링

작성한 케어플랜에 기반을 두고 각종 서비스 제공기관에 서비스 제공을 의뢰함으로써, 실제로 서비스 제공이 개시되는 단계이다. 케어매니저는 각종 서비스와 지원이 원활히 제공되고 있는지의 여부에 대해 요원호자 본인 및 가족으로부터 의견을 청취함과 동시에, 서비스 제공자로부터의 정보수집을 통한 모니터링을 실시하여, 서비스 이용자에게 불이익이 발생했을 경우에는 이용자의 입장에 서서 이용자의 이익을 대변^{advocacy}한다. 또한, 요원호자의 생활상황 및 욕구의 변화를 민감히 파악하여 사후관리 한다. 다시 말해, 요원호자가 원조를 받음으로써 어떻게 변화했는가, 해결되지 않은 문제는 무엇인가, 그리고 새로운 문제가 발생하지는 않았는가를 관찰한다. 이 단계에 있어서 케어매니저에게는 치료적인 면접기법 및 관찰능력, 네트워킹 기법, 이용자의 참여를 촉진하는 기법, 언어로써 표출되지 않은 이용자의 의사 및 평가를 통찰하는 능력, 각종 서비스제공 사업자와의 협조 및 연락조정에 필요한 지식과 기술이 요구된다.

(5) 재사정

모니터링 결과 생활상황 및 욕구에 변화가 일어났을 경우, 혹은 충족되지 않은 욕구가 있을 경우에는 그에 대한 재사정을 실시하여, 케어플랜의 작성과 실시의 과정을 반복한다.

(6) 종결

요원호자가 안고 있는 생활과제가 해결되고, 새로운 문제나 욕구가 발견되지 않았을 경우, 사례관리가 종결된다. 그러나 요원호 고령자의 경우 문제해결에 의해 사례관리가 종결에 이르는 경우는 거의 없다. 실제로는 요원호자의 사망, 또는 재가에서 시설에 입소함으로써 종결되는 경우가 많다. 한편, 재가에서 생활을 계속하면서 종결에 이르는 경우에는 요원호자가 언제든지 상담할 수 있도록 배려할 필요가 있다. 이 단계에 있어서 케어매니저에게는 원조의 효과를 측정하는 기법, 원조종결에 관한 이용자의 합의 도출, 그리고 경우에 따라서는 가족의 상실체험에 대해 대응할 수 있는 지식과 기술이 요구된다.

[그림 3-3] 사례관리의 프로세스

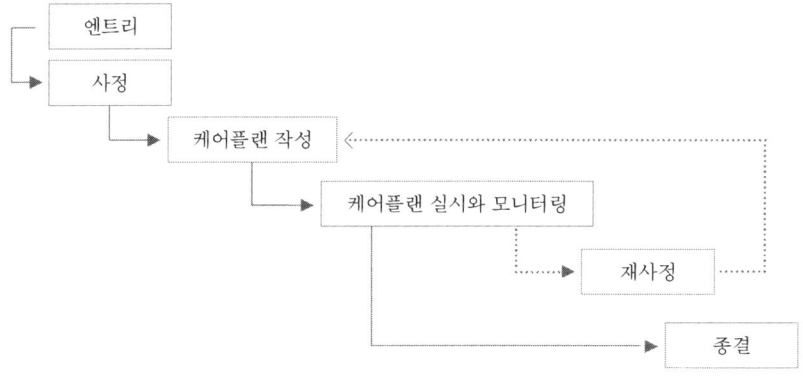

이상의 사례관리의 프로세스를 도식화하면 그림 3-3과 같다.

4. 고령자의 지역케어에 있어서 사례관리의 과제

 고령자개호에 있어서는, 가족에 의한 재가개호인가 아니면 시설개호인 가라는 종래의 양분법적인 시점으로부터, 재가개호 혹은 시설개호라고 정 의할 수 없는 제3의 선택지로서 지역개호(커뮤니티케어)로의 전환이 이루 어지고 있다. 이와 같은 지역개호의 전개에 있어서는, 고령자 개개인의 욕 구에 개별적으로 대응하는 사례관리와 함께 지역주민의 욕구에 기반을 둔 지역차원의 사회자원 개발, 그리고 지역케어시스템을 구축하기 위한 지역 복지원조기술로써의 사례관리의 위상정립과 그 역할의 강화가 필요하다. 아래에서는 고령자의 커뮤니티케어를 충실히 하기 위한 지역복지의 과제 및 사례관리 실천에 있어서의 당면과제에 대해, 개호보험제도 개정논의의 쟁점과 관련시켜 정리하고자 한다.

1) 소지역단위의 지역케어시스템의 확립

현재, 개호보험제도 개정에 관한 논의의 하나로써, 시정촌을 책임주체로 한 연속성을 가진 종합적 개호예방시스템의 확립 및 지역 내에서 그 지역의 특성에 맞는 다양하고도 유연한 서비스제공을 가능케 하는 새로운 시스템 정비의 필요성이 제기되고 있다. 이와 관련하여 上野谷는, "고령자의 지역생활을 지원하는 새로운 복지시스템은 지역복지의 이념과 실천을 포괄한 정책의 수립 없이는 형성되지 않는다. 개호보험제도를 법의 이념대로 전개하여 고령자의 지역생활을 유지할 수 있는 서비스로써 자리매김하기 위해서는 지역복지와 통합적으로 추진해 나갈 필요가 있다. 새로운 지역복지시스템의 형성이야말로 고령자를 자립적인 지역생활자로서 인정하여, 그들의 지역생활을 지원하는 새로운 시스템을 만들어 나가는 작업으로 연결될 수 있을 것이다" 라고 하여, 지역복지의 전개를 통한 새로운 시스템 형성을 제안하고 있다(上野谷, 2004). 또한, 大森는 생활권역 단위의 포괄적 케어시스템 구축의 필요성을 제기하면서, 이용자본위의 시점에서 케어시스템을 구축하고자 한다면 기초자치체 내에서, 생활권역별로 재가에서 생활하면서 이용할 수 있도록 통소通所, 입소入所서비스를 일괄적으로 제공하는 서비스거점을 정비할 필요가 있다고 지적하였다(大森, 2004).

여기서 생활권역이라 함은, 기초자치체를 몇 개의 일상생활의 기반이 되는 권역으로 나누어, 각 생활권역에 있어서 지역주민의 상담지원을 실시하는 것과 함께, 생활지원을 필요로 하는 욕구를 가진 사람들의 발견 및 서비스로의 연결, 제 기관 제 전문직과의 연계, 당사자조직을 포함한 지역주민의 지원활동의 연계, 생활곤란 사례에 대한 대응, 모니터링 등 지역케어의 토털사례관리 기능을 주로 담당하는 '지역사례관리 거점' 의 활동 공간이 되는 곳이다. 그 범위는 기본적으로 아동이 도보로 통학할 수 있는 거리인 초등학교 권역이 해당된다고 볼 수 있다. 생활권역 안에 데이서비스,

24시간 서비스를 제공하는 홈헬프서비스, 방문간호서비스, 식사배달서비스, 그룹홈, 소규모·다기능 지역서비스 거점이 정비되어, 재가도 아니며 시설도 아닌 지역개호(커뮤니티케어)를 실현해 나가는 것이다. 아울러 생활권역 안에서의 대응으로서는, 서비스의 조정과 상담원조, 적절한 케어플랜 작성 등의 역할 이외에 개호예방에 대한 대응, 주민참여형 복지사업 등 지역주민의 복지활동에 대한 지원도 요구된다. 즉, 소지역단위에서의 지역주민의 다양한 생활욕구에 대한 대응과 함께, 사회자원의 매니지먼트를 포함한 토털 사례관리total care management의 전개가 요구된다.

2) 개호예방 사례관리의 전개

개호보험제도의 틀 안에서 실시되고 있는 사례관리에 관한 개정의 또 하나의 포인트로서 포괄적·계속적 사례관리의 강화와 함께, 개호예방 사례관리의 실시를 들 수 있다. 개호예방 사례관리는 개호보험제도가 개정된 이후에 요개호인정심사要介護認定審査에서 '요지원要支援 1', '요지원要支援 2'로 판정을 받은 경우, 개호예방을 위해 어떤 서비스를 어느 정도 이용하면 예방효과가 실현 가능한지를 파악하여 예방플랜을 작성하여 지원하는 것이다. 이와 같은 개호예방을 위한 사례관리 업무는 새로 설치되는 지역포괄지원센터의 보건사保健師가 주로 담당하게 될 것으로 보인다. 그러나 시행을 목전에 두고 있는 현재까지도[2006년 4월부터 실시 되었음 — 역자], 개호예방 서비스의 내용 및 예방매니지먼트의 방법에 관한 이해는 그다지 보급되지 않고 있는 상황이다.

한편, 다수의 개호지원전문원들은 비교적 명확히 생활욕구를 평가할 수 있는 중도의 이용자보다, 다양한 생활과제가 혼재되어 있는 경도輕度의 고령자에 대한 사례관리가 훨씬 어렵다고 인식하고 있다. 이와 같은 관점에서 고려해 보면, 개호예방의 대상인 경도의 고령자야말로 철저한 사정에 기반을 두고 사례관리를 실시하는 것이 중요하다고 할 수 있다. 즉, 단일한 서비스메뉴로 된 안이한 케어플랜이나, 획일적인 케어플랜이 되지 않도록 하기 위해서는 예방사례관리에 이용자의 참여를 촉진시킴으로써 이용자의 선택을 존중함과 동시에, 다 직종에 의한 사례회의를 통해 케어플랜을 작성·실시하여, 이용자의 생활의욕을 높여 자립지원으로 이어지도록 원조하는 것이 중요하다.

현재, 예방서비스에 관해서는 트레이닝머신을 사용하여 실시하는 근력 트레이닝 등 훈련적 요소의 이미지가 선행하고 있다. 이러한 훈련적, 치료적인 시점에 근거한 개호예방서비스에 대해서는 그 효과에 관해 이견이 존재한다. 무엇보다도 개호예방서비스의 효과를 높이기 위해서는 단기·집중형의 훈련적인 프로그램 뿐 아니라, 고령자가 일상생활 속에서 간단히 실행할 수 있는 프로그램을 개발하여 도입해 나갈 필요가 있다. 즉, 고령자 개개인의 생활습관, 지역특성 및 고령자의 문화에 기반을 두고, 고령자에게 낯설지 않으면서 동시에 지속가능성이 담보되는 활동을 통해 개호예방의 효과를 높일 수 있도록, 개호예방 서비스 메뉴를 개발, 도입하는 것이 과제로써 제기된다.

3) 케어매니저의 공정성·중립성의 확보

케어매니저는 이용자의 입장에 서서, 공정하게 원조할 필요가 있다. 그러기 위해서는 케어매니저가 어떠한 권력이나 압력, 또는 서비스 제공자의 이해관계에 얽매이거나 치우치지 않고, 이용자의 생활지원이라고 하는 목적과 이념에 기반을 두고 공정성과 중립성을 유지하면서 사례관리를 실천할 수 있는 시스템이 정비되어야만 한다. 그러나 개호보험제도하의 사례관리에 있어서는 서비스 제공자와 케어매니저를 분리하지 않고, 민간의 서비스제공사업소에 소속되어 있는 개호지원전문원이 사례관리 업무를 담당하고 있다. 개호지원전문원에게는 공정성과 중립성에 입각하여 사례관리를 실시하도록 지도가 이루어지고 있다고는 하지만, 민간의 서비스제공사업소에 소속되어 있는 한, 모체 사업소의 영향을 완전히 배제하는 것은 불가능에 가깝다고 생각할 수 있다. 이와 같은 시스템 하에서는 이용자의 욕구에 기반을 두고 욕구지향의 사례관리가 아닌, 모체 사업소의 서비스 제공을 우선시하는 서비스지향의 사례관리로 전락될 수 있는 가능성을 애초부터 안고 있다고 하겠다. 또한, 비공식 사회자원을 포함한 지역의 다양한 사회자원을 충분히 활용한 케어플랜 작성에 대해서 소극적으로 되어버릴 가능성도 있다. 이러한 문제점은 개호보험제도하의 사례관리 실천과정에서 실제로 일어나고 있는 문제들이기도 하다.

개호보험제도하의 사례관리의 공정성·중립성에 관한 문제는 이미 제도시행 전부터 지적되어 왔다. 그 중 하나로써, 미시건 대학의 존 켐벨(John Campbell, 1998)의 다음과 같은 지적은 일고의 가치가 있다. "개호보험제도에 있어서 사례관리 시스템이 안고 있는 문제점은, 사례관리기관이 서비스제공기관인 병원, 민간기업, 또는 복지공사와 같은 비영리조직에 의존할 수밖에 없다는 점이다. 실제로, 서비스제공기관은 우선적으로 고객이 되는 이용자를 가능한 한 많이 찾아낸다. 그리고 서비스수급의 자격을 높은 수준으로 설정하여, 자 기관이 제공할 수 있는 서비스에 맞추어 케어플랜(특히, 수익을 높여주는 서비스에 역점을 둔 플랜)을 작성함으로써, 보다 높은 수입을 추구하고자 할 것이다. 나아가 이용자를 지속적으로 확보하기 위해 다른 서비스제공기관으로 변경하지 않고, 자 기관에서 서비스제공을 계속할 수 있도록 유도하고자 할 것이다. 개호보험제도를 보다 확고한 제도로 만들기 위해서는 케어매니저를 서비스제공자로부터 분리하여 독립시켜야 하며, 요개호자의 인정 기준을 보다 엄격하게 할 필요가 있음을 강조하고자 한다. 성공의 열쇠는 처음부터 강고한 시스템을 만들어 놓는 것이다."

앞으로 케어매니저가 공정하고 중립적인 입장에서 사례관리를 실시하기 위해서는 현재의 시스템을 개정하는 것이 필요불가결하다. 행정이 사례관리 기관이 되어 사례관리를 실시하는 것이 어렵다면, 사례관리 실시 기관에 대한 지도, 감독 기능을 철저히 하는 것, 민간사업소의 사례관리의 보수를 인건비 방식으로 바꾸는 것, 비공식 사회자원을 활용한 케어플랜을 적극적으로 평가하는 것 등 구체적인 대책을 마련해 나가야만 할 것이다.

4) 지역연계의 강화와 지역사례관리

커뮤니티케어와 지역복지의 전개는, 소지역^{small community}을 거점으로 한다. 이 소지역은 단순히 서비스의 이용권역으로써의 위상뿐만이 아니라, 원조관계의 형성 공간으로서, 공사^{公私}의 서비스네트워크의 공간으로서, 주민참가의 공간으로서, 그 밖에도 다양한 목적과 기능을 실현하는 공간으로서 존재한다.

이와 같이 소지역에 있어서 지역주민이 보건, 의료, 복지 서비스를 종합적으로 이용하면서 지역에서의 생활을 영위하기 위해서는, 각 분야의 연계가 중요한 과제이다. 그러한 연계시스템의 강화를 통해 요원호자를 조기에 찾아낼 수 있으며, 필요한 서비스를 통합적으로 제공할 수 있는 시스템의 기반정비로 이어진다. 지금까지 고령자서비스 조정팀, 지역케어회의, 서비스담당자회의 등의 형태로 지역연계를 추진해 왔지만, 그 실태를 보면 지역별 격차가 크다. 개호보험제도하의 사례관리에 있어서도, 서비스담당자회의가 활성화되지 못하고 있다는 문제점이 있다는 것은 전술한 바와 같다.

앞으로, 지역단위에서의 연계는 지역포괄지원센터의 활동과 밀접한 관련을 가질 것으로 보인다. 지역포괄지원센터에 기대하는 역할 가운데 하나가 지역 차원의 케어시스템의 구축이다. 즉, 케어매니저가 중심이 되어 전개하는 기관 간, 직종 간 연계를 지원함과 동시에 근린주민간의 지원, '평상복 차림의 자원봉사자' 로 불리는 소지역단위의 자원봉사활동 등 주민에 의한 복지활동을 촉진하여 요원호자 지원을 위한 지원네트워크로서 조직화하여 활용해 나감으로써, 포괄적이고 계속적인 사례관리를 실천해 나가는 것이 앞으로의 중요한 과제라고 하겠다.

5. 마무리하며

전술한 바와 같이, 개호보험제도하에서 실시되고 있는 사례관리가 사례관리 본래의 이념에 기반을 두고, 고령자의 지역 내에서의 자립생활이라는 커뮤니티케어의 목표를 실현하기 위해서는 해결해야 할 많은 과제가 남아 있다. 그 해결책을 모색함에 있어, 영국의 커뮤니티케어에 있어서 중시되는 사례관리의 다음과 같은 기본방침을 살펴보는 것은 의미 있는 작업이라고 하겠다(西村, 2000).

① 요개호고령자가 가능한 한 자택에서 생활을 계속할 수 있도록 지원하는 것을 목표로 한다.
② 제공할 수 있는 서비스$^{Service-led Approach}$가 아니라, 개인의 욕구에 맞추어 제공해야 할 서비스$^{Need-led Approach}$를 제공한다.
③ 보건 · 복지서비스, 공적 · 민간 서비스 등, 제공할 수 있는 모든 서비스를 연계하여 종합적인 케어패키지를 제공한다.
④ 실제로 서비스를 제공하는 제공자의 이해관계에 얽매이지 않고, 공정하게 욕구 판정을 할 수 있도록 욕구판정 및 케어플랜을 작성하는 사람$^{Care Manager}$과 서비스의 실제 제공자^{Provider}를 분리한다.
⑤ 요개호자 본인 및 가족 개호자가 사례관리 과정에 적극적으로 관여한다.

이러한 사례관리 본래의 이념과 목적을 실현하기 위해서는, 개호보험제도하의 사례관리가 본래의 기능을 수행할 수 있도록 제도상의 미비점을 보완해 나가는 것, 지역사회의 욕구와 부합하는 사회자원을 개발하는 것, 지역단위에서 사례관리시스템을 구축하는 것, 케어매니저의 실천능력을 고양해 나가는 것이 필요하며, 향후 지역복지시대의 사례관리 실천에 있어서 중요한 과제로 남아 있다.

4장

사회적 지원 네트워크의 형성과 주민참여

쪼지다 미요꼬(土田美世子)*

1. 아동과 가족에 대한 사회적 지원

　지역사회의 아동과 가족을 둘러싼 환경은 험난함이 더해 가고 있다. 계속적으로 늘어만 가는 아동학대, 아동들을 대상으로 하는 범죄들의 증가, 사고를 당하고도 오랜 시간 방치되어 생명을 잃은 아동 등 연대감이 희박해진 지역사회에서 어른들의 충분한 보살핌을 받지 못함으로 인해서 아동들의 웰빙well-being이 위협받고 있는 현실이 사라지지 않고 있다. 또한, 어린이를 충분하게 보살피지 못한 가족 자체도 지역사회로부터 고립되어, 사회적 지원이 없는 상황에 놓여 있다. 지역사회 공동체라고 하는 지연적, 혈연적인 지원이 없는 가족들은 스트레스에 강하지 못하고, 환경 악화의 영

*龍谷大學准教授

향을 직접적으로 받게 되는 것이다. 이와 같은 상황 속에서, 가족이라고 하는 '사적' 영역의 역할로 인식되어 왔던 육아의 사회화의 필요성에 대해서 많은 사람들이 인지하게 되었다.

보건의료분야의 연구에서, 堤明純(1997)는 사회적 지원의 유무가 질병의 회복과 스트레스에 대한 대응력에 그 차이를 보이고 있다고 보고하고 있다. 三澤直子(1997)는 핵가족화, 인간관계의 희박화 속에서 육아에 모든 힘을 다한 어머니에 대한 지원경험을 통해서 육아를 사회화하고, 사회적 지원을 확립할 필요성에 대해서 논하고 있다. 또한, 유년기만이 아니라 가정폭력, 히키고모리(은둔형 외톨이), 소년 범죄 등의 증가는, 학령아동 · 중고생의 성장에 관한 문제를 가족만으로 대처할 수 없게 되었고, 사회적 지원이 제공되어야 할 필요성을 시사하고 있는 것이다.

Cohen, S(1986)은 사회적 지원을 '개인 간의 연결 속에서 얻을 수 있는 커뮤니티에 존재하는 공식적^{formal} 및 비공식적인^{informal} 자원' 이라고 정의하고 있다. 사회적 지원의 종류에 대해서 福西勇夫(1997)는 표 4-1과 같이 분류하고 있다. 이 분류에서는, 사회적 지원의 존재 그 자체와 더불어, 그것을 알고 이용한다는 접근, 더욱이 사회적 지원을 이용하는 사람의 주관에 따라서도 사회적 지원의 평가가 다르다는 것을 지적하고 있다. 다시 말

[표 4-1] 사회적 지원의 분류

구분	내용
차원	① 사회적 지원의 존재(existence) ② 사회적 지원의 감각(perception) ③ 사회적 지원의 이용(utilization)
종류	① 정서적 사회 지원 ② 물질적 사회 지원 ③ 환경적 사회 지원
구별법	① 객관적 사회 지원 ② 주관적 사회 지원

*자료: 福西勇夫(1997), 「스트레스 대처에서 본 사회 지원」 p.27에서 인용

[그림 4-1] 가족과 아동의 웰빙을 위한 욕구 및 지원의 틀

적절한 영양과 식사
건강과 보건서비스의 접근보장
양육의 보조적 역할, 계속적인 신뢰할할 수 있는 아동
케어제공자의 확보
확고하고 일관성이 있는 유연한 사회화 교육의 제공
놀이와 인지적 자극의 제공
안정된 커뮤니티의 참여 및 단단한 연결
동년령, 이년령집단의 참여
특별한 욕구가 있는 경우의 자원의 접근 보장

이하의 항목에 대한 적절한 부모로서의 능력
기본적인 케어의 제공
아동의 안전과 안정 확보
따뜻한 감정적 교류
적절한 사회화 교육과 지도
감각자극제공
적절한 보금자리
적절한 경제적 원조를 위한 자원
물질적, 관계적 조화
사회적이고 면밀한 네트워크와의 지원
안전하고 안정된 커뮤니티와의 연결

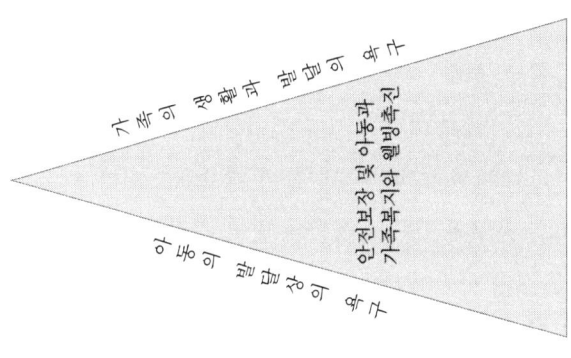

가족의 생활과 발달의 욕구

아동의 발달상의 욕구

안전보장 및 아동과
가족복지와 웰빙촉진

근린·커뮤니티·환경 측의 지원

적절과 수입의 지원(지원 훈련 아동의 케어 복지 등)
커뮤니케이션과 이동수단(공공교통·전화·컴퓨터의 접근 등)
커뮤니티(소속감에 대한 욕구를 충족시키는 종교적 단체와 그 외의 단체 등)
안전(소방·경찰·개인의 안전보장 등)

보건(청결한 환경, 적절한 보건케어 등)
교육(학교, 보육, 성인교육, 도서관 등)
주변 서비스(아동의 지도를린다닉, 청소년프로그램, 부모교육, 난민, 이주자를 위한 프로그램 등)
문화(레크레이션 시설, 미술, 음악, 댄스 등)

* 이 틀은 Andrew and Ben-Arieh(1999), Department of Health, England(2000), Dunst, Trivette, and Deal(1988), Endres(2000), Geismar(1980), Greenspan(1997)에서 인용함.

하면, 과제에 대응하기 위해 사회적 지원을 제공하고, 해결을 시도하는 경우에는 ①요구되는 사회적 지원의 종류, ②사회적 지원에의 접근, ③개인과 사회적 지원과의 매칭 등 각각에 대해서 고려할 필요가 있다. 또한, 개인의 스트레스상황에 대한 대응력이라고 하는 점에 있어서는 주관적·사회적 지원의 의의가 높지만, 이 글에서는 지역사회에서 가족에 대한 사회적 지원이라는 점에 초점을 맞춰서, 사회적 지원의 객관적 측면에 대해서 고찰해 가고자 한다. 개인과 사회적 지원의 매칭이라고 하는 부분에는 사례관리 등의 방법론이 확립되어 있다. 한편, 최근 인간관계가 희박해진 지역사회에 있어서 가족들이 놓여있는 상황은, 필요로 하는 사회적 지원을 새롭게 창출할 필요성을 요구하고 있다.

아동과 가족에 대한 사회적 지원을 전제로 한다면, 먼저 아동들의 성장 발달에 필요한 자원에 대해서 확인하고자 한다. Andrews and Ben(1999)은 이것에 관한 각 논자들에 대해서 검토 정리하고, 아동과 가족의 웰빙을 위한 욕구·자원에 대해서, 그림 4-1과 같이 제시하고 있다. 이것은 아동들의 발달에 필요한 욕구와 가족의 생활과 발달에 필요한 욕구에 대한 근린·커뮤니티·환경의 자원이 대응하는 것을 나타냄과 동시에 각각의 욕구에 대응하는 자원의 유무에 대해서 검토할 수 있는 틀을 제공하고 있다. 이 그림에서 보여주는 것과 같이, 커뮤니티와의 연결, 타인과의 친밀한 인간관계는 아동, 가족에게 있어서도 필요한 것이다. 또한, 근년의 소자화^{少子化}와 고립된 육아 환경은, 가족과 지역사회에서 전승되어 왔던 육아에 관한 지식의 분단을 야기 시키고, '부모로서의 능력'에 대해서도 지원이 필요함이 보고되고 있다.

Danst, C(1995)는 가족을 지원함에 있어서는 가족의 기능을 향상시키고, 강점^{strength}을 강화시키는 것이 효율적이고, 그것을 위해서는 위험에 빠진 가족을 치료하는 것보다도 예방적·웰빙 촉진적 활동이 유효하다고 논의하고 있다(표 4-2 참조).

[표 4-2] 치료/예방/웰빙 촉진모델의 주요한 특징

	치료	예방	웰빙의 촉진
정의	기능부전, 질병, 장애문제의 결과 생기는 것에 대응 또는 케어를 제공한다.	문제와 부정적 기능이 발생하기 전에 대처한다. 또는 그것을 예방한다.	긍정적 성장과 기능을 최대한으로 찾아낸다.
개입의 초점	기능부전, 질병, 문제에 수반하는 문제를 치료하거나 개량한다.	부정적 결과의 영향은 피하거나 감소시킨다.	보다 좋게 기능하는 능력을 높이는 것으로, 자신감을 획득시킨다.
특징	수정을 지향한다. 부정적 결과를 감소시키는 것을 추구, 반작용, 결점에 기반을 둔다. 붕괴되기 쉬움을 평가한다	예방을 지향한다. 부정적 결과를 방지하는 것을 추구, 반응, 약점에 기반을 둔다. 생활에의 위협을 평가한다.	통제를 지향한다. 능력과 자신감의 획득을 추구, 사전대응, 강함에 기반을 둔다. 자기효력감을 평가한다.
결과	심리적 스트레스 감소 기능부전에 기반한 행동의 소거	심리적 스트레스 예방·부적당한 기능을 피하다. 장애에 따른 곤란을 최소로 한다.	웰빙의 향상, 적절한 기능을 높이다. 질병을 피하다. 능력을 높이다.

자료: Family Resource Coalition p.37에서 인용

또한, Austin, S(2005)는 과거 가족에게 개별적으로 제공되었던 치료적 접근법이 도리어 가족을 고립시켜, 커뮤니티로부터 분리시키는 작용을 했던 것에 대해서 주의를 환기시키고 있다. 가족에게 일상적으로 지원을 제공하는 것은 이웃·지인 등의 커뮤니티에서 가까운 사람들이고, 이 점에서 예방적·웰빙 촉진적 지원은 지역사회에서 제공되는 것이 바람직하다. 그것은 문제에 대한 사후적 대처가 아니라, 이웃지킴이와 일상적인 지원을 강화시켜 이것을 바탕으로 해서 문제가 발생하기 전에 가족의 대처능력을 강화시켜 문제의 발생을 예방함과 동시에, 각각의 가족 자신들이 커뮤니티의 개선을 위한 활동을 행하여 전체적으로 웰빙을 높여간다는 생각이다. 이러한 이념 하에 커뮤니티에 설치된 것이 패밀리 리소스 센터이지만, 이것에 대해서는 후반부에서 논하고자 한다.

발달기의 아동들에게 있어서, 생활하고 있는 커뮤니티에서 어른들의 보살핌이라고 하는 지원이 있느냐 없느냐는, 그 생활의 안전성에 결정적인

차이를 가져오게 된다. 2004년도 기시와다시^{岸和田市}에서 발생한 아동학대사건은, 학교 · 근린 · 친구 · 아동상담소 등 모두가 그 아동이 학대받고 있음을 알고 있었으나 구체적인 지원을 제공하지 못하였고, 결과적으로 그 아동을 구하지 못했다. 이 사례는 잠재적인 지원자원이 있었음에도 불구하고, 그 지원 간에 네트워크가 형성되어 있지 않았기 때문에 그에 관한 정보가 집약되지 않았고, 심각한 결과를 초래할 정보를 간과하고 말았음을 시사하고 있다.

2. 사회적 지원 네트워크

아동 · 가족 각각에 사회적 지원을 연계시켜, 네트워크화 했던 것을 사회적 지원 네트워크라고 칭한다. The Blackwell Encyclopedia of Social Work(2000)에 의하면, 사회적 지원 네트워크란 일상생활에 필요한 지원을 제공하는 사람들 간에 형성된 일련의 상호관계이다. 사회적 지원 네트워크의 멤버에는 친척 · 친구 · 이웃 · 직장의 동료 · 볼런티어, 그 외 전문가를 포함한다.

어떤 사람이 가지고 있는 네트워크는, 그가 처해 있는 사회 · 경제적 상황, 교육, 가족구성, 연령, 성별, 심신의 상태, 고용 등에 따라서 크게 영향을 받는다. 일반적으로 낮은 연령의 아동들의 육아에 종사하는 전문가들이 일상적으로 행동할 수 있는 범위는, 같은 연령의 근로자의 행동범위보다 좁은 지역적 범위에 한정되고 있다. 또한, 연령적으로 발달함에 따라 아동들의 행동반경도 넓어지게 되지만, 유아와 학령아동은 극히 가까운 커뮤니티에 그 생활권이 있다. 다시 말하면, 아동과 가족의 지원 네트워크는 가까운 커뮤니티에서 조달할 것을 요구한다.

사회적 지원 네트워크의 형성을 전문가가 지원할 때 이용되는 것이 사회적 지원 네트워크 접근법이다. 사회적 지원 네트워크 접근법이란, 小松源助(1988)에 의하면, '공식적 원조를 제공하는 전문가인 사회복지사 등이, 가족 · 이웃 · 지구(地區)의 돌보미 등의 비전문가의 원조자들에 의한 비공식적 원조를 이해, 확인, 창출, 활용하면서 실천 활동을 전개해가는 것'이다. 사회적 네트워크 접근법의 분류에 대해서 Froland, C(1981)는 ①개인 네트워크법, ②가족수발자지원법, ③사례관리법, ④이웃지역원조자법, ⑤볼런티어연결법, ⑥상호원조 · 셀프 헬프법, ⑦지역활성화법을 제시하고 있다. 사회적 지원 자원이 풍부한 지역사회의 경우에는, 클라이언트와 그것들을 연결해주는 ①②③의 활동이 주가 될 것이지만, 근년 지역사회에서는 지원 자원 창출을 시야에 둔 ④⑤⑥⑦의 실천이 특히 중요하다. 지원 자원의 창출에 대해서 고찰해 보기 전에, 먼저 사회적 지원 네트워크의 실제에 대해서 확인하고자 한다.

현재 지역사회에 있는 사회적 지원 네트워크에는, 클라이언트의 개별적 욕구에 대응해서 형성하는 서비스 제공형 네트워크와, 클라이언트의 개별적 욕구를 발견하기 위한 전문기관이 지역사회에 펼쳐놓은 문제발견 · 예방형 네트워크가 있다. 이 두 가지의 네트워크는, 서로 연계함으로 인해서 그 효력을 발휘한다. 문제발견 · 예방형 네트워크는, 서비스제공이 필요한 케이스를 발견한 단계에서, 사례관리자를 설정하여 서비스 제공형 네트워크를 형성한다. 지역사회에서 끊임없이 발생하는 아동학대 등 심각한 아동 권리침해를 방지하고, 지원을 필요로 하는 가족을 초기에 발견하기 위해서 행정적 · 민간적 차원에서 다양한 문제발견 · 예방형 네트워크가 형성되어, 지원 자원을 소개하여 서비스 제공형 네트워크에 연결시키고 있다. 그 실례를 소개하고자 한다.

3. 지역사회의 정보제공 · 예방형 네트워크에 대한 사례

지역사회의 사회적 지원 네트워크에는, 먼저 행정단위에서 네트워크를 형성하고, 실제의 사례에 따라 개별적 네트워크를 형성하는 상의하달^{Top} down형 네트워크와, 개별적 사례에서 네트워크를 형성하고, 그것을 광역으로 넓혀가는 하의상달^{Bottom up}형 네트워크가 있다

1) 상의하달형 사회적 지원 네트워크: 미타카시^{三鷹市}의 사례

동경도^{東京都}에서는, 각 시구정촌이 아동가정지원센터를 설치해서 지역사회의 아동과 가족을 지원하고 있다. 가정지원센터란 시구정촌을 설치주체로 하는 동경도의 독자적인 사업으로, 1995년에 시작되었다. 동경도사회복지협의회의 보고서(2004)에 의하면, 아동가정지원센터는 지역사회에서 아동가정지원시스템을 중핵으로 해서 관계기관과 연계하면서, 아동가정지원네트워크를 구축하는 역할을 가지고 있음이 명기되어 있다. 그리고 다음의 4가지의 기본기능을 가진다. ①사례관리기법에 의한 종합상담, ②단기체제, 토와이라이트 등의 재가복지서비스제공 및 조정, ③관계기관과의 연계에 의한 원조계획의 작성 및 실시, ④지역조직화활동(공조그룹의 육성과 볼런티어 활동의 추진) 등이다.

竹內富士夫(2005)는 아래와 같이 미타카시^{三鷹市}의 지원체제를 소개하고 있다. 미타카시에는, 1997년에 설립한 미타카시 아동가정센터인 수꾸수꾸 히로바와 노비노비 히로바가 있다. 두 히로바는 '육아 싸롱 · 히로바'의 기능을 가지고(노비노비 히로바에 대해서는 일시적 보육/숏 스테이/토와이라이트스테이의 기능을 겸하고 있다), 지역사회에서 부모가 아이들과 함께 가볍게 들려서 놀다갈 수 있는 장소를 제공하고 있다. 센터의 지원 네트워크는 ①대표자의 연락회(연 1회), ②실무담당자의 정례회 · 연구회

(월 1회), ③개별 사례관리자들의 사례검토회의(연간 50~60회)의 3층 구조로 되어 있다. 아동가정센터는, 이러한 네트워크의 사무국의 역할을 함과 동시에, 센터의 기능으로 가정에 직접적인 지원을 제공하는 것 외에 개별 사례의 사례관리를 실행하고, 서비스 제공형의 사회적 지원 네트워크를 형성한다.

미타카시 사례에서는, 행정의 강점을 살려 광역의 보건소·교육위원회·유치원·보육원·병원 등의 지역사회에서 문제발견 및 예방형 네트워크가 펼쳐져 있다. 이것의 핵심은 드롭인의 기능을 가진 육아지원센터이다. 보건소의 검진과정에서 발견된 사례는 지원센터의 육아싸롱에 소개되고, 아이들을 싸롱에서 놀게 하면서 직원에 의한 공식적 상담기능을 거쳐 전문기관에 연결되는 등 사례대응 분담이 이루어지고 있는 것 외에, 필요에 따라서 사례와 관련된 기관들이 한 자리에 모여 사례회의를 가지고 있다. 또한, 육아지원센터를 이용하는 부모에게 육아써클을 설립하도록 권유하거나, 그 운영을 지원하고 보다 더 지역사회에 밀착된 지원 네트워크 만들기에도 기여하고 있다.

2) 하의상달형의 네트워크: 와카쿠사 보육원의 사례

와카쿠사 보육원은 오오사카시의 아이린지구에 위치하고 있다. 그 보육원은 인보관에 그 기원을 두고 있고, 아이린지구에서 생활하고 있는 아이들이 안고 있는 문제들은 커뮤니티의 문제와 상호 관련되어 작용하고 있어 아이들뿐만 아니라 커뮤니티와도 관계를 갖고 활동을 전개할 필요가 있다고 인식한다. 보육원 내에서, 또는 보육원을 통해서 보이는 문제는 보육원 단독으로 해결할 수 없다고 하는 문제의식에서 지역사회의 아이들을 지켜보고 있는 관계기관에게 요청해서 성립된 것이 어린이 연락회이다. 이 연락회는 문제발견·예방형 네트워크의 역할을 하고 있고, 대응해야 할 지역은 대략적으로 중학교구에 해당되지만, 엄밀한 경계선은 정해져 있지 않고, 연락회의 각 회원이 발견한 '마음에 걸리는 아동과 가족' 이 협의의 대상이 된다. 연락회의 회원에게는 지구 내에 있는 보육원, 유치원, 초등학교, 중학교의 각 연령에 따라 전문기관, 의료기관, 보건소, 가정아동상담실, 아동상담소, 어린이회관, 아동복지시설과 아동의 생활을 횡단적으로 보는 시점을 가진 전문기관도 동석한다. 연락회는 월1회 개최되고, 각각의 전문기관들은 과제가 되고 있는 사례를 보고하고, 각 기관들이 가진 정보를 공유해서 그 대처에 대해 논의한다. 개별적 서비스 제공형 네트워크를 형성할 때에는 그 아동이 언제나 이용하고 있는 기관이 중심적으로 사례관리자의 역할을 담당한다.

보육원이 주체가 되어 설립된 네트워크는, 현재 시정촌학대방지 네트워크의 일부로서 자리 잡고 있고, 실제적으로 문제해결을 할 수 있는 네트워크로 기능하고 있다. 아이들의 생활권 내에서 지원을 제공하고 있는 관계자들 간의 '서로의 얼굴이 보이는' 네트워크는, 마음에 걸리는 아이가 있으면 즉시 서로에게 연락하는 관계만들기에 성공하고, 지역사회에서 생활하는 아동과 가족의 문제발견 · 예방 및 그 대책에 있어서 크나큰 역할을 담당하고 있다.

또한, 전문기관들 간의 네트워크 외에도 구 전역을 대상으로 하는, 주로 집에서 육아를 하는 어머니들 간의 '육아 네트워크' 가 있다. 육아 네트워크의 회원은 지역사회에서 마음에 걸리는 아이들에 대해서 앞에서 말한 어린이 연락회에 그 정보를 제공하거나, 놀이모임 · 바자회 등 교류의 장을 창출하는 것 외에, 육아에 대해서 불안을 가지고 있는 어머니의 상담자의 역할을 하는 등의 구체적인 지원을 제공하고 있다. 이 육아네트워크의 창설에도 그 보육원의 원장이 관계하고 있고, 전문기관들 간의 네트워크와 지역주민들 간의 네트워크는 보육원이라고 하는 연결점을 중심으로 서로 간의 관계를 맺고, 유기적으로 기능하고 있는 것이다. 이러한 네트워크가 유효하게 기능할 수 있었던 것은, 가정지원센터 및 보육원이 지역주민들과의 관계를 맺는 접점이 되어 프런트라인의 역할을 하고 있음을 그 예로 들 수 있을 것이다. 전문기관들 간의 네트워크가 아무리 긴밀하게 펼쳐져 있다고 하더라도, 커뮤니티 전체를 커버하는 것은 불가능하다. 전문기관들의 공식적 네트워크와 지역주민들 간의 비공식적인 네트워크가 상호 연계함으로 인해서, 실효성 있는 사회적 지원 네트워크를 형성할 수 있었던 것이다.

4. 사회적 지원 네트워크와 커뮤니티 빌딩

상실되어가고 있는 지역사회의 연대감의 재형성을 위해서 일본에서도 다양한 시도가 행해지고 있지만, 여기에서는 사회적 지원 자원 및 사회적 지원 네트워크의 형성과 미국 및 캐나다에서 실천되고 있는 커뮤니티 빌딩에 대해서 개괄하고자 한다. 일본의 경우, 보육원에 병설해서 추진하고 있는 지역사회육아센터에 해당하는, 미국 및 캐나다의 패밀리 리소스 센터의 설립기반의 하나가 되고 있는 것이 커뮤니티 빌딩이란 개념이다.

미국의 커뮤니티 연구분야에 있어서, 사회적 지원 네트워크가 발달한 지역사회에서는 아동학대 등에 대응함에 있어서 부적절한 관계들이 적지 않게 발견되고 있다. 또한, 지원 네트워크는 개인에게 제공되고 있는 것보다도 그 커뮤니티에 제공되고 있는 것으로, 사람들의 커뮤니티 의식을 높이고, 서로 돕기를 촉진하여 커뮤니티 내의 지원 네트워크를 더욱 발달시켜 갈 수 있을 것이다. Austin(2005)은 어떠한 기관에서도 가족을 단독으로 지원하는 것은 불가능하고, 사회적 지원 네트워크를 형성해서 가족을 지역사회에서 지원하기 위한 방책으로써 커뮤니티 빌딩의 유용성에 대해서 언급하고 있다.

커뮤니티 빌딩은 사회적 지원 네트워크 접근법의 지원 자원창출을 위한 수법과 거의 중복되는 개념이다. 커뮤니티 빌딩이란, 미국의 내셔널 커뮤니티 빌딩 네트워크의 정의(2005)에 의하면, '사람들을 조직하여 사회적 결속을 강화시키고, 공통의 목표를 향한 공통의 가치관을 형성하여 보다 더 많은 사람들이 공유하도록 널리 알리는 것'으로 정의하고 있다. 아동복지에 관한 전문지인 Child Welfare의 특집호(2005)에, '커뮤니티 빌딩이란, 커뮤니티에서 가족을 지원해 가기 위한 가족과 커뮤니티, 그리고 전문기관이 협동하는 기회이다'라고 정의하고 있다. 즉, 전문기관과 지역사회에 거주하고 있는 주민이 함께 커뮤니티와 관련된 기회를 창출하여 지역주민 스스로가 지원 자원을 형성하여, 상호간의 지원 네트워크의 형성을 촉진시켜 가는 과정을 통해서 보다 좋은 커뮤니티를 형성하려고 하는 시도이다.

커뮤니티 빌딩의 기반에는, 커뮤니티의 주민 스스로가 자신들의 거주환경에 대해서 가장 정확하게 이해하고 개선하려는 것이라고 하는 신념이 있다. 이러한 의미에서 전문직은 철저하게 후방의 존재가 되어야하고, 커뮤니티의 리더를 찾아내어 그 리더를 중심으로 해서 주민 스스로가 커뮤니티의 웰빙을 높여가도록 측면으로 지원한다. 주민 스스로가 창출한 지원 자원은, 지원을 필요로 하는 가족들에게 제공될 뿐만 아니라, 이번에는 그 가족 스스로가 커뮤니티와 관련된 지원 자원이 되어 가는 것을 목격할 것이다. 이와 같이 커뮤니티에 사회적 지원 네트워크가 형성되어, 가족들의 고립을 예방하고, 커뮤니티의 문제해결능력을 높여갈 수 있을 것이다.

미국 및 캐나다의 가족지원에 관련된 전문가는 문제를 예방하기 위한 커뮤니티의 시도의 중요성에 대해서, 다음과 같은 예를 자주 들곤 한다.

'강의 하류에 있던 사람이, 강에서 아이가 떠내려 오는 것을 발견하고 건져 올렸다. 그 다음 날도, 그 다음 날도 아이가 떠내려 왔기 때문에, 그 때마다 아이를 건져 올렸다. 그러는 사이에 그 사람은 상류에서 무슨 일이 벌어지고 있는 것일까라고 알아보러 갔다. 그러자, 강의 상류에서 가족들

이 아이들을 풍덩풍덩 강에 던지고 있었다'

그들에 의하면, 문제의 가장 원인이 되는 곳에서 아이들을 강에 버리지 않아도 되도록 지원한다면, 훨씬 더 효율적이고 효과적으로 가족을 지원할 수 있을 것이다.

5. 패밀리 리소스 센터의 커뮤니티 빌딩

패밀리 리소스 센터는, 커뮤니티에서 생활하고 있는 아동과 가족을 지원하고 싶다는 마음을 가진 시민들에 의한 NPO를 기반으로 해서 개시된 프로그램으로, 미국 및 캐나다 전역에서 펼쳐지고 있는 활동이다. 실시되고 있는 커뮤니티 및 서비스 이용자의 욕구에 따라 프로그램은 다양하지만, 드롭 인으로 불리는 놀이터의 기능을 가진 부모와 아이들이 자유롭게 놀고, 필요에 따라서 커뮤니티의 가족지원에 관련된 다양한 서비스를 제공하고, 또한 서비스 송치를 받을 수 있다. 패밀리 리소스 센터는, 인간발달을 생태학적 시점으로 보는 Bronfenberner, U (1988)의 이론을 채용하고 있고, 아이들을 지원하기 위해서는 해당 아이들이 생활하고 있는 가족, 커뮤니티를 지원하는 것이 필요하다고 한다. 그것을 위해서, 가족지원을 위한 지역사회와 협동한 커뮤니티 빌딩은 패밀리 리소스 센터의 직원의 직무로써 인식되고 있다.

Austin, S(2005)은 ①패밀리 리소스 센터를 부모와 함께 만들어 간다, ②센터의 활동에 부모를 끌어들인다 등의 방법으로 커뮤니티에서 네트워크를 높이고, 커뮤니티 빌딩을 추진하는 실천에 대해서 소개하고 있다. 실천의 예에는, 패밀리 리소스 센터의 활동과 관련된 것으로 가족을 지원하는 네트워크가 확대되고, 근린주민, 전문기관, 가족의 협동관계를 발전시켜, 커뮤니티에 관한 활동에 회원의 참가를 촉진시키는 환경을 만들어가고, 커뮤니티 빌딩으로 이어가는 것으로 이미지화되어 있다. 또한, 처음부터 커뮤니티의 개선을 목표로 하는 것이 아니라, 아이들의 교육환경개선과 놀이터의 창출이라고 하는 먼저 부모에게 있어서 친근한 활동분야에 참여를 권유하는 것으로 부모들끼리 커뮤니티에 있는 다른 기관과의 연계를 만들어내고, 그 결과로써 커뮤니티에 네트워크를 형성해 가는 것에 대해서도 언급하고 있다.

6. 일본의 커뮤니티 빌딩

西村祐子(2004)는 미국·시애틀의 커뮤니티 빌딩에 대해서 조사하고, 일본의 시민참가형 마을 만들기에 적용하는 것에 대해서 검토하고 있다. 그녀는 일본의 마을 만들기 활동에 주민참여가 진전되지 않는 이유로 다양한 요인과 함께 공공영역을 행정이 거의 독점하고, 개인은 '사적 영역에 머물게 해왔던 역사의 영향을 언급한다. 즉, 시민에게 있어서 마을 만들기는 '위에서 하는 것' 으로, 자신들이 행하는 것으로 인식하지 못했던 것을 원인으로 보고 있다. 그렇기 때문에 '일본형' 의 시민참여형 마을 만들기를 실현하려고 할 때 곤란한 점은, '참여의 시스템 만들기 보다도 오히려 참여의 의식만들기, 문화만들기, 습관만들기에 있다' 고 지적하고 있다. 그녀는 이러한 참여시스템만들기의 하나로서 '볼런티어 노동제공의 계량화' 를 통해 사회적 평가를 높이고, 구체적으로 시민 프로젝트를 조성해가는 것을 주장하고 있다. 또한, 大橋謙策(2005)는 일본의 21세기의 네트워킹형 횡적사회를 지역사회의 기반에 어떻게 정착시켜 갈 것인가에 대해서 고찰하고, 이후의 복지교육의 과제로서 주민참여의 지역복지를 구현시켜 가는 복지문화를 들고 있다. 지역주민이 주체적으로 지역사회를 형성해 가는 첫걸음으로서, 오스틴[Austin, S.]이 제시한 '먼저 이해관계가 있는 프로젝트에 참여하도록 꾀하고, 연계해서, 그 경험을 통해서 커뮤니티를 형성해 간다' 라고 하는 프로세스를, 주민들에 대한 복지교육으로써 인식할 수 있는 것은 아닐까.

주민들이 편리성을 구하여 그 거점에 모여, 그 거점이 가진 교육효과를 통해 커뮤니티에서 네트워크를 형성해 간다고 하는 이러한 메커니즘은, 일본각지의 공동보육원 · 육아써클의 실천에서 찾아볼 수가 있다. 실제의 예를 들어보자.

山本健慈(1998)는 공동보육원인 아톰을 통해서 이해하고 얻은 지역사회 · 가정의 변환에 대해서, '보육원의 아이들, 가정의 모습, 복지에 대한 절실한 요구를 보육원 내부에서 안고 있어도 의미가 없다, 행정당국도 지역주민도 공유할 필요가 있고, 행정 · 주민 쌍방이 지혜와 힘을 합치는 것이 필요하다' 고 논하고 있다. 山本에 의하면, 이러한 공유의 구체적인 장소가 되는 곳이 1980년부터 축적되어온 '구마토리 육아와 보육을 생각하는 모임' 이다. 이 집회에 참여한 주민들은 구마토리라고 하는 마을에서 처음 만나서, 그곳에서 살기 좋고 쾌적한 마을 만들기를 목표로 노력하고 있는 사람들을 보고, 그 자세에 감동하여 마음이 움직이게 되고, 자신들도 할수 있는 것들을 찾아내려고 하는 과정에서 마을 만들기에 참여하게 되는 것이다.

또한, 奧山千鶴子(2003)는 요꼬하마 시에서 NPO로 탄생한 '모부자 광장 비노비노' 의 활동에 대해서 정리하고, 비노비노가 활동을 통해서 다른 기관과 행정과의 네트워크를 키워감과 동시에 광장을 이용할 목적으로 오는 모부자가 스탭으로서 활동을 시작하게 되고, 자신들의 아이들만이 아니라 육아환경 개선에 눈을 돌려가는 모습을 그려내고 있다.

먼저, 자신들의 이익과 관심이 있는 활동을 이용하기 위해서 참여하게 되고, 그 활동의 교육효과를 알게 되고 그 활동의 담당자가 되어가는 이러한 예는, 커뮤니티 빌딩의 개념과 중복되는 것이라고 말할 수 있을 것이다.

7. 주민주체의 사회적 지원 네트워크의 형성을 위해서

山縣文治(2005)는 육아지원에 관해서 지역사회에 기대하는 기능으로써 ①발생예방, ②발견과 전문기관에 연결시키기, ③전문기관과 협동하는 자세, ④보살핌의 기능을 들고 있다. 이러한 기능을 지역사회가 달성하기 위해서는, 주민주체의 사회적 지원 네트워크의 형성이 불가결하다. 커뮤니티 빌딩의 개념은, 주민들의 이해와 직접 관련이 있는 프로그램에 참여하게 하고 그것들을 통해서 프로그램의 담당자로 교육시켜 가는 가능성을 우리에게 보여주고 있는 것이다. 이후 지역사회에서 정비가 진행되어 가고 있는 보육원의 지역사회 육아지원센터는, 바로 이 커뮤니티 빌딩의 거점이 될 가능성을 가지고 있는 것은 아닐까.

현재, 지역사회육아센터는 놀이터의 제공, 부모자식 놀이프로그램의 제공이 거의 대부분을 차지하고 있는 상태이다. 미국·캐나다의 패밀리 리소스 센터의 많은 직원들이, 같은 유아교육계의 자격을 가지고, 리칸토 교육에 의한 커뮤니티 빌딩을 시야에 둔 가족지원을 실천하고 있는 것으로 판단되는데, 일본에서도 이것은 가능하지 않을까. 지금 보육원 등의 전문기관에 요구되는 것은, 지역사회의 가족지원이다. 지역사회 육아센터의 직원들이 연수를 통해서 커뮤니티에서 사회적 지원 네트워크의 형성, 커뮤니티 빌딩을 그 직무로 인식하고 실천해 가는 과정에서 아동과 가족을 끌어들인 환경개선이 기대될 수 있을 것이다.

당사자의 조직화 · 운동과 임파워먼트
−정보화 사회의 새로운 사회행동 모델을 모색하면서−

카야마 탄(加山彈)[*]

1. 들어가는 글

지역복지의 대상으로서의 당사자란, 복지적 과제를 안고도 해결해 나갈 힘을 상실한 상태에 놓여 있는 개인이라고 말할 수 있다. '개인'에 그 시점을 두고 당사자 조직화의 과정을 보면, 같은 고민을 가진 동료와 만나서 또는 지원자 · 단체 및 전문가들의 적극적인 지원으로 해결해 나갈 힘을 얻게 되고, 생활의 주체자로서의 권리를 되찾고, 억압적인 생활조건을 극복하려고 하는 '운동가'로 변화[1] 해가는 과정이라고 말할 수도 있을 것이다. 따라서 지원자는, 당사자(들)의 주체형성을 꾀하고, 문제해결력의 향상을 촉진하는 지원이 요구될 것이다. Social worker는 역량강화자[empowering]

[*]東洋大學專任講師

profession[2] 라고도 칭해지듯이, 임파워먼트는 그 중요한 목적이기도 하다. 당사자가 억압적 구조에 대항하고 주체적인 힘을 축적해서 제도와 서비스 수준의 향상과 창설·개폐, 집단적 결성 등을 추진해 왔다는 의미에 있어서, 당사자조직화의 임파워먼트는, 방법·기술로서의 사회운동·사회행동[social action]과의 불가분의 관계를 유지하면서 발전해왔다고 말할 수 있을 것이다.

이 당사자 운동을 둘러싼 지금의 상황은, 시대적 변화의 영향을 받아 전환기를 맞이하고 있다. 그 배경에는, 대면적 접촉이 당연시되지 아니하고, 사회운동이 사람들에게 받아들여지지 않는 현대의 사회적 경향과 그 한편으로, 인터넷을 중심으로 하는 정보화 사회라고 하는 새로운 정보 통로가 최근의 실천에 적지 않은 영향을 주고 있음을 들 수 있을 것이다. 이러한 배경을 전제로 이 글에서는, 당사자조직화·당사자운동에 대한 기존개념과 그 의의, 더욱이 그 실천에 있어서 임파워먼트의 개념에 대해서 재검토하고, 최근의 운동모델의 변용에 대해서, 에코시스템 이론의 틀을 인용하여 설명하고자 한다. 현재의 운동과정은 정보화 사회가 내포하고 있는 미디어 지식과 프라이버시 등의 문제를 안고 있기 때문에, 이러한 점들을 고려한 과제들을 제기해 보고자 한다.

2. 당사자조직화·당사자운동과 사회행동

岡知史 (1997)는 당사자조직을 '특정의 공통共通된 상황에서 발생하는 여러 곤란한 문제들에 대응하고자 자발적이고 주체적으로 전개되는 하나의 지속적인 시민운동의 형태' [3] 라고 정의하고 있다. 본 절에서는, 장애인운동의 전개과정에서 당사자조직과 그 운동에서 중요시되고 있는 개념들을 정리하고, 지역복지의 실천방법으로서의 운동의 의의에 대해서 사회행동social action과 관련해서 살펴보고자 한다.

1) 당사자의 자립관과 주체형성

장애인운동의 역사[4]는 지금의 당사자조직의 개념에 대해서 알고자 할 때 중요한 부분을 차지한다. 그 중에서도 미국의 자립생활[1]운동에서 나타난 자립관은 가치전환의 계기가 되었고, 당사자 개념을 수동적 존재에서 주체적인 생활과 자기결정을 행하는 중요한 존재로 변화시켰다. 자립생활운동에서 확립된 자립관은, 필요한 서비스를 활용하면서 자유로운 책임주체로서 스스로의 생활을 계획하고 관리해 가는 자립생활이라고 되어 있다.[5]

그와 같이, 당사자조직과 그 운동에 관한 문맥 속에서 '당사자'의 어의는, 일찍이 사회복지지원에서 보여 왔던 수동적인 '수익자' '대상자'와 대치되고 있고, 지역복지를 추진하는 자로서의 주체성이 함의된[6] 것이고, 右田紀久惠(1993)가 지적한 것과 같이 '새로운 질의 지역사회를 형성해 가는 내발성'이 그 기본적 요건이 되고 있다. 이 '내발성'은 지역사회의 형성력, 주체력, 공동성, 연대성, 자치성을 포함한 힘을 의미하고, 개개의 주민단위에서 총체로서의 지역사회 단위까지 포섭된[7] 개념이 내포되어 있다. 개인이 사회적 존재로서 자기형성을 이루고, 그것이 생활단위에서 보다 광범위한 지역사회를 향해서 집적, 총체화, 조직화되는 과정으로, '내발성을 기초로 한 개인의 자치를 기반으로 하고, 그 위에 집단의 자치, 지역공동사회의 자치를 중층적으로 쌓아올리는 연립구조라고 하는 전체적 구조[8]'를 이루게 된다. 따라서 제1의 복지욕구에 직면하고 있는 사람들이 소외감, 장기에 걸친 패배감·무력감에 지배되고, 고립되기 쉬운 상황[9]에서 벗어나 권리의식을 되찾아 운동가로서 내발성을 고양하도록 임파워먼트 하는 것, 그 다음으로 주민 일반을 끌어들이면서, 지역사회 전체의 주체형성으로 그 시야를 넓혀 임파워먼트가 필요하게 될 것이다.

2) 운동기술로서의 사회행동

위와 같이 당사자의 연대와 운동의 전개과정에서, 제도적 개선과 차별의식의 철폐 등을 위한 방법론으로서 사회행동social action이 있다. 사회행동[10]은 의회와 행정, 기관을 선두로 한 지역사회의 권력구조에 대항해서 입법적·행정적 조치를 취하게 하려고 하는 대책행동·기술로서 생성되어왔던 것이고, 어떠한 피억압적 상황에서 당사자와 지원자 그리고 제 관계 단체(인권단체, 노동조합 등)를 조직화하고, 압력단체로서 그 체제를 정비하고, 서명, 진정, 청원, 광고활동, 가두선전, 데모, 파업, 주민대회 등의 전술을 이용해서 문제해결을 꾀하는 방법이다.[11] 그리고 그 과정을 통해서, 당사자와 관계자의 연대가 강화되고, 무력한 상태를 극복하는 임파워먼트까지가 사회행동의 범주에 속한다.

일반적인 사회복지지원에 있어서는, 법·제도적인 준거 틀의 범위 내에서 지원자는 이용자의 연합을 지원한다고 말할 수 있지만, 그것에 비해서 당사자의 운동은 서비스 이용자 측에서 그 목소리들을 집약해서 그 지원시스템에 영향을 주는 것이기 때문에, 역의 흐름을 생기게 한다고 하는 것이 상이하다.

3. 당사자조직화·운동과 임파워먼트

당사자의 조직화와 운동을 촉진한다고 하는 목적개념으로써의 임파워먼트와 그 실천과제의 대상설정에 관한 정리가 필요할 것이다. 渡邊洋一은, Gutierrez, L. M.의 필드전개차원(개인적 차원, 대인관계적 차원, 시책적 차원)[12]을 인용해서, '당사자들의 문제해결력이 양성되도록 지원해야 하고, 가족단위에서의 문제해결의 힘도 높여가도록 지원해야하며, 근린,

[그림 5-1] 주체형성의 개념도

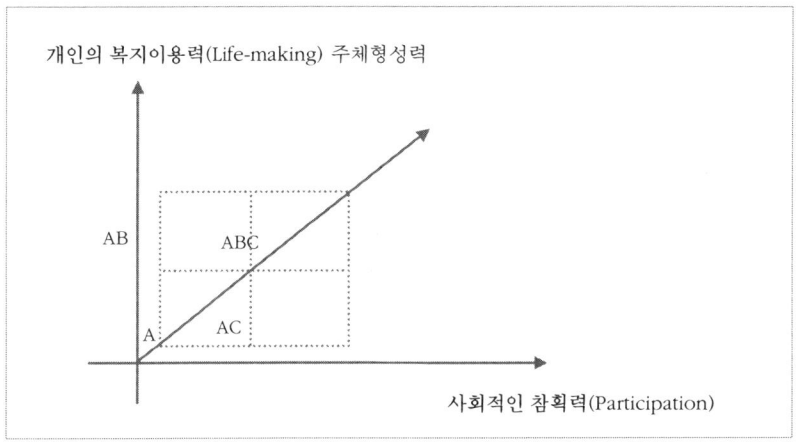

* 자료: 渡邊(2000: 182)

지역사회에서 문제를 해결해 갈 수 있는 힘이 양성되도록 지원할 필요가 있다' 라는 견해에서 ①개인·대인관계, ②집단·조직, ③지역사회의 각 차원에서의 임파워먼트 모델[13]을 제시하고 있다. 당사자개인에 대한 임파워먼트는 그 여건으로서의 환경(집단·조직), 지역사회와 밀접한 관계를 갖고, 그러한 개혁을 위한 행동을 취하지 않고는 성립될 수 없고, 각각의 차원과 관련을 가진 방법을 검토해야 할 필요가 있다고 말할 수 있다(그림 5-1 참조). 그래서 본 절에서는 그 분류에 따라서 개인적 차원에서 당사자 조직화·운동을 정리하고, 그것이 요구하는 기능에 대해서 추가적으로 논하고자 한다.

1) 개인, 대인관계의 임파워먼트 개념

제1단계로, '개인·대인의 단계' 에 있어서는 대상이 되는 클라이언트층과 주민이 복지서비스를 주체적으로 이용하고, 사회적으로 생활해 가는 힘(주체형성력)이 지원의 과제가 된다. 여기에서의 '주체형성력' 은, 자립생활운동에서 보이는 것과 같이, 스스로가 서비스를 관리하고 선택할 수 있는 능력의 양성, 즉 '개인적인 복지이용력' 과, 주체적으로 복지에 참가하는 힘으로서의 '사회적 참획력参画力' 의 종합적인 균형의 힘이고, 그림 5-1과 같이 'ABC면을 확보할 수 있도록 주체적으로 생활을 만들어 가는 힘 및 주체적으로 복지에 참가하는 힘' [14]으로 인식된다. 따라서, 개인적 차원에 있어서 이 복지이용력과 참획력을 지원해 가는 연장선상에는, 둘러싸인 조직과 지역사회와 연결될 수 있도록 하는 지원이 필요하게 된다. 이 글의 시점에서도, 개개의 당사자에게(당사자조직을 포함한) 자원의 주체적 이용과 지역사회에의 참여, 자기결정력을 확보하여 주체형성을 이룰 수 있도록 촉진시켜가는 것이 과제가 될 것이다.

2) 집단 · 조직, 지역의 임파워먼트

제2, 제3단계인 '집단 · 조직의 단계' , '지역사회의 단계' 에서의 주체형성은, 잘못하면 개인의 단계에서의 주체형성력과 분리해서 논의될 위험이 있지만, 위에서 본 것과 같이 본래 이러한 제 단계는 연속성 · 관련성을 가지고 검토되어야하는 것이고 중층관계에 있다고 하는 이해를 필요로 한다.[15] 이 단계에서의 임파워먼트는 渡의 설명에 의하면, 지역사회 자체에서 가지고 있는 문제해결력에 착목해서 지원자가 그 양성을 꾀하는 것이다.[16] 이 중층적인 구조에 대해서 지역복지에서는, 앞서 서술한 右田의 이론과 같이 개인적 차원에서의 요건은 내발성이기 때문에 지역복지의 주체형성에 있어서는 하부구조의 힘의 강화가 특히 중요시 된다.[17]

이러한 것을 포함해서 渡邊은, 지역복지분야의 주체형성에 있어서, 임파워먼트접근법의 이면성二面性, 즉 ①권리옹호 및 주체형성advocacy and empowerment 과 ②커뮤니티관与의 양성과 주체형성community involvement and empowerment을 논하고 있다. 첫째는 직접적 지원과정에 있어서, 복지문제해결을 위한 조건정비, 권리옹호, 학습지원 등에 의한 임파워먼트이다. 둘째는 간접적 지원과정이고, 시민을 주체적으로 끌어들이는 것과 학습활동, 볼런티어 체험학습을 통해서 시민자신 및 근린에서의 문제해결의 힘을 양성하는 것이다. 근년의 당사자조직화·운동에 대해서 봐왔던 것과 같이, 이 두 측면에서의 고찰이 필요할 것이다.

4. 에코시스템 이론의 틀로 본 하부구조의 주체화

위와 같이 실천의 전개현장, 다시 말하면 지역사회의 중층구조는, 시스템론에서의 상위·하위의 틀로 재인식할 수 있다. 그 중에서 하부구조에서 하의상달식으로 지역사회 전체의 자치로 파급시켜 가는 것이 지향되고 있기 때문에 환경과의 제 관계 속에서 당사자의 '내발성'을 강조하지 않으면 안 된다. 따라서 여기에서는, 에코시스템론에 의거하여 근년의 당사자조직화·운동의 다이나미즘의 변용에 대해서 논하고자 한다.

1) 에코시스템의 피드백 프로세스에 대한 검토

사회복지에 있어서는, 사회복지정책·제도에 기반을 둔 행정시책, 지원활동의 과정과 역으로 당사자에서 지원자와 정책주체로 파급되는 과정, 즉 상의하달의 흐름과 하의상달의 흐름의 양방에 의해 파악할 수 있지만, 본 연구에서 논의해 왔던 것처럼, 특히 후자를 중시해서 검토하고자 한다.

太田義弘(1992)는 사회사업 실천의 개념적 파악 방법으로 에코시스템의 인용을 제기하고, 그 이유를 다음과 같이 논의하고 있다. '사상**을 미시적 차원에서 거시적 차원까지 넓은 시야로, 인간의 개별적인 생활상황에서 생활환경, 더욱이 사회복지를 지탱하는 사회적 자원인 사회복지제도와 정책까지의 시스템 관계에 그 시야를 두지 않으면 안 된다. 더욱이 그 시야는, 클라이언트의 실체적 생활을 그 기준으로 이해하기 위해서 생태적으로 피드백시킬 수 있는 종합적 시점을 가지지 않으면 안 된다'.[18] 여기에서 太田는, 에코시스템 구상의 의의로써, 다음의 6가지를 들고 있다.[19] 즉, ①다양한 요소가 교착하는 생태로서의 클라이언트의 사회생활과정을 고찰의 기점으로 하는 것, ②사람과 환경과의 상호관계를 생활영역의 확대로서 인식하고, 클라이언트의 생활을 그러한 생태관계라고 하는 종합적인 시야로 고찰하는 것, ③클라이언트의 생활상황을 적절하게 파악하고, 욕구에 알맞은 제도적 사회복지서비스를 종합적이고 효과적으로 제공하는 것, ④생활을 구성하고 있는 미시적·거시적 시야로 피드백시키는 순환개념으로서 생활을 지원하는 서비스를 전개하는 것, ⑤목표를 달성하기 위해서 클라이언트가 가지고 있는 변용과 균형유지라고 하는 사회적 자율성을 지원하는 것이 그 중심이 될 것, ⑥클라이언트의 생활에 맞게 적절한 지원을 하기 위해서 시스템이라고 하는 실천을 축적해 가는 과정개념으로 전개하는 것이다. 이것을 사회사업 실천시스템으로 표시하면, 그림 5-2와

[그림 5-2] 실천과정 시스템-순환시스템으로서의 과정

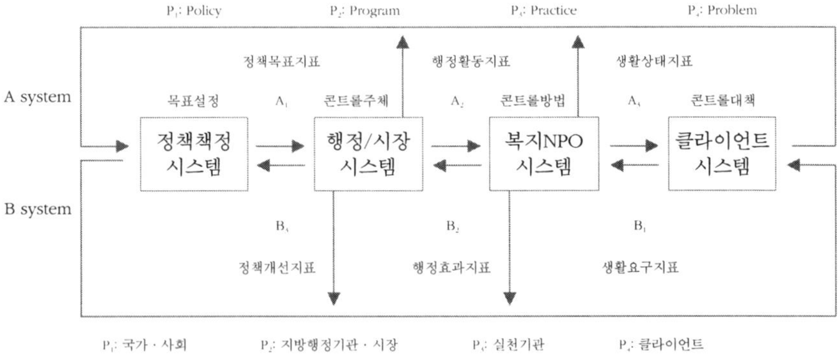

A system(micro process): 지원분배과정 / B system(macro process): 사회복지정책형성·조정과정
*자료: 太田(1984: 69)

같다.

그림 5- 2 에서는, 마이크로에서 미크로 순으로, 정책책정시스템(P_1),
행정시스템(P_2), 실천과정시스템(P_3), 클라이언트 시스템(P_4)으로 분류
된다. 여기에서 太田이론의 기축이 되는 것은, $P_1{\rightarrow}P_2{\rightarrow}P_3{\rightarrow}P_4$이라고 하
는 흐름이 묘사된 '지원과정(A system)'과 그 피드백으로서 $P_4{\rightarrow}P_3{\rightarrow}P_2$
${\rightarrow}P_1$라고 하는 환류의 '실천정책조정과정(B system)'의 두 방향에 의한
동태적 파악이 설명된 곳이다. 따라서 지역복지의 시좌로써도 여기서 나
타내고 있는 순환을 넓게 촉진하는 것이 필요하고, 특히 잘못하면 상실하
기 쉬운 주민과 당사자들의 내발성에 기반을 둔 자치의 관점에서 피드백의
흐름(B system과 A system에서의 $P_4{\rightarrow}P_1$의 환류)을 강화해야 할 것이다.

이 도식에 의하면 종래의 당사자의 조직화·운동의 과정은 다음과 같이
파악할 수 있다. 다시 말하면, 법·제도의 규정(A_1, A_2)에 따라, 지원자·
단체의 실천활동(A_3)이 클라이언트에게 적극적으로 다가가고 조직화하
는 지원과정은 A system의 흐름이다. 반면, 클라이언트가 당사자조직을
만들고 사회적 자원과 행정, 정책책정시스템에 대한 운동적 활동을 파급
시켜가는 과정(B_1, B_2, B_3)은 B system으로 표시된다.

여기에서 유념해야할 것은, 최근의 대면적 접촉과 사회운동의 쇠퇴와 정
보화 사회의 공죄[加罪]일 것이다. 지금의 문제상황에 대한 대응방법으로는,
당사자와 지원자의 찬동을 얻기 쉬운 방향으로 운동 접근법의 폭을 넓혀
가지 않으면 안 될 것이다. 실제로, 권력구조에 대한 충돌전략으로 시작한
운동을, 협의, 교육, 계발 등의 전략으로 전환시키는 것과 같은 사례들이
보이고 있다.[20] 또한 매스미디어와 정보기술의 진보로, 대면적인 접촉과
충돌이 없는 불특정 다수의 사람들에게 영향을 미치는 사례도 있고, 충돌
전술의 새로운 가능성을 시사하고 있다.[21]

4. 사례로 보는 새로운 운동상運動像 - 매스미디어와 인터넷의 사회적 영향

위의 과정을 포함해서 본 절에서는, 인터넷 등 일상화된 정보수단을 유효하게 활용하면서 성과를 내고 있는 최근의 사례[22]를 들어, 에코시스템의 틀로 그 변용에 대해서 살펴보고자 한다.

1) HIV소송 - 매스미디어를 통한 여론 환기

첫 번째의 사례로, 약해藥害에이즈사건에서의 당사자의 운동은 전형적인 대결지향의 사회행동이지만, 매스미디어를 효과적으로 활용했다는 특징을 가지고 있다는 점에서, 기존의 모델과의 상이점을 보이고 있다. 이 사건은, 오염된 비가열제재非加熱製劑로 에이즈 바이러스HIV에 감염되었음을 인지하고 그 위험성에 대해서도 인식하고 있으면서도 국가와 제약회사는 약 투여를 계속했기 때문에 많은 혈우병환자들이 감염되어 사망하거나, 진료거부와 취직차별 등을 받아왔던 것이다. 이것에 대해 환자와 유족들이 원고가 되어, 국가와 제약회사에 대한 법정소송을 각지에서 냈던 것이 HIV 소송이다. 이 활동에서는, 재판으로 인한 화해와 HIV감염인이 신체장애인으로 인정되었다는 성과를 냈지만, 그 과정에서 당사자들이 강연과 보도 등을 통해서 여론을 환기시켰다는 영향력을 경시할 수 없다. 실명을 사용하고 영상에 자신의 모습 그대로 상대방의 부당성을 계속적으로 고발했던 당사자들은, TV와 신문에 대대적으로 보도되면서 사회에 임펙트를 주었던 것이다. 말 그대로 사람들을 중요시하는 전개였다. 또한, 이것으로 비가열제재의 약재사용의 위험성은 국민적 관심사가 되었고, 국가와 기업의 이익을 최우선시 하는 그 체질에 대한 비판적 태도를 국민들이 가지게 되었다는 의미에서도 유익했다.

2) 지원비 '상한설정' 문제 – 정보통로를 다양하게 사용했던 새로운 모델

　다음의 사례는, 인터넷 등의 새로운 통로를 이용해서 전개했던 장애인들의 사회행동이다. 지원비지급제도의 도입에 있어 후생노동성은, 당초 홈헬프 서비스의 시간 등에 상한을 설정하지 않는다고 하는 방침을 냈다. 그럼에도 불구하고, 도입시기가 다가옴에 따라 그 방침을 180도 뒤집어 '기준(1일 4시간 = 월 120시간)'으로 그 상한을 설정하려는 사정을 알고 있는 당사자의 가족들의 통고로 신문에 보도되었다. 그것이 실행되면 재가를 포기하고, 시설입소를 할 수밖에 없는 이용자가 속출하게 — 또는, 대기자가 다수 나온다 — 되고, 이 보도를 계기로 당사자와 지원단체가 전국규모로 사회행동을 시작하게 되었다. 인터넷과 e-메일로 서로 간 연락을 취하여 당사자와 지원단체가 전국에서 연일 집결하고, 많은 때는 1000명이 넘는 관계자가 후생노동성 앞에서 상한설정의 철회를 요구하면서 항의행동을 전개하고, 직접교섭도 진행했다. 전국적 규모로 장애인단체를 네트워크하는 복수의 중간지원직이 이 기회를 통해 처음으로 협동했던 것이 규모의 효과를 살린 활동을 가능하게 했다. 이 활동결과, 후생노동성은 그 방침을 철회한다는 입장을 표명하게 되고, 당사자 단체 측은 심각한 생활권 침해를 미연에 예방할 수 있었다.

　이 사례는 개시부터 종결까지 단지 약 2시간 밖에 걸리지 않았고, 그 신속성이 성공으로 이끌었다고 말할 수 있다. 그리고 그 요인으로서 인터넷과 휴대전화의 정보전달의 연공[*1)]을 들 수 있을 것이다. 그런 미디어를 통해서 문제의 포인트가 신속하게 그리고 명확하게 전달되었던 것, 그것을 위해서 각 단체와 개인이 '지금, 무엇을 해야 하는가'를 즉시 파악할 수 있었던 이점이 있었다. 항의행동의 도구로 e-메일과 팩스, 신문에의 투고 등의 정보수단이 활용되었다. 이러한 정보미디어를 통해서 만약 중증장애로

항의행동의 전선에 직접 참여할 수 없는 당사자라도 자택에서 참여가 가능하게 된다. 이와 같은 정보수단은 비교적 새롭고 누구든지 용이하게 사용할 수 있는 유효한 수단이고, 지금이야 당사자운동현장에 없어서는 안 될 수단임이 명백하다.

3) 구타입의 한계와 새로운 경향

위의 두 사례는, 어느 쪽이든 대결, 결투의 운동형태를 가지고 있다는 의미에서는, 기존의 사회행동 모델에 합치하는 당사자운동이었지만, 매스미디어와 인터넷, e-메일, 휴대전화라고 하는 정보수단을 활용하는 전략으로 흩어졌던 당사자들을 대중적으로 움직이게 하고, 국가까지도 움직이게 했다는 의미에서 새로운 운동의 방향을 보이고 있다. 에코시스템의 논의로 이러한 사례를 재고찰해 보면, 그림 5-2에서 보았던 운동의 기존 개념, 즉 지원자의 적극적인 활동(A_3)으로 당사자가 조직화되고, 지원기관, 자치체, 국가와 정책에 영향을 주는 모델($B_1 \rightarrow B_2 \rightarrow B_3$)만으로는, 지금의 운동을 설명하기란 곤란하다는 것을 알 수 있다. 양 사례에서는 무력한 상태에 있는 개인조차 이러한 단계를 뛰어 넘어서, 국가와 정책시스템을 움직이게 할 수 있었던 것으로, 즉 A system의 P_4 시스템에서 직접 P_1 시스템으로 환류가 가능하게 되었다.

이와 같은 사례에서, 구타입에 의존적인 사회운동에서 매스미디어와 인터넷 등을 이용한 새로운 타입으로의 확대라고 하는 당사자조직·운동의 변용을 지적할 수 있다. 정보수단의 비약적 발전으로 활동의 광역성·신속성이 급속하게 향상된 것이 기술적 변화의 특징이고, 또한 그로 인한 지원시스템에서 역동적으로 변화할 수 있음을 확신하게 되었다. 따라서 이후 이와 같은 정보화 사회의 특징에 대응하는 모델을 창출해 가는 것이 방법론의 과제라고 말할 수 있을 것이다.

5. 새로운 임파워먼트 모델에 대한 고찰

마지막으로, 현재의 실천과제에 대해서 고찰하고자 한다. 당사자조직화와 운동을 둘러싼 상황들이 전환기에 접어들었다고 반복해서 논의했지만, 기존의 모델이 그 역할을 마치고 대체 모델로 이행하는 것이 아니라, 양자를 포섭해 가는 모델이 생겨나고 있다고 추측할 수 있을 것이다. 방법론으로 정립해가는 과제를 이끌어내기 위해서 2절에서 본 임파워먼트 접근법의 두 측면, '권리옹호와 주체형성', '커뮤니티관의 양성과 주체형성' 각각의 측면에서 본 과제들을 제시하고자 한다. 더욱이 정보수단 자체가 내포하고 있는 문제에 대한 주의환기도 필요하므로 마지막으로 그것들을 확인하면서 과제들을 정리하고자 한다.

1) 과제목표로서의 권리옹호와 문제해결

첫째, '권리옹호과 주체형성' 의 과제는 직접적 지원과정에서의 주체형성이다. 개개의 문제들에 대처하기 위해 필요한 정보를 제공하고 학습지원을 행하고, 활동에 참여하도록 촉진하고, 제도적 · 비제도적 방법으로 문제들을 해결하는 것을 목표로 하는 것이다. 따라서 이 측면은 당사자의 주체형성에 있어서 과제달성지향의 목표task goal로 이해할 수 있을 것이다.

이 측면에서 구체적인 지원기술로서는, 먼저 주민집회 등으로 당사자의 교육과 합의 형성을 꾀하는 것을 들 수 있다. 중시해야 할 것은 당사자의 의사 · 주체성에 대해서 어떻게 환기시켜 갈 것인가이다.[23] 또한 당사자의 원망과 슬픔을 운동의 에너지로 전환해서 피억압적 상황의 비참함을 고발하고, 보다 많은 사람들로부터 공감을 얻기 위한 광고기술과 비협력적 입장에 서 있는 공적, 사적 사람들을 교섭하는 기술도 중요하다. 광고와 교섭에는 단순하게 방해요인의 배제만이 아니라, 그 결과로서 당초의 반대자가 협력자로 변해 갈 수 있다는 인식을 가지고 임하는 것이 가장 중요하다.[24] 더욱이 이러한 것들을 보다 효과적으로 실행하기 위해서 계획입안, 진행관리, 평가 등의 기술도 필요하게 될 것이다.

2) 과정목표로서의 커뮤니티관의 양성

둘째, '커뮤니티관의 양성과 주체형성'의 과제는, 과정목표에 착목한 주체형성이라고 말할 수 있다. 이 측면은 간접적 지원과정에서 일반주민을 주체자로서 끌어들이고, 커뮤니티관을 양성시켜 이웃과 지역사회의 문제해결력을 높여가는 것이다.

이 프로세스에 있어서는 다음과 같은 기술적 과제가 있을 것이다. 먼저 볼런티어 학습 등의 활동을 통해서 일반주민의 계발 · 참여를 촉진하는 것을 들 수 있다. 공통적 목적 하에서 서로 협력하는 것으로 지역사회로의 귀속의식과 동료의식이 배양되고, 그 결과 지역사회가 안고 있는 다양한 문제에 대해서 지역사회 내에서 대처해 가려는 기운이 형성될 것이다. 이것이 지역사회에서 당사자의 생활상의 문제들의 경감과 안심감의 향상으로 이어지는 것은 말로 표현할 필요가 없을 것이다. 당사자운동의 실천에 있어서는, 공식 · 비공식의 구별 없이 여러 협력자들과의 연계가 불가결하다. 지원비의 상한설정문제에 대한 사례에서는 일상적으로 교류가 없던 전국조직들이 처음으로 발맞춰 대규모의 행동을 실현했다. 이러한 네트워킹은 눈앞에 있는 문제들에 대한 대처를 유리하게 하는 이점에 그치지 않고, 오히려 항상적 대처력을 가질 수 있는 것에 그 의미가 있다. 사회적으로 불리한 상황에 놓여있는 당사자들은, 복합적으로 여러 문제를 안고 있는 경우가 많기 때문에 다른 문제에 대처하는 현장에서도 다양한 입장의 사람들과의 연결은 반드시 큰 힘이 될 것이다.

3) 정보화 사회에서의 과제

위의 사례에서 보았던 것처럼, 정보수단의 발전은 운동의 폭을 넓혀 주고, 이편성^{利便性}의 향상을 가지고 왔다는 점에서 평가될 수 있지만, 한편으로 현장참여는 '인터넷과 e-메일 등을 사용할 수 있는 사람에 한정된다' 고 하는 정보화 사회가 안고 있는 본질적인 문제와 표리일체이다. 즉, 기본적으로 미디어지식과 접근성이 최소한 보장되어 있지 않으면 안 되고, 그 위에 시각장애인이라면 음성소프트, 신체부자유인이라면 터치윈도우와 트럭볼, 고령자와 약시자에게는 화면확대소프트 등의 사용자의 보조적 기능을 필요에 따라 확보하지 않으면 안 된다. 당연한 것으로, 지원자에게는 상응의 지식·기술력, 지도력, 예산확보의 수완 등이 요구되는 것이다.

또한 인터넷이든 매스미디어든지, 처음은 개인의 의사였던 것이, 순식간에 전국차원으로(또는 국경을 넘어서) 파급효과가 퍼지는 반면, 본인의 생각과 격리되어 갈 위험성과, 프라이버시 침해가 염려되기도 한다. 위의 사례와 같이 상징적인 존재가 된 당사자의 경우는, 그 위에 목적이 다른 집단의 선전수단으로 이용되거나, 흥미 본위의 비방중상적인 것으로 되어 갈 위험성도 있을 것이다. 원래, 생활상의 심각한 문제에 조우하고, 불리한 상황에 놓인 당사자들은 차별의 대상이 되기 쉬운 입장에 있기 때문에 누구든지 접근이 용이하지만 그 반면에 이러한 위험성에 대한 경계가 필요하다. 정보를 취급함에 있어서도 배려가 필요한 것은 물론 나날이 진화하는 인터넷 상의 범죄 등에 대한 대응책을 계속적으로 연구하지 않으면 안 된다.

그러나 이런 배려들이 필요하다고 말해도, 다양한 정보수단은 당사자를 둘러싼 다양한 주체의 플랫폼으로서의 기대치가 크다. 예를 들면, 인터넷과 위성방송과 같은 전국규모의 미디어 외에 CATV등의 지역적 미디어로 당사자가 제작하는 채널 등도 있을 것이다. 이 경우에는 기획과 평가의 단계에서 당사자가 참여하고, 그들의 의사가 반영되는 것은 물론 위의 네트워크에 관련한 지원기관, 자치체, 기업, 자원봉사자들과 협동해 가는 장으로 지원체제를 일상적으로 구축하게 될 것이다.

6장

지역사회를 기반으로 한 문제해결

니시 가요꼬(西郁代子)*

1. '고충' 을 어떻게 이해할 것인가

1) '고충' 에 대한 다양한 시점

고충이란 대체 무엇일까? 사회는, 그리고 우리는 무엇을 고충으로서 이해하고 있는 것일까? 보는 시점을 바꿈으로써 하나의 컵이 여러 가지 모양으로 보이는 것처럼, 모든 사물에는 시점에 따라 보이는 부분이 다르다. 생각할 수 있는 모든 다양한 각도에서 사물을 봄으로써 우리는 그 사물의 본래의 모습에 보다 가까이 다가갈 수 있다. 고충에 대해서도 마찬가지다. 시점에 변화를 줌으로써 단순한 불평^{claim}의 수준을 넘어 다양한 고충의 형태를 발견할 수 있다.

---

*金城大學社會福祉學部助教

(1) 제도로서의 고충

사회복지 영역에 있어서 고충처리가 제도로써 정비되어 온 배경으로는 사회복지기초구조개혁의 존재를 들 수 있다. 사회복지기초구조개혁은 국가의 재정위기, 복지욕구의 다양화, 사회복지 대상의 보편화, 조치^{표정}제도에 관련된 제 문제 등에 대한 대응의 일환으로써 추진되어 왔다. 그 중에서 고충해결은 서비스의 질적 확보 및 이용자와 제공자의 대등한 관계를 보장하기 위한 시스템으로써 자리매김하고 있다. 이와 같은 일련의 과정의 결과, 사회복지법 및 각종 운영기준에는 고충처리에 대한 규정이 삽입되었으며, 구체적인 고충처리 시스템의 형태에 대해서도 「사회복지사업 경영자에 의한 복지서비스에 관한 고충처리 시스템의 지침에 대하여(2000년 6월 7일 障第452號, 社援第1352號 老發第514號 兒發第575號)」라는 규정을 통해 후생노동성이 기본적인 틀을 제시하였다. 이와 같은 제도적 틀을 통해서 고충을 조망해 보면, 그러한 제도에 포괄됨으로써 발견되고, 그 제도의 틀 안에서 대응해 나가게 되는, 말하자면 제도에 의해 구제되는 고충의 형태를 떠올릴 수 있다.

(2) 받아들이는 사람의 주관에 의한 고충

한편, 고충처리제도의 유무와 무관하게 이용자로부터의 호소나 문제제기를 받아들이는 입장에 있는 복지서비스 제공자가 주관적 판단에 의해 인식하게 되는 고충이 있다. 복지서비스 제공자의 인식으로서는 이용자로부터의 문제제기의 내용에 대해, '받아들인다' 또는 '일고^{一考}한다' 라는 선에서 대응하는 것이 좋다고 판단하는 경우도 있으며, 문제제기 내용에 대해 어떤 형태로든 행동을 보여야 할 것으로 생각하는 경우, 나아가 문제를 제기한 측과 감정적인 대립 또는 이해관계가 관여된 대립관계 하에서 대응이 필요하다고 인식하는 경우도 있다. 문제를 제기한 이용자 측의 의사의 명확성, 요구 수준, 혹은 대립적인 당사자관계에 있다는 상대방의 인식의 정도 등에 의해 그 문제제기는 고충으로서 받아들여질 수 있는 가능성이 높아진다. 이러한 시점에 입각해 보면, 문제를 제기하는 측의 요구 수준 및 당사자관계에 대해 받아들이는 측이 어떻게 판단하는가라는 주관적 판단에 의해 발견되는 고충의 형태가 있다는 것을 알 수 있다.

주관적 판단에 의해 발견되는 고충은 문제를 제기하는 이용자 측과 받아들이는 측 사이에 인식 차이를 초래하는 경우도 많다. 이용자 측은 심각하게 생각하고 있는 문제제기인데도 받아들이는 입장에서는 그다지 심각한 것으로써 받아들이지 않거나, 반대로 이용자가 일시적인 감정으로 한 말을 실제 이상의 심각한 문제로 이해함으로써 과제 해결이 곤란해지는 경우도 볼 수 있다.

(3) 파워로써의 고충

다시 시점을 바꾸어 보면, 고충이란 어느 일방의 당사자가 강한 권한을 가지고 있고 다른 일방의 당사자가 불리한 상황에 놓여있는 경우에, 그러한 불균형을 시정할 목적으로 인정되고 있는 일종의 '파워'라고도 볼 수 있다. 소비자보호 분야를 예로 들면, 일본에서는 1950년대 후반에 대량생산·대량소비, 산업우선·이익우선, 제조 및 판매과정의 고도화·복잡화라는 흐름 속에서 상품의 품질 및 안전성의 확보와 동시에 소비자의 거래상의 지위향상에 대한 요구가 일어났는데, 국제적인 소비자보호·소비자주권의 흐름과 맞물리면서 소비자의 파워를 강화시키는 측면에서 고충처리의 중요성이 인식되어 왔다. 사회복지 영역에 있어서도 전문화되고 복잡해진 제도 및 수요와 공급의 불균형, 생활기반에 관련되는 분야라는 성격상 사업자를 쉽게 바꾸기 힘들다는 점 등의 요인에 의해 제공자와 이용자 사이에 파워의 불균형이 발생하고 있다. 고충은 그러한 파워의 불균형을 시정하기 위한 수단으로서 기대되고 있으며, 거기에는 일종의 파워로서의 가치를 지닌 고충의 형태를 볼 수 있다.

이와 같이 시점을 바꾸어 고충에 대해 살펴본 결과, 다양한 형태를 가지고 있다는 것을 알 수 있다. 전술한 내용 이외에도 보다 다양한 형태가 있을 수 있으며, 그 하나하나가 고충의 일면을 보다 명확히 할 것이다. 한편, 실태로서의 고충을 파악하고자 할 경우에는, 이와 같이 다양한 시점에서 파악함으로써 발견된 다양한 고충의 형태를 이해하는 것과 동시에, 고충이 생성되는 과정 그 자체에 대해 폭넓은 시야를 가지고 이해할 필요가 있다.

2) 고충의 생성과정

사람은 주위의 상황 및 주위에서 일어난 일에 대해서 어떤 형태로든 사실이해를 하고, 그것에 대해 감정을 나타내면서 생활하고 있다. 그 속에서 고충의 기점은, 예를 들어 '서비스 내용에 부족함이 있다', '당초의 설명과 다르다', '위압적인 태도를 취했다' 등의 부정적인 사실이해 및 그에 대한 '불안', '불만', '낙담' 등의 부정적인 측면의 감정 인식에서 비롯된다. 사람은 그러한 인식을 가지게 되면 어떤 경우에는 의도적으로, 어떤 경우에는 무의식중에 그것을 표면화하게 된다. 표면화에는 비언어적인 표면화와 언어적인 표면화가 있다. 비언어적인 표면화란 표정·태도·행동으로 나타나는 것으로, 예를 들면 '화가 난다', '열받는다', '기분이 가라앉는다' 등의 상태를 들 수 있다. 또, 언어적 의사표시가 곤란한 경우에도 각각 특유의 방법으로 그러한 의사를 비언어적으로 표면화할 수 있다.

한편, 언어적인 표면화의 제1단계로서는 수용적·지지적·공감적인 타자에게 표면화하는 '불평불만 털어놓기', '혼자 구시렁거림', '우는 소리' 등이 있다. 이것은 직접적인 원인을 향해 표현하는 것이 아니라, 받아들여 줄 것 같은 제3자적인 타자에게 심정을 토로하여 자신의 인식 및 감정을 정리함으로써, 우선 마음을 안정시키고 일정 정도의 자기해결을 도모하는 것이다. 근본적인 해결에 도달하기는 어렵지만 당사자에게 있어서는 비교적 쉽게 활용할 수 있는 수단이며, 누구나 일상적으로 이 방법을 통해 문제에 대처하고 있다. 대부분의 고충은 고충으로서 표면화하기 이전에 일정 정도 이러한 제1단계를 거쳐 간다고 생각할 수 있다.

언어적 표면화의 제2단계는 구체적으로 무엇이 문제인가, 그것에 대해서 어떻게 하고 싶은가, 그러기 위해서는 어디로 어떻게 움직여야 하는가 라는 점이 본인 스스로 어느 정도 명확해짐으로써 행동으로 나타나는 단계이다. 구체적으로는 '상담' 또는 '고충'이라는 형태로 이해되고 있는 것들이다. 이러한 것들은 과제가 명확하여 당사자 간의 대화로 연결될 수 있는 가능성이 높아, 근본적인 해결로 연결되기 쉽다고 볼 수 있다. 그러나 초점이 양자의 관계유지가 아니라 과제 그 자체에 집중됨으로 인해, 또는 마이너스 감정이 당사자에게 직접 향해짐으로 인해 당사자관계가 불안정해질 수 있는 가능성도 커진다. 또한 문제제기하는 입장에서는 '일을 크게 만들고 싶지 않지만 이렇게라도 하지 않으면 상대해 주지 않는다'라는 표현에서 볼 수 있는 것처럼, 막판까지 간 상태에서 어쩔 수 없이 행동을 일으키는 경우도 적지 않아 제2단계로 진척시키는 것에 대해 커다란 심적 부담을 안고 있는 경우가 많다.

이와 같이 고충의 생성과정 전체에 초점을 맞추어 보면, 고충이라는 형태로 표면화되어 나타나는 것은 거기에 이르기까지 다양한 경과를 거쳐 왔으며, 고충의 표면화는 과정 전체의 극히 일부에 지나지 않는다는 것을 알 수 있다. 따라서 고충을 해결한다는 것은 표면적으로 나타난 극히 일부의 고충, 혹은 하나의 시점에서 잘라낸 고충에 대한 단면적인 대응이 아니라, 고충 생성 과정의 각 단계에 조응하여 다양한 시점에서 구체적으로 대응해 나가야만 한다. 이와 같은 점에 주목하면서, 제2절에서는 구체적으로 사회복지의 영역에 있어서의 고충처리에 대한 대응 실태에 대해 살펴보기로 한다.

2. 고충처리에 대한 대응의 실태 — 고충의 생성과정에 조응한 구체적인 대응 —

1) 일상적인 대응

일상적인 대응이 요청되는 경우는 비언어적인 표면화 및 언어적인 표면화의 제1단계이다. 이 단계에서는 본인 스스로도 문제의 초점이 불명확하며, 문제해결을 향한 의식도 확립되어 있지 않은 경우가 많다. 일상적인 대응에 있어서는, 이용자에 의해 표면화된 태도 및 불만의 내용 그 자체에 초점을 맞추어 나가는 것뿐만 아니라, 그것과 병행하여 일상적인 관여 속에서 이용자 개인과 이용자의 환경에 대한 이해를 심화시켜 나가는 것이 중요하다. 그리고 그러한 이해 및 이용자와의 신뢰관계를 토대로 하여 관여해 나가는 가운데, 이용자의 표정·태도·발언 등을 주의 깊게 살피면서 조금이라도 대응이 필요한 점을 파악하여 대응해 나가는 것이 이 단계에서 요구된다. 언어적 표면화가 나타나는 제2단계로 발전할 시점에 있어서의 문제제기 측의 심리적 부담의 증대, 그리고 문제가 심각화, 복잡화하기 전에 대응하는 것의 중요성, 의사표시가 곤란한 이용자에 대한 대응의 중요성, 그리고 후술하게 될 과제대응적인 관여가 요구될 경우 처음부터 경과과정을 이해하면서 상담이나 고충처리에 임하는 것이 불가결하다는 점을 생각할 때, 일상적인 대응의 중요성을 충분히 이해할 수 있을 것이다. 이와 같은 일상적인 대응을 담당하는 주체로서는 다음의 3종류를 들 수 있다.

(1) 비공식적인^{informal} 관계

우선, 이용자 본인에게 있어 가장 가까운 가족, 친구, 지인, 이웃주민 등을 담당주체로 생각할 수 있다. 이와 같은 비공식적인 관계는 반드시 어떤 대응을 필요로 하는 상황을 발견하는 것 자체를 의도한 관계는 아니라고 할 수 있다. 그러나 이용자의 표정 · 태도 · 행동의 변화, 불평불만의 토로 · 구시렁거림 등의 행동이 보다 직접적으로 표출되고, 파악할 수 있는 관계이다. 그렇기 때문에 비공식적인 관계를 통한 지원은 이용자 본인의 마음의 안정 및 일정 정도의 자기해결에 있어서 대단히 큰 의미를 가짐과 동시에 보다 구체적, 전문적인 대응으로의 연결에 있어서 중요한 계기가 된다.

(2) 사회복지전문직

이용자와 일상적으로 접하는 사회복지전문직이 수행하는 역할도 크다. 이용자의 표정 · 태도 · 행동의 변화 및 불평불만의 토로 · 구시렁거림 등으로부터 짐작할 수 있는 과제는 이용자가 안고 있는 본질적인 생활과제로 통할 수 있는 가능성을 잠재하고 있다. 이용자와의 일상적인 관여 속에서 그러한 생활과제를 발견하여 필요에 따라 조정기능, 중개기능, 대변기능을 수행하는 것은 사회사업 그 자체이며, 사회복지전문직의 중요한 역할의 하나라고 할 수 있다. 이와 같은 사회복지전문직에 의한 일상적 관여 속에서의 발견은 구체적인 초기대응으로 연결될 수 있는 가능성이 크다. 설령 구체적인 대응으로까지 연결되지 않는다고 하더라도, 그러한 과제에 대해 어떤 형태로든 인식하는 것은 후술하는 과제대응적 관여 시에 문제의 초점을 찾는 데 있어 불가결한 요소가 된다.

(3) 제3자 위원 · 개호상담원 · 민간복지 옴부즈맨

제3자 위원에 관한 사항은 후생성관계국통지인 「사회복지사업 경영자에 의한 복지서비스에 관한 고충처리 시스템의 지침」에 규정되어 있다. 이 지침은 사회복지사업에 있어서 사업자 레벨에서의 고충처리 시스템 정비를 촉진하는 것을 목적으로 하고 있으며, 고충처리 시스템의 하나의 모형을 제시하는 것이다. 그 가운데 제3자 위원은, 제3자로서의 사회성 · 객관성을 확보하면서, 사업자와 협력하는 동시에 이용자의 입장에 서서 이용자로부터 고충을 듣고, 이용자와 사업자와의 협의에 동석하여 해결안을 조정함과 동시에, 이용자의 가까이에 있는 제3자로서 일상적인 상황을 파악하고, 이용자로부터의 의견을 청취한다.

한편, 개호상담원에 관한 사항은 「개호상담원파견 등 사업실시요강」에 근거하고 있다. 정해진 연수를 받은 자가 1~2주에 1회 정도 개호서비스 제공 현장을 방문하여, 이용자와의 관계를 형성하면서 이용자가 안고 있는 의문, 불안의 해소를 위한 대응 및 그에 따른 이용자와 제공자와의 조정, 나아가 스스로의 발의로 제공자에게 제언을 실시하기도 한다.

또한, 민간복지 옴부즈맨에 의한 대응도 각지에서 다양한 형태로 실시되고 있다. 예를 들면, 개호보험 시민옴부즈맨기구·오오사카^{大阪}에서는 전문연수를 받은 시민이 시민옴부즈맨으로서 2인 1조로 월 2회 정도 오오사카부^{大阪府} 및 효고현^{兵庫縣} 내에서 계약을 체결한 특별양호노인홈을 방문하여 이용자의 요망사항 및 고충을 경청하여, 그 해결책을 사업자에게 제안, 조정하는 활동을 하고 있다.

이러한 3종류의 활동은, 어떠한 형태로든 대응을 필요로 하는 이용자의 잠재적 과제의 발견 그 자체를 목적으로 하여 제3자적인 입장에서 이용자와 일상적으로 관여하는 활동이며, 그 특징은 '명확한 목적의식', '제3자적 입장', '일정 정도의 전문성과 이용자에게 가까운 입장의 균형'에 있다고 하겠다.

전술한 바와 같이, 비공식적인 관계 및 일상적으로 관여하는 사회복지전문직은 일상적인 대응의 중요한 담당주체이다. 그러나 그 관계에 있어서 '가족' 및 '복지서비스 담당자'라고 하는 고유의 관계성의 축이 존재하고 있음으로 인해, 일상적인 관여 속에서 잠재적 과제를 간과해 버리기 쉬운 면도 있다. 제3자 위원·개호상담원·민간복지 옴부즈맨은, 제3자의 중립·공평·공정이라는 성격을 유지하는 입장에서, 잠재상태에 있는 과제의 발견이라고 하는 명확한 목적의식을 가지고 관여해 나감으로써, 그러한 점을 보완해 나가는 활동이라 할 수 있다.

2) 과제대응적 관여

과제대응적 관여는 언어적 표면화의 제2단계에서 요구된다. 전술한 바와 같이, 이 단계에서는 구체적으로 무엇이 문제인가, 거기에 대해서 어떻게 하고자 하는가, 그러기 위해서는 어디에, 어떻게 협조를 구하면 좋은가라는 점에 대해 문제를 제기하는 측이 어느 정도 명확히 인식하고 있다고 생각할 수 있다. 따라서 이 단계에서는, 일상적인 관여와 같은 유연한 대응보다는 규정된 절차에 따라 과제에 확실히 대응하는 것에 비중을 둘 필요가 있다. 그러한 과제대응적 관여의 담당주체로서 아래의 5가지 활동을 열거한다.

(1) 사회복지사업 경영자에 의한 고충해결

사회복지법에서는 사회복지시설의 최저기준으로서, 「이용자로부터의 고충에 대한 대응」의 기준을 규정하도록 하고 있으며(제65조), 사회복지사업의 경영자에 대해서는 이용자로부터의 고충사항을 적절히 해결하도록 노력해야 한다고 규정되어 있다(제82조). 또, 사회복지사업의 경영자가 실제로 고충해결의 시스템을 정비하는데 있어서의 참고기준으로서는 후생성관계국통지 「사회복지사업 경영자에 의한 복지서비스에 관한 고충처리 시스템의 지침에 대하여」가 있는데, 여기에는 전술한 제3자 위원에 관한 기술과 함께 시설장 및 이사 등을 고충처리의 책임주체인 고충처리책임자로서 위상 설정하는 것, 그리고 직원 중에서 이용자의 고충을 접수하여 고충처리책임자와 제3자 위원에게 보고하며 기록하는 고충접수담당자를 임명하는 것 등의 내용이 포함되어 있다. 이에 따르면 이용자로부터의 고충은 고충접수담당자 및 제3자 위원에 의해 수시로 접수된다. 협의는 기본적으로 고충 제기자와 고충 처리책임자에 의해 이루어지지만, 필요에 따라서 제3자 위원이 입회하여 해결안의 조정 및 협의 결과의 확인, 개선 결과의 확인 등을 실시한다. 또 고충처리 시스템의 상황에 대해서는 '사업보고서', '소식지' 등을 통해 공표하도록 되어 있다.

(2) 개호보험사업자에 의한 고충처리

개호서비스제공사업자 및 거택개호지원사업자에 대해서는 그 운영기준에 있어서 자시설이 제공한 개호서비스 및 거택개호지원, 거택서비스계획에 서비스제공기관으로 입안한 지정거택서비스 등에 관한 고충에 대해 고충접수창구를 설치하는 등의 시스템 정비 및 고충내용의 기록, 시정촌 및 국민건강보험단체연합회에 의한 조사에 협력하는 것 등이 요청되고 있다. 그리고 거택개호지원사업자에 대해서는, 거택서비스계획에 서비스제공기관으로 입안한 지정거택서비스 등에 대한 고충을 이용자가 국민건강보험단체연합회에 제기할 경우, 이용자에 대해 필요한 원조를 실시해야 한다고 되어 있다.

(3) 운영적정화위원회

복지서비스에 관한 고충은 제1차적으로는 사업자의 책임 하에서 대응해야 하겠지만, 해결이 곤란한 사안, 권리침해 및 긴급을 요하는 사안 등의 경우 광역자치단체(도도부현)에 통보하도록 각 도도부현에 운영적정화위원회가 설치되어 있다.

사회복지법 제83조에는 「복지서비스에 관한 이용자 등으로부터의 고충을 적절히 해결하기 위해, 고매한 인격 및 사회복지에 관한 식견을 가지고 있으며 사회복지, 법률 또는 의료에 관해 학식경험을 가지고 있는 자로 구성하는 운영적정화위원회를 도도부현 사회복지협의회에 설치한다」라고 규정되어 있다. 「운영적정화위원회 등의 설치요강」 및 「운영적정화위원회에 있어서 복지서비스에 관한 고충해결사업실시요강」에 의하면, 복지·법률·의료에 관해 학식과 경험을 가지는 위원으로 구성하는 고충해결합의체가 운영적정화위원회 안에 설치되어, 복지서비스에 관한 개별적이고 구체적인 고충을 다루도록 되어 있다. 대상이 되는 '복지서비스'의 범위는 사회복지법 제2조에 규정되어 있는 사회복지사업이다. '고충'의 범위는 이용자 본인 및 가족, 대리인 등으로부터 제출되는 복지서비스에 관한 처우의 내용에 대한 고충 및 복지서비스 이용계약의 체결·이행·해제에 관한 것, 그리고 민생위원·아동위원 및 해당사업소의 직원 등으로부터의 제기 등 불특정 이용자에 대한 복지서비스의 제공과정에서 일어나는 문제제기를 대상으로 한다. 고충에 대한 대응으로서는 조언, 정보제공, 타기관 소개 등이 행해지며, 그 외에 학대 및 법령위반의 우려가 있을 경우에는 도도부현 지사에게 통지한다. 또한, 운영적정화위원회에서 관여가 필요하다고 판단될 경우에는, 문제제기한 사람과 사업자 쌍방의 동의를 얻은 다음 조사, 알선안의 제시 등이 행해진다. 나아가, 이 조사에 있어서 개선을 위한 작업이 필요하다고 판단될 경우에는 사업자 등에 대해 개선을 요청한다.

(4) 국민건강보험단체연합회

국민건강보험단체연합회에서는 개호보험서비스 영역에 있어서 지정기준 위반의 가능성이 있는 케이스, 또는 개호보험심사회에 대한 심사청구의 대상이 되지 않는 고충, 광역적인 대응이 필요한 고충 등을 처리하기 위해, 고충처리위원의 심리 및 사무국의 조사를 통해 서비스의 개선을 도모하도록 되어 있다.

개호보험범 제176조 제1항 제2호에서는 국민건강보험단체연합회의 개호보험사업 관계업무로써, 「지정거택서비스, 지정거택개호지원, 지정시설서비스 등의 질적 향상에 관한 조사 및 지정거택서비스사업자, 지정거택개호지원사업자, 개호보험시설에 대해 필요한 지도·조언」을 규정하고 있다. 이 규정을 근거로 하여 국민건강보험단체연합회에는 외부에서 위촉된 제3자로 구성된 개호서비스고충처리위원회가 설치되어 있다. 고충이 제기되면, 위원회에서 요건심사, 조사의 필요성 여부 검토, 지도·조언의 필요성 및 그 내용을 심리한다. 또, 사무국에는 상담조사원이 배치되어 전화 상담에 대한 대응, 고충 접수, 고충제기자와의 면담, 상대방 사업자에 대한 현지조사, 개호서비스 고충처리위원의 지시를 받아 사업자에 대한 지도·조언 등을 실시한다.

(5) 자치체

종래 사회복지영역에 있어서 지방자치체의 역할은 조치[註11]라는 형태로 실시된 직접서비스의 제공 그 자체가 중심이었다. 그러나 그 역할은 사회복지기초구조개혁을 계기로 사업자와 이용자의 계약에 의한 이용제도의 관리·운영으로 중심이동이 이루어져 왔다. 계약에 의한 이용제도의 관리·운영에는 복지서비스공급기반의 정비, 제도운영에 있어서 기획·조정, 이용자의 선택을 지원하기 위한 정보제공 및 권리옹호시스템의 정비, 그리고 원활한 제도운영 및 이용자와 사업자의 적정한 계약관계의 유지를 목적으로 한 고충해결 등이 포함된다.

자치체에 있어서의 고충해결의 형태로써는 담당부서가 수시로 대응하는 것이 일반적이지만, 일부 자치체에서는 독자적으로 고충해결기관을 설치하고 있다. 그것은 '옴부즈 퍼슨', '고충조정위원회', '서비스향상위원회', '개호서비스상담센터' 등의 명칭으로 불리며, 해당 자치체의 담당직원이 고충해결을 담당하는 경우, 또는 외부에서 위촉된 위원이나 상담원이 고충해결 및 해당 자치체에 대한 권고·의사표시 등을 실시하는 경우도 있다. 대상이 되는 서비스의 범위도 해당 자치체가 실시하는 복지서비스에 한정되는 경우, 개호보험법에 기반을 둔 보건의료서비스 및 복지서비스에 한정하는 경우, 널리 복지서비스 전반을 포함하는 경우 등 다양하다.

3. 고충해결에 있어서의 지역의 파워와 가능성

본 장의 제1절에서는 고충을 파악하는 시점으로서 '고충에 대한 다양한 시점' 및 '고충에 대해 생성과정 전체를 보는 시점'이 중요하다는 것에 대해 기술하였다. 그리고 제2절에서는 고충해결의 대응 실태로써 '일상적인 대응'과 '과제대응적인 관여'에 대해 기술하였다. 이러한 점들을 염두에 두고 제3절에서는 고충해결과 지역의 중요한 관계성에 대하여 2가지 방향에서 검토하고자 한다. 그 하나는 '고충해결에 있어서의 지역'이며, 다른 하나는 '지역에 있어서의 고충해결'이다.

1) 고충해결에 있어서의 지역

사회복지영역에 있어서의 고충해결에 있어 지역의 존재는 매우 중요하다. 제1절에서 기술한 바와 같이, 고충해결에는 고충의 생성과정 전체를 시야에 넣고 파악하는 것이 불가결하며, 그것은 일상적인 생활실태에 근거한 고충해결 속에서 실현 가능해지는 것이다. 그것을 가능케 하기 위해서는 생활실태 그 자체인 지역에 뿌리를 내린 고충해결 대책이 필요불가결하다.

동시에 당사자관계의 유지를 전제로 하여, 당사자 간의 이해와 납득에 기반을 둔 합의에 의해 고충을 해결하기 위해서는 당사자 쌍방이 같은 시점에서 과제를 인식할 수 있는 공통기반이 필요하다. 복지서비스에 있어서의 고충해결의 경우, 생활지원이라고 하는 복지서비스의 목적을 쌍방이 공유할 수 있는 대화의 기반으로써 재설정하는 것이 유효하며, 동시에 그 지역에서는 어떠한 복지서비스의 형태가 요구되고 있는가라는 시점도 양자가 공유할 수 있는 유효한 대화의 기반이 될 수 있다. 당사자의 2자 관계를 '사' ^{私} 라고 한다면, 지역주민에 의한 시점은 '공' ^{公} 적인 영향력을 가질 수 있는 것이다. 이것은 지역주민이 그 지역에 있어서의 복지서비스의 바람직한 형태에 관심을 가지고, 고충해결에 관여해 나가는 것에 의해 비로소 가능해지는 것이다.

2) 지역에 있어서의 고충해결

한편, 지역에 있어서의 고충해결의 의의는, 그것이 지역에서 지역의 복지서비스를 지키고 키워나가는 데 있어서 하나의 활동형태가 될 수 있다는 점에 있다. Murray G. Ross(1955)는 구체적인 내용을 가지고, 현실적으로 해결 가능한 불만^{discontent}은 지역 전체에서 공유될 수 있는 건설적인 문제의식으로 발전할 가능성이 있다고 지적하였다. 그리고 고충해결의 과정에 지역주민이 관여한다는 것은 주민이 그 지역의 복지서비스의 바람직한 형태에 대한 과제를 공유, 극복해 나가기 위한 과정에 참가하는 것이며, 이 과정이 자율적인 지역의 연결을 생성시키며 지역을 활성화시키게 된다고 생각할 수 있다. 그리고 그 힘이 다시 복지서비스를 포함한 지역 그 자체의 바람직한 모습을 만들어내며, 그것을 키워나가는 힘으로 연결되어 나가는 것이다.

고충을 지역의 복지서비스의 바람직한 모습의 창출로 이끌어 나가기 위해서는, 일상적으로 가까운 곳에서 고충에 대응하는 문화가 형성될 필요가 있다. 그와 함께 사회화, 제도화된 복지서비스의 형태에 대해 다시 한 번 지역주민이 넓은 의미에서의 당사자로서의 자각을 가지고 관계를 형성해 가기 위해서, 지금 '고충해결' 과 '지역' 이라는 장이 요구되고 있다.

볼런티어와 시민사회

사세 미에꼬(佐瀬美惠子)*

1. 들어가며

　현재 일본에서는 일상생활 속에서 볼런티어라고 하는 단어는 귀에 익숙해진 단어가 되어 있다. 볼런티어 활동에 대해서 국민의 인지가 높고 참가의식도 높아, 그 활동범위는 지역사회를 중심으로 한 활동뿐만 아니라, 지역사회에 한정되지 않는 광역적인 활동과 해외에서의 볼런티어 활동도 드문 일이 아니다. 볼런티어 활동의 내용도 환경보호과 교육·문화에서, 방재·방범과 넓은 범위이지만, 본론에서는 사회복지영역에서의 볼런티어 활동을 중심으로 논술하고자 한다.

* 甲南女子大學准教授

2. 시민사회와 볼런티어 활동

시민사회에 대해서 사회학에서는 현재도 다양한 논의가 전개되고 있지만, 시민사회란 무엇이다라는 통일된 명확한 정의는 보이지 않는다.[1] 가까운 수준에서 생각하기 위해서, 廣辭苑(第5版)를 보면, 시민사회란 '특권과 신분적 지배·예속관계를 폐하고, 자유·평등한 개인에 의해서 구성된 근대사회'라고 되어 있다. 大辭林에는 '자유·평등한 시민이 자립해서 대등한 관계로 구성된 것을 원리로 하는 사회, 봉건적인 신분제도를 타파한 시민혁명에 의해서 성립한 사회, 부르주아 사회'라고 되어있다. 현재 일본의 시민사회는 어떠한가. 봉건적인 지배에 속박된 사회의 대립개념으로서 등장한 것이 '시민사회'라고 하면, 전후의 일본은 '시민사회' 안에 있다고 말할 수 있다. 그러나 그것은 시민이 이겨서 뺏은 것이 아니라 주어진 것이고, 민주주의 역사는 짧고 얇다. 일본은 시민사회의 성숙의 과도기에 있다고 생각할 수 있다.

국민에게, 시민 또는 시민사회가 의식된 계기는, 한신·아와지 대지진 阪神淡路大震災(고베 대지진)을 계기로 1998년 3월에 제정된 특정비영리활동촉진법일 것이다. 이 법률은 의원입법으로서 당초, '시민활동촉진법'이라고 하는 명칭으로 논의되었던 것이 최종적으로 상기의 명칭이 되었다. 제1조에는 '이 법률은 특정비영리활동을 행하는 단체에 법인격을 부여하는 것 등에 의해, 볼런티어 활동이 공익의 증진에 기여하는 것을 목적으로 한다'고 규정되어 있다. 여기에서 시민은 행정과 민간의 중간에서 활동이 기대되고 있다. '시민사회'를 명확하게 정의할 수 없는 상황에서 본론을 전개하는 것에는 한계가 있지만, 본론에서는 '자유 및 평등한 시민을 주체로 해서 성립된 사회'라고 하고, 시민사회의 성숙을 위해 볼런티어는 어떤 활동을 해야 하는가를 의식하면서, 현재의 볼런티어 활동을 개관하기로 한다. 또한, 본론에서 말하는 시민이란 거주지를 규정요인으로 하는 것이 아니라, 자립한 개인을 시민이라고 표현한다. '주민'이란, 거주지를 중심으로 생활, 활동하는 사람들을 기술하는 경우에 사용한다.

3. 볼런티어의 현재적 의미

1) 볼런티어의 정의 및 기본적인 성격

볼런티어의 어원, 볼런티어가 지원병이라는 것을 잘 알려진 사실이지만, 볼런티어의 통일된 정의는 없다. 어원으로부터 알 수 있는 것으로는 볼런티어 활동이란 자유의지에 기초한 주체적인 활동이라고 이해된다.

후생노동성의 견해에 대해서 1993年 7月 중앙복지심의회의 「볼런티어 활동의 중장기적인 진흥방책에 대해서(의견구신)」에 보면, '자발적인 의사에 기초하여 타인과 사회에 공헌하는 것'이라고 되어있다. 그 기본적인 성격은 '자발성(자유의지성)' '무급성(부상성)' '공익성(공공성)' '창조성(선구성)'으로 표현되었다. '자발성'이란 자신의 의지가 존중되고, 자기의 결정에 의해서 행해지는 행위, '무급성'이란 금전적 이익을 목적으로 하지 않는 노동으로서 그 대가를 요구하지 않는 비영리의 행위, '공익성'이란 그 성과가 널리 사람들과 사회에 이익을 가져다주는 것을 말하고, '창조성'이란 새로운 분야와 문제에 대해서 보다 적극적으로 임하고, 사회를 개발해 가는 것을 나타낸다고 설명하였다. 또한, 볼런티어의 기본적인 성격을 '자주성·주체성' '사회성·연대성' '무상성·무급성' '창조성·개척성·선구성'이라고 표현하기도 한다. 2000년 「국민생활백서」에는, 볼런티어에 대한 생각을 '자발성' '공헌성'으로 나타내고, 기본적으로는 무대가로 하고 있다. 이것들을 현실의 활동실태에 비춰 보면 미묘한 차이가 발생한다.

2) 기본적인 성격으로 보는 현재의 볼런티어의 양상

현재 우리들의 주위에서는 다양한 활동이 볼런티어라고 하는 단어로 이야기되고 있지만, 상기의 기본적인 성격과 다른 곳에서 사용되는 것이 있다. 예를 들면, 일반적인 시민의 인식에서는 '무급의 활동 = 볼런티어 활동'으로 생각하고 있는 사람도 많지만, '유상 볼런티어'가 등장하고, '무상성, 무급성'에 대해서는 논의의 여지가 있다. 그러나 앞서 「의견구신」중에서 유상 볼런티어는, '서로 돕기의 정신에 기초한 받는 사람과 담당자와의 대등한 관계를 유지하면서 사의^{謝意}와 경비를 서로 인정하는 것은 볼런티어의 본래의 성격으로부터 떨어진 것이 아니다'라고 하고 유상 볼런티어를 볼런티어의 하나의 활동으로써 인정하고 있다. 최근에는 교통비와 활동에 관련된 실비는 볼런티어를 요청한 사람이 부담해야 한다고 생각하는 사람도 늘어가고 있다.

마을회/자치회^{町內會/自治會}를 기본으로 한 지역의 활동도 볼런티어라고 부르는 경우도 있다. 하지만 주민의 주체적인 활동이 아닌 의무적으로 활동에 참가하고 있는 경우에 이런 활동을 주민의 '자발성'이 뒷받침된 활동이라기보다 자치회 등의 조직의 결정에 의한 활동으로 규정하면서 볼런티어 활동과 구별해서 지역활동, 지역복지활동 등으로 분리해서 사용하는 경우도 있다. 또한 이웃끼리의 서로 돕기와 좌석을 양보하는 등의 작은 친절도 볼런티어 활동이라고 부르는 경우도 있다. 이러한 경우에 자발성, 무상성이라는 키워드는 적합하지만 개척성, 창조성과는 조금 거리가 멀다.

각설하고, 한 시기에 '간단한 볼런티어'가 장려되었다. 휠체어의 청년이 엘리베이터에 타기위해서 여사무원이 엘리베이터의 문을 열고 있는 장면을 보여주고, 해설자가 누구라도 할 수 있는 '간단한 볼런티어'를 설명하는 광고이다. 쓰레기를 줍고, 어르신에게 손을 내밀고, 휠체어를 탄 사람을 위해서 엘리베이터의 단추를 누르는 일 등은 누구라도 가볍게 할 수 있는 볼런티어 활동으로 장려되었던 것이다. 여기에서는 에티켓이라고 하는 본래의 인간의 생활행동에 내재되어 있어야 할 행위까지도 볼런티어라고 하는 단어로 이야기되고 있다.

약간의 도움과 친절이 볼런티어 활동으로서 성립하기 위해서는, 그 행위의 자발성·주체성, 무급·무상성에 계속성이 부가되어, 대상자와 주위의 사람들이 볼런티어 활동으로서 인지할 때 성립한다고 생각한다. 즉, 볼런티어를 의뢰하는 사람, 볼런티어를 필요로 하는 사람에게 공헌하는 것으로 볼런티어 활동이 성립하는 것이다.

또한, 볼런티어 활동이 널리 펼쳐지고 있는 중에는 선구성, 개척성이라는 기본적인 성격의 비중은 가볍게 여겨진다고 생각할 수 있지만, 창조성은 볼런티어 활동을 계속하기 위한 중요한 요소라고 생각한다.

3) 널리 펼쳐지고 있는 볼런티어 활동과 기대되는 볼런티어 활동

사회복지협의회가 파악한 볼런티어 수는 1980년부터 2002년까지 약 20년간 참여자는 약 4배, 볼런티어 단체는 약 6배로 증가하였다. 볼런티어수는 매년 증가하고 있지만, 특히 1995년의 한신·아와지 대지진阪神·淡路大震災으로 급속하게 증가하는 경향을 보였다. 또한, 사회복지의 영역에서는 고령사회의 현실이 볼런티어 활동에의 관심과 이해를 촉진했다고 생각할 수 있다. 애를 다 키운 30~40대의 여성들이 부모의 수발과 자신의 노후문제를 생각할 때, 고령자 문제를 자신의 문제로 인식하고 볼런티어 활동을 통해 지역만들기에 참여하고 있다. 이 외에도 각지에서 행해지고 있는 고령자를 대상으로 한 배식서비스와 회식회, 만남의 모임 등이 있다.

볼런티어 활동이 넓게 보급된 것에는 행정기관으로부터의 요청·기대라고 하는 측면도 있다. 행정으로부터의 기대에 응해서 활동하고 있는 대표적인 예로서, 후생노동성대신으로부터 위촉을 받고 활동하는 민생아동위원이 있다. 최근에 소방서에서는 화재 볼런티어가, 경찰에서는 방범 볼런티어, 보건소에서는 정신보건복지 볼런티어와 수발가정을 지원하는 볼런티어 등 각 전문기관이 볼런티어를 양성하는 등 시민들의 볼런티어 활동을 기대하고 있다. 또한, 보건센터 등을 운영하는 노인보건사업의 기능훈련 B형은 볼런티어 활동이 모체가 되어 성립된 사업이다. 더욱이 학교에서는 종합학습 볼런티어, 도서관에서는 읽고 쓰기 볼런티어, 미술관에서는 안내 볼런티어 등 행정관계기관에서의 요청·기대가 크다. 종래에는 볼런티어에 어울리지 않는다고 생각되었던 병원에서도, 민간, 공공 병원을 가리지 않고 안내볼런티어부터 보육 볼런티어와 이야기 상대 볼런티어까지 활발하게 진행되고 있다.

또한 사회복지법의 성립은 새로운 볼런티어 활동을 탄생시켰다. 제3자위원 활동과 제3자 평가사업 등의 서비스 질의 확보에는 시민의 볼런티어참여가 빠질 수 없다. 사회복지시설에서는, 제3자 위원으로서 학식과 경험이 있는 사람들, 변호사와 함께 시민들이 시설의 요청에 응해서 고충해결에 관계를 갖고 있다. 제3자 평가사업에서는 연수를 받는 시민이, 시설의 서비스의 평가자로서 활동하고 있다.

더욱이 개호보험제도는 주민의 볼런티어 참여가 불가결한 제도가 되었다. 상기와 같은 서비스의 질 확보에 볼런티어의 참여가 요구되는 것은, 개호상담원 파견사업이다. 이 사업에는 행정으로부터 위촉을 받는 개호상담원이 개호보험사업자를 방문하고 직접이용자의 고충과 욕구를 파악해서, 사업자와 이용자를 잇는 다리 역할을 담당하고 있다. 이것들은 자발적 볼런티어 활동이라고 하기 보다는 위촉형 또는 계약형 볼런티어 활동이라고 말할 수 있다.[2] 이는 주민 볼런티어의 참여가 없으면 성립되지 않는 사업이다. 또한, 삶의 보람 대응형 주간보호서비스와 개호예방 및 지역상호지원 사업에서는 볼런티어 그룹에게 행정이 사업을 위탁해서 성립된 경우도 있다.

이전부터 고령사회의 개호욕구가 다양화·개별화되는 가운데, 행정은 재택복지서비스의 추진을 볼런티어 활동에 기대해 왔다. 행정과 볼런티어의 역할분담에 있어서 '건강한 생활과 가계를 유지해 가기 위한 기본적인 안전망의 정비'를 행정의 역할로 하고,[3] '생활상의 다양한 욕구에서 개별성이 높은 것'을 볼런티어 활동으로 기대하고 있다. 하지만 개별성이 높은 활동은 비용이 비싸며 행정의 제공수준을 초과한다고 생각되기도 한다. 그러나 비용뿐만 아니라 개별성이 높은 것은 특히 높은 수준의 전문성을 포함하고 있는 경우가 있다. 행정의 책임 하에 제공되어야 할 서비스가 볼런티어 활동으로 기대하는 것일 수도 있다. 그런데 볼런티어 활동의 단점으로써 대상을 선별하거나, 적확한 활동을 계속해갈 수 있다는 보장이 없다는 지적도 있다. 이와 같이 행정의 제공책임과 볼런티어가 담당할 수 있는 활동에 대해서 논의가 필요하다.

4. 볼런티어에 참여하는 시민의 양상 – 현대 볼런티어 활동의 실태

1) 여가시간을 활용하는 시민 – 주체적 참여로서의 볼런티어 활동

볼런티어에 참여하는 시민을 보면, 여가시간을 활용해서 볼런티어 활동에 참여하고 있는 사람들이 있다. 대표적으로 애 키우기를 마친 여성들과 정년퇴직 후의 사람들, 그리고 노동기간의 단축으로 자유 시간이 있는 노동자가 이에 해당한다.

최근에 여성의 육아기간은 짧아지고, 30세대후반에 애 키우기를 마치고 자유의 시간을 가질 수 있게 된다. 그 시간의 사용방법으로 취로하는 사람들도 있지만, 볼런티어 활동을 선택하는 여성들도 많다. 또한, 퇴직 후의 고령기의 활동의 장으로써 볼런티어 활동을 선택하는 남성도 증가하고 있다. 퇴직 후의 20년~30년이라는 긴 여가시간을 앞에 두고 사회에 은혜 갚기, 건강만들기와 삶의 보람 찾기의 장으로써 볼런티어 활동에 참여하는 것이다. 시니어 볼런티어로서 해외에서 활약의 장을 찾아서 가는 사람도 있지만, 많은 퇴직자는 기업인에서 지역인으로 전환을 꾀하는 수단으로 지역에서의 볼런티어 활동에서 활약의 장을 찾고 있다. 그러나 퇴직 전의 직위에 연연하는 조직의 논리를 버리지 못하여 여성 볼런티어와 협동하지 못하는 등의 과제도 있다. 이후 수년간에 단카이 세대의 사람들이 퇴직하고 지역으로 되돌아온다. 그 때에 시니어 볼런티어로서 활약의 장을 개척할 수 있는가? 볼런티어 활동의 선배인 사람들과 협동하며 마을 만들기 활동에 참여할 수 있는가? 그들의 자주성·주체성과 개척성·창조성에 대해 질문하게 된다.

여가시간과 관련해서 그림 7-1~4를 보면, 학생을 포함한 20대 남녀의 참여비율이 낮은 점은 마음에 걸리는 부분이다.

[그림 7-1] 90년대 후반에 급증한 자원봉사자의 신문지면등장회수

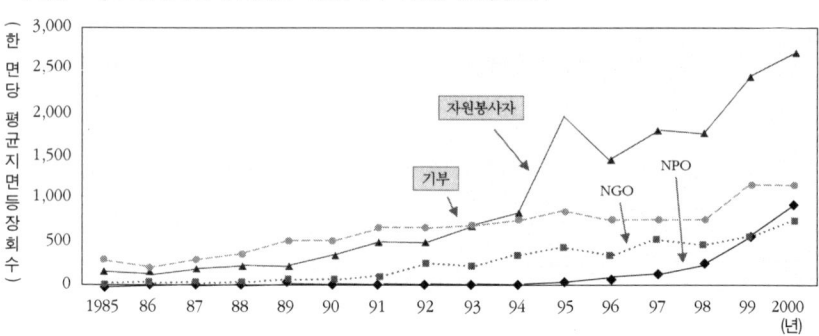

(비고) 1. 일경테레콘21(일본경제신문사가 보유하고 있는 데이타베이스)검색으로 작성
　　　 2. 검색했던 신문은, 일본경제신문, 일본경제금융신문, 일본경제산업신문, 일본경제유통신문, 일경신문관계 4사는 합계 1사로 다뤘다.
　　　 3. 검색개시년은, 일경신문관계 4사는 1985년, 요미우리신문은 1986년, 매일신문은 1987년, 산경신문은 1992년.
　　　 4. 2000년은, 1월 1일~8월 31일까지 8개월간의 지면등장회수를 1.5배로 계산해서 연간 지면등장회수로 했다.
　　　 5. NGO(Non-Governmental Organization, 비정부단체)는 비정부라는 점이 강조되고, 개발, 인권, 환경, 평화문제 등의 분야에서 활동하는 비영리 시민단체의 총칭으로 사용되고 있다.

[그림 7-2] 90년대 후반부터 크게 증가한 자원봉사자수

(단위: 만 개)

(단위: 만 명)

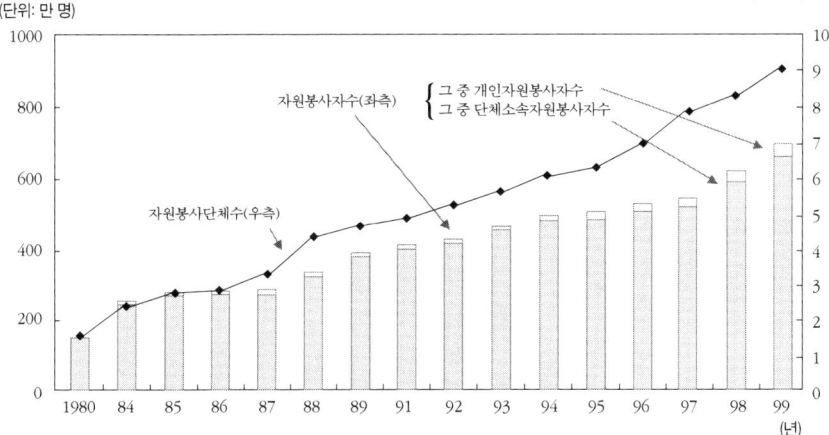

(비고) 1. (사회복지법인)전국사회복지협의회 전국자원봉사자활동진흥센터 자원봉사자활동연보(1999년)으로
　　　　작성.
　　　2. 1980~87년은 4월시점, 88~89년은 9월시점, 91~96년은 3월시점, 97~99년은 4월시점의 인구수.
　　　3. 81~83년, 90년은 조사되지 않았다.

[그림 7-3] 단체소속자원봉사자와 개인자원봉사자의 인구수 추이(파악 인구수)

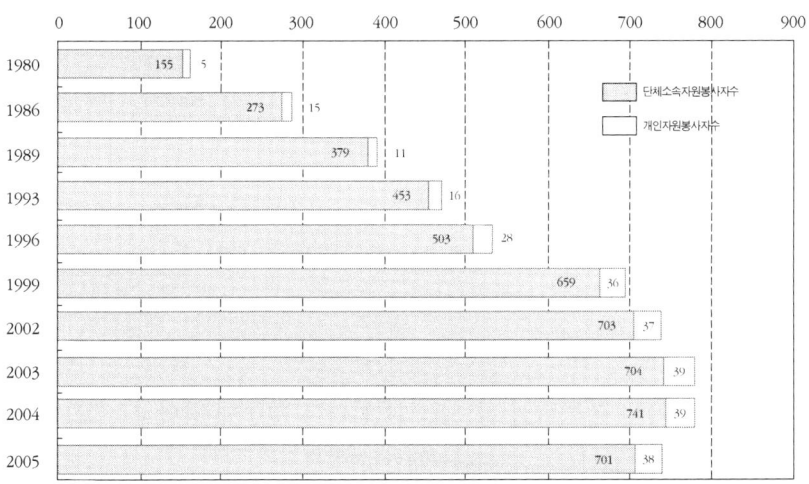

[그림 7-4] 자원봉사센터 설치 수와 자원봉사자코디네이터 배치인구수의 추이

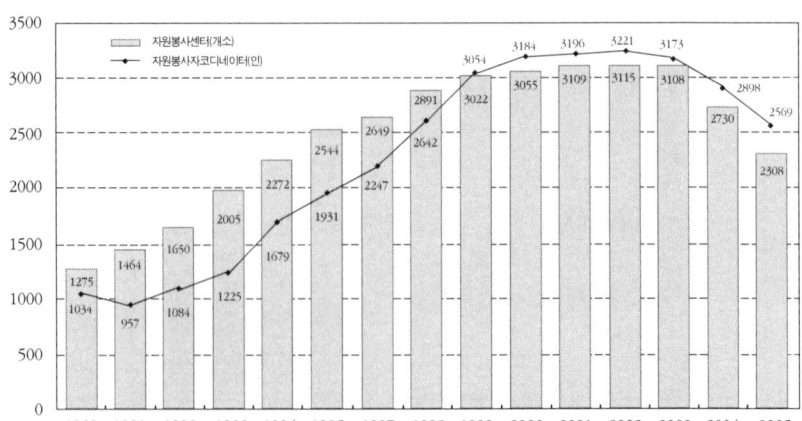

2) 사회공헌으로서의 볼런티어 활동

현역 노동자들도 노동시간의 단축, 주5일제의 보급 등 일정의 여가시간
을 가질 수 있어, 그 시간을 볼런티어 활동에 활용하고 있는 사람들도 있
다. 하지만, 현재 좋지 않은 노동환경 속에서 주체적으로 볼런티어 활동을
즐기는 사람들은 많지 않을지도 모른다. 그러나 볼런티어 활동에 참여하
는 중에 일에 대한 생각과 가족·지역과의 관계를 다시 배우는 계기가 되
고 있다. 또한, 회사와 노동조합이 조직적으로 볼런티어 활동을 촉진하고,
회사가 사회공헌으로서 볼런티어 활동을 촉진하는 예와, 후생노동성이 노
동자의 볼런티어 활동의 촉진을 기대하고, 뒤에서 밀고 있는 측면도 있다.[4]

3) 권리로서의 볼런티어 참여 — 볼런티어 활동에 참여하는 요개호 고령자, 장애아동·장애인, 개호자가족 —

볼런티어 활동은 누구든지 참여할 수 있는 활동이라고 말하면서도, 그

실태는 건강하고, 경제적으로 여유가 있는 사람의 활동으로 생각되는 경향이 있다. 그러나 정상화^{Normalization}의 이념을 끄집어 낼 것까지 없이, 모든 사람들은 어떤 상태에서도 보통의 삶이 보장되고, 주체적으로 살아가는 것이 보장되어야 한다. 장애의 유무와 관계없이, 볼런티어 활동에 참여를 희망하는 사람들의 활동이 보장되어야 한다. 적은 사례들이지만, 요개호 고령자와 장애아동 · 장애인이 볼런티어로서 사회에 참여하고 있다. 또는 개호 중의 가족이 볼런티어 활동에 참여하고 있다.

(1) 요개호고령자와 장애아동 · 장애인의 볼런티어의 가능성

고령자를 위한 국제연합 원칙의 '참여' 항목에서는 고령자의 볼런티어 참여를 '자기의 취미와 능력에 합치한 볼런티어로서 공동체에 봉사하는 기회를 요구할 수 있다' 고 표기하고 있다.[5] 현재 일본에서는 많은 고령자가 볼런티어 활동에 참여하고 있다. 지역에 따라서 고령자의 참여가 없이는, 지역 볼런티어 활동이 성립되지 않는 곳도 있다고 한다. 그러나 고령기에 노화와 함께 여러 가지의 변화와 장애를 가진 요개호상황이 되었을 때, 또는 허약한 상태가 되었을 때 자신의 의지로 볼런티어 활동에서 물러난다. 또는 가족에게 볼런티어 활동을 금지당하는 예도 있다. 그러나 고령기에는 모든 기능이 저하하는 것은 아니다. 판단력은 비교적 길게 유지된다. 장애를 가져도 모든 능력이 상실되는 것은 아니다. 잔여능력과 잠재되어 있던 능력을 사용해서 볼런티어 활동에 참여하는 것은 가능하다. 하체에 장애가 있어도 손은 움직일 수 있고, 뜨개질을 할 수 있고, 종이접기는 할 수 있는 것이다. 이러한 기술과 기능을 강사로서 가르치는 것과 성과물을 매개(선물과 바자의 제공품으로 하는 등)로 해서 볼런티어로서, 지역의 사람들과 교류할 수 있는 것이다.

요개호상황이 되어 시설에 입소 후에도, 케어스탭의 원조로 볼런티어 활동이 가능하다. 이송 볼런티어의 지원이 있으면 시설에서 지역에 돌아가서 볼런티어 활동에 참여하는 것도 가능하다. 볼런티어를 지원하는 볼런티어 그룹을 조직하는 등 코디네이터의 아이디어가 발휘되는 장면이다.

볼런티어 활동에 참여하고 있는 고령자도 조금 몸이 부자유스럽게 되어도 활동을 계속하고 싶다고 생각하고 있다. 이런 욕구에 대응하기 위해서도 볼런티어 활동을 권리로서 보장하고, 그 활동의 가능성을 모색할 필요가 있다.

(2) 장애아동 · 장애인의 자기실현으로서의 볼런티어 활동

장애를 가지고 있으면서 볼런티어 활동에 참여할 수 있는 시대가 되어가고 있다. 휠체어를 탄 여성이 고령자시설에서 음악 볼런티어를 행하고 있다. 키보드를 쳐서 고령자와 함께 노래를 부르고, 시간을 공유하고 있다. 장애가 있어도 자신이 하고 싶은 것을 포기하지 않고, 자신의 가능성에 도전할 수 있다. 장애아동 · 장애인의 자기실현의 하나로서 볼런티어 활동에의 참여가 있다. 장애아동 · 장애인의 볼런티어 참여를 가능하게 했던 것은, 정상화Normalization 이념의 침투일 것이다. 장애물 없는 마을 만들기 등 정상화 이념의 주체적인 전개가, 휠체어를 타고 외출하는 일이 쉬워지는 등 장애아동 · 장애인의 볼런티어 활동을 촉진했다고 생각된다.

요개호고령자와 장애아동 · 장애인의 볼런티어 활동은, 볼런티어하는 사람 · 받는 사람이라고 하는 고정적인 관계로부터의 탈피로 이어진다. 장애와 상실된 능력에 착목되기 쉬웠던 원조자가 그들이 현재 가지고 있는 능력을 평가하는 것으로 대등하고 평등한 관계성에 있다는 것을 알 수 있다. 이후, 적극적인 촉진이 중요하다고 생각한다.

(3) 개호와 볼런티어 활동

가족이 주간보호서비스를 이용하고 있는 사이에, 이제까지 해왔던 볼런티어 활동에 참여하거나, 가족이 이용하고 있는 시설에 볼런티어로서 참여하거나, 활동의 내용과 형태는 여러 가지이지만, 개호를 필요로 하는 가족이 있어도 볼런티어 활동에 참여하는 사람도 있다. 전에는 '볼런티어 활동을 할 정도라면 자신의 가족을 수발해야한다' 라고 비난을 받았을 것이다. 지금도 그렇게 생각하고 있는 사람이 있다. 그러나 개호자에게 있어서도 볼런티어 활동은 자기실현의 하나이고, 삶의 보람이다. 볼런티어 활동에 참여하는 중에 재충전해서, 새롭게 개호에 의욕을 불태우는 개호자도 있다. 볼런티어 활동에의 참여를 권리로서 보장하는 것이 중요하다.

4) NPO를 지탱하는 볼런티어

NPO는 많은 볼런티어에 의해 지탱되고 있다. NPO의 활동범위도 볼런티어 활동과 같이 환경, 교육, 화재 등 그 범위가 넓다. 많은 NPO는 일부 상근직원과 많은 볼런티어에 의해 지탱되고 있는 구조이다. 볼런티어의 참여 없이는 성립되지 않는 NPO도 있다. 복지계열의 NPO는 개호보험제도의 도입을 계기로 급증했다. 방문개호서비스와 주간보호서비스를 제공하는 NPO, 시간예탁과 지역통화를 촉진하는 NPO와 복지서비스의 사업평가를 담당하거나 권리옹호와 옴브즈맨으로서 활약하는 NPO 등이 있다. 이러한 NPO도 마찬가지로 상근직원과 그것을 지탱하는 볼런티어라고 하는 구조로 성립되어 있는 곳이 많다.

예를 들면, 거주개호지원사업자로서 방문개호서비스와 주간보호서비스를 전개하고 있는 NPO 법인의 몇 몇은, 조치시대의 공적 서비스의 부족과 틈새를 메우는 역할을 해왔던 주민참여형 재택복지서비스 단체와 볼런티어 그룹이다. 그들은 개호보험제도가 개시되기 직전에 개호보험의 사업자가 되던가 아니면 사업을 정리하는 선택을 하지 않으면 안 되었다. 개호보험지정사업자가 되기 위해서 법인격을 취득할 필요가 있었던 것이다.

그리고 선택결과, NPO 법인이 되었던 주민참여형 재택복지서비스 단체 등에서는 NPO 법인에 고용된 볼런티어와 종래의 볼런티어로서 NPO 법인을 지탱하는 사람들로 갈라지게 되었던 것이다.

5) 교육과 볼런티어 활동

장래의 시민인 아동·생도·학생의, 즉 교육현장에서의 볼런티어 활동의 경우 교육관계자 사이에서 볼런티어 활동이 적극적으로 논의된 것은 90년대 후반이며, '종합적인 학습 시간'의 신설과 '봉사활동의 의무화'가 제안되었다.

볼런티어 활동을 교육의 일환으로서 프로그램하지 않으면 안 되게 된 교사의 곤혹과 더불어 일부의 생도는 볼런티어 활동의 참여경험이 취직과 수험 결과에 유리하게 작용하는 것처럼 생각하기도 한다. 이처럼 볼런티어 활동의 기본적 성격으로부터 동떨어진 상황이 발생할 수 있는 점도 염려되고 있다. 이것은 주체성과 자발성에 대한 의문이 발생하기 때문이다. 그러나 볼런티어 활동의 교육 프로그램이 정비 되면, 생도에게는 학교에서는 만날 수 없는 많은 사람들과의 만남과 다양한 체험을 할 수 있는 귀중한 배움의 장이 될 것이다.

5. 볼런티어 활동과 마을 만들기(공동체 만들기)

볼런티어 활동의 전개장소는 지역이다. 광역 볼런티어 활동도 많고, 활동하는 지역이 볼런티어 자신이 거주하는 지역에 한정되지는 않지만, 볼런티어 활동이 지역 만들기에 공헌하고 있는 것은 사실이다. 현재 지역의 안전하고 안심할 수 있는 마을 만들기가 행정과 전문가를 시작으로 많은 사람들의 활동으로 성립되고 있는데, 볼런티어도 그 한 쪽 날개를 담당하고 있다.

1) 지역활동에서 볼런티어 활동으로

지역에는 여러 가지 스타일로 볼런티어 활동이 전개되고 있다. 볼런티어 센터에 등록되어 있는 테마형 볼런티어 활동과, 지역의 자치회 등의 지구 조직을 모체로 한 것 등 다양하다. 그런 활동이 유기적으로 지역에서 연계되는 것에 의해 주민자치의 마을 만들기의 가능성이 넓어진다. 주민이 주체적으로 지역의 과제를 발견하고, 과제해결에 임하는 활동이 복지커뮤니티 형성과 관련해서 중요하다. 그 중심적인 역할을 담당하는 조직으로서 자치회와 부인회, 노인클럽의 활동이 있다. 일반적으로 이러한 조직의 활동이 저조해지고 있다는 지적도 있고, 담당자 중에는 이러한 조직의 활동 자체를 볼런티어 활동으로 인식하고 활동하는 담당자도 있다. 그렇지만, 볼런티어 활동으로 인식하는 것은 의문의 여지가 있다는 점에 대해서는 이미 기술했던 것처럼, 이러한 활동은 무상의 활동이고 공익성, 사회성이 높은 활동이지만, 자주성, 주체성이라고 하는 볼런티어의 기본원칙에서 보면 볼런티어라고 말할 수 있을까가 의문이다. 단지, 이러한 조직을 모체로 해서 볼런티어 그룹이 조직되고, 볼런티어 활동을 전개하고 있는 사례도 많다. 자치회가 주최하는 후레아이이키키사롱 활동과 복지바자, 노인클럽의 회원 상호의 우정방문과 지역청소 등이 있다. 어떻든 지역활동 속에서 발견된 과제를 주민 스스로의 힘으로 해결하려고 할 때, 하나의 방책으로서 볼런티어 활동이 전개된다.

2) 볼런티어 활동을 통한 지역 만들기

현재, 지역에서는 상기의 지역활동과는 별도로, 자주적인 볼런티어그룹을 중심으로 한 다양한 활동이 전개되고 있다. 회식모임과 미니주간보호, 후레아이이키키사롱활동 등이 있지만, 그런 것들을 통해서 지역 만들기에 임하고 있는 지역도 있다. 예를 들면, 월 1~2회의 활동을 계속하고 있는 싸롱활동의 본래의 목적은 고령자가 안심하고 모일 수 있는 장소 만들기이다. 그곳에 사는 참여자와 볼런티어가 시간을 공유하고 즐기 는 가운데 그 장은 몇 가지의 역할을 하고 있다.

참여자에게는 안심의 장이고, 지역의 사람들과의 교류의 장, 정보교환의 장이다. 볼런티어에게도 교류와 정보교환의 장이고, 학습의 장도 되고 있다.

또한, 그곳에서는 참여자의 고민과 상담이 이루어진다. 자기의 건강문제와 가족의 일, 병이 난 친구의 이야기, 집안에만 있는 경우가 많은 고령자의 일, 근처에 생긴 시설에 대한 화제 등 싸롱에 가져온 정보와 과제는 고령자 문제만이 아니라, 어린이의 놀이터와 통학로의 문제와 방범과 환경문제 등 다채롭다. 주민의 힘만으로 해결 불가능한 복지문제도 가져온다. 주민으로부터 행정과 전문가에 대한 요망과 제안활동이 행해지는 경우도 있다. 그곳에서는, 주민이 전문가와 행정관계자와의 네트워크를 모색하고 협동활동을 전개한다. 볼런티어활동에서 지역 만들기로 이동하는 것이다.

3) 볼런티어로 마을 만들기 - 에코화폐의 실시 -

주민의 상호부조의 하나로써 볼런티어활동의 시간예탁제도가 장려되었다. 시간예탁제도는 볼런티어 활동의 사례를 금전이 아닌 '시간' 으로 받아 저축하여, 볼런티어 자신과 가족이 볼런티어를 받을 필요가 생길 경우에 사용하는 제도이다. 그러나 멀리 떨어져서 사는 가족을 위해서 사용하려고 해도 그 지역에서는 네트워킹 할 수 있는 볼런티어 그룹이 없거나, 자신의 노후를 위해서 사용하려고 해도 그때까지 볼런티어 그룹이 계속될지 보장이 없는 등의 문제도 있다.

최근에는 지역통화를 통해서, 마을 만들기와 볼런티어 활동을 활성화시키려고 하고 있다. 지역통화도 상호부조의 하나로 전국의 몇몇 지역에서 실행되고 있다. 지역통화는 에코 머니로 불리고 있다. 지역 설정해서 그 지역에서 사용할 수 있는 통화로 지역에서의 명칭(예를 들면 북해도구리야마쵸에서는 크링, 타카라쯔카시에서는 즈카^{ZUKA}, 히메지시는 센히메라고 하는 화폐)을 붙여서, 일반 통화와 구별해서 사용하고 있다. 에코 머니는 일반통화에서는 평가하기 힘든 볼런티어 활동의 대가를 그 지역의 화폐로 지불하고, 볼런티어는 자신이 볼런티어를 받고 싶을 때 사용할 수 있다. 또한, 취지에 동의하는 상점가 등에서 물건을 살 때도 이용할 수 있다. 사용하지 않은 사람은 필요한 사람과 시설에 기부하는 것도 가능하다.

시간예탁제도와 지역통화의 다른 점은, 시간예탁제도는 기본적으로 개인의 활동과 일부 볼런티어 그룹 내에서 완결하는 경향이 있는 활동인 것에 비해서, 지역통화에서는 그 지역의 통화를 매개로 직접 볼런티어 활동에 관심이 적은 상점 등의 사람들도 끌어들일 수 있다. 또한, 볼런티어 활동과 복지에 대한 의식교육이 되고, 복지커뮤니티 형성에 가까워질 가능성이 넓어진다. 지역의 경제 활성화에 대한 기대도 있고, 시험적인 시도가 확대되고 있다. 그러나 활동이 일부 사람에게 한정되거나, 환금할 수 없어 쌓이기만 하는 등의 문제도 있어서 계속해서 논의가 필요하다.

6. 시민사회의 성숙을 향한 볼런티어의 과제

1) 행정과 볼런티어 파트너십 형성

현재 많은 행정관계자들은 지역복지 추진에 볼런티어의 참여가 없어서는 안 된다고 생각하고 있다. 지역복지계획에서는 계획의 책정단계에서의 주민참여가 요구되고 있지만, 계획의 실행에서는 볼런티어 참여가 빠져서는 안 된다. 계획의 이곳저곳에 '볼런티어'가 등장한다. 자치체의 행정계획에서는 지역복지계획에 한정하지 않고, 개호보험 사업계획 등 많은 계획에 반드시라고 말할 정도로 볼런티어 참여의 필요성이 강조되고 있다. 그러나 그 곳에서는 '볼런티어를 활용해서……'라고 기술하고 있다. 즉, 볼런티어는 일방적으로 활용되는 대상으로서 생각되고 있고, 협동·파트너십의 대상으로서 위치를 차지하고 있지는 않다. 단지 행정의 활동 담당자로서 생각되고 있는 것이다.

행정과 볼런티어와의 파트너십 형성에는, 행정직원의 볼런티어에 대한 의식변혁과 볼런티어의 주체형성이 중요한 과제이다. 즉, 행정직원은 볼런티어와 볼런티어그룹에 대해서, 주민자치의 시점으로, 함께 살아가기 쉬운 지역 만들기를 목표로, 사업을 전개하는 파트너로서, 대등하고 평등한 관계에서 협동관계가 형성될 수 있는가가 과제이다. 볼런티어는 행정으로부터 지시를 받고 활동하는 것이 아니라, 주체적으로 활동하는 제안형의 볼런티어 활동의 전개가 중요하다.

2) 볼런티어의 주체형성 – 주민참여의 지향

시민사회의 성숙을 향해서 행정과 대등한 파트너십을 형성하기 위해서는 볼런티어의 주체형성이 중요한 요소이다. 주체적으로 생각하고 행동하는 시민으로 성장하는 것이 필요하다. 볼런티어활동은 주민이 주체형성을 꾀하는 귀중한 장이 된다. 볼런티어활동을 통해서 주체형성을 꾀하는 과정을 표 7-1의 6단계로 나타냈다.

여기에서는 소극적인 참여와 동원에 의해 시작한 활동도 포함한 볼런티어활동을 입구로 해서, 정책결정과정에의 주민참여를 목표로 한 주체형성과정을 나타냈다. 왜냐하면, 현재 볼런티어의 반수 이상이 볼런티어활동

[표 7-1] 볼런티어의 주체형성과정

제6단계; 지역복지계획 등의 참여, 볼런티어
로서 한 사람의 시민으로

제5단계; 볼런티어로서 당사자문제를 보편적 문제
로서 이해하고 요망 · 제언하는 활동

제4단계; 볼런티어로서 당사자의 대변적 활동

제3단계; 볼런티어로서 당사자문제의 해결을 위해서 활동, 적극적
활동참여

제2단계; 당사자문제를 인식하고 공감적 이해

제1단계; 볼런티어활동에의 참여(소극적 참여, 동원에 의한 참여도 포함)

에 주체적으로 참여하고 있다고는 말하지만, '지역의 공무원이 권해서'
또는 '친구와 아는 사람이 권유해서 어쩔 수 없이' 등 소극적으로 지역의
볼런티어활동에 참여하고 있는 사람들도 많기 때문이다. 그러한 그들도
또한, 볼런티어활동 중에 주체형성과정에 있는 사람들과 만나기 때문이다.

제1단계는 볼런티어활동에 참여하기 시작한 단계이고 제2단계에서는,
볼런티어활동 중에, 고령자와 장애아동 · 장애인 등 생활하는데 어려움을
안고 있는 사람들의 과제를 알게 되고 공감적인 이해를 하게 되는 단계이
다. 제3단계에서는 그러한 문제를 해결하기 위한 활동을 개시하는 단계로
소극적 참여로부터 적극적 활동의 참여로 변해간다. 제4단계에서는 당사
자의 생각과 볼런티어로는 해결할 수 없는 과제에 대해서 행정과 전문기관
에 대변하는 단계이다. 제5단계에서는, 그러한 과제를 보편적인 과제로 재
인식하고, 요망/제언활동을 행하는 단계이다. 제 6단계에서는 최종적으로
정책형성을 위해서 활동하는 단계로서 지역복지계획책정 등에 책정위원
으로서 참여하는 등 주민참여의 최종단계이다.

3) 또 하나의 주체형성과정 - 볼런티어에서 기업가로

사람들은 볼런티어활동을 계기로 해서 다양한 인생을 전개해 간다. 볼런티어 활동에서 생각지도 않는 만남과 배움이 인생을 변화시켜 가는 경우도 있다. 개호보험제도 도입 이전에 개호서비스의 빈약한 상황을 보고만 있지 못하고, 볼런티어로서 개호문제에 관여하기 시작했던 사람들(대부분의 경우 여성들)이 개호보험 도입시에 기업가가 되든지, 볼런티어로서 지금까지의 생활을 계속해야 하는지 결단을 하지 않으면 안 되는 상황이었다. 그 결과, 유한회사 등의 경영자로서 또는 NPO법인의 이사장으로서 개호보험사업자로서 시민사회의 일익을 담당하고 있는 사람들이 있다. 그녀들은 볼런티어활동을 계기로 해서 사회시스템과 제도에 정면으로 대면하고, 행정과 사귀어 가는 방법을 배우고, 주체적 선택과 자기결정을 행하면서 주체형성을 꾀하고 있다. 또한, 함께 볼런티어활동을 해왔던 볼런티어도, 각자의 국면에서 똑같이 선택과 자기결정을 행하고, 어떤 사람은 개호보험사업소의 스탭으로, 어떤 사람은 NPO법인을 지탱하는 볼런티어로서 활

[표 7-2] 볼런티어의 주체형성과정

제6단계; 지역복지계획 등의 참여(개호보험사업자대표로서 한사람의 시민으로)

제5단계; 개호보험사업자로서 당사자문제의 이해(케어시스템, 개호보험제도의 모순 등의 인식)

제4단계; NPO법인 등 개호보험사업자로서 활동(경영·세금제도에의 접근)

제3단계; 주민참여형 재가복지서비스그룹에의 참여(관계기관과의 연계 등 배움)

제2단계; 당사자문제의 인식, 제도의 모순·틈새를 채우는 활동(적극적 볼런티어활동 참여)

제1단계; 볼런티어활동에의 참여 (적극적 참여, 동원에 의한 참여도 포함)

동을 계속하고 있다. 그것은 주민참여와는 다른 주체형성의 단계를 밟고 있는 것이 된다. 각자의 입장에서 시민사회의 일익을 담당하고 있다. 볼런티어에서 기업인으로의 전개에서 주민참여를 지향한다면 표 7-2와 같은 과정을 생각할 수 있다.

7. 볼런티어활동의 더 많은 확대를 목표로 – 토양 만들기 지원

시민사회의 성숙을 향해서 볼런티어 활동은 더 많은 확대가 요구된다. 여기에서는 볼런티어 활동의 확대를 목표로, 볼런티어 코디네이터와 볼런티어 센터의 역할, 행정의 역할에 대해서 생각한다.

1) 볼런티어 센터의 역할

볼런티어 센터(지역에 따라서는 볼런티어 뷰로라고 불리고 있다)는 주민의 볼런티어활동을 추진 및 지원하기 위해서 설치되었다. 볼런티어 센터에서는 볼런티어 그룹의 활동거점, 볼런티어 욕구의 상담 및 조정, 볼런티어 강좌 개최, 볼런티어 정보제공 등 다양한 활동이 전개되고 있다. 현재, 전국의 대부분의 자치체의 사회복지협의회에 볼런티어 센터 또는 담당부서가 있고 그 역할을 담당하고 있다. 그러나 볼런티어 센터의 활동실태도 다양하다. 주민, 볼런티어 그룹과 협동활동을 전개하며 항상 의지가 되고 있는 볼런티어 센터가 있는 반면, 볼런티어 센터의 소재를 알지 못하는 또는 '볼런티어 센터의 장소는 알고 있지만, 가서보면 언제나 닫혀 있다. 무엇을 해 주는 곳인가 알지 못한다' 등의 목소리도 들린다.

볼런티어 센터에 등록하지 않고 활동하고 있는 볼런티어도 있다. 예를 들면, 소지역 네트워크들이 지역단위에서 진행하는 볼런티어 활동 등의 대부분은 지역 내에서 상담 및 조정이 이루어지고 있다. 또한, 복지시설 등에서 직접 볼런티어 활동을 하겠다고 말하는 사람도 있다. 또한, NPO에 소속된 볼런티어, 행정기관이 조직한 볼런티어 등이 있다. 그리고 볼런티어를 요청하고 싶다고 생각하는 사람(시설직원과 장애인 자신 등)이 직접 볼런티어를 모집하는 기회도 증가했다. 인터넷 등의 매체가 그러한 일을 가능하게 하고, 촉진하고 있다. 이러한 상황을 주민의 주체형성이 촉진된 결과로 판단할 것인가, 볼런티어 센터의 기능으로 생각할 것인가는 판단이 갈라지는 지점이다. 최근에는 사회복지협의회에 병설된 볼런티어 센터는 볼런티어 정보가 복지영역에 편중되고 주민의 다양한 욕구에 응할 수 없다고 하는 비판도 있고, NPO 등의 시민활동과의 협동도 시야에 넣어, 볼런티어 센터를 볼런티어·시민활동 센터로 명칭을 변경하고 활동의 폭을 넓히려고 하고 있다.

2) 볼런티어 코디네이터의 기술 강화

볼런티어 코디네이터는 볼런티어 활동에 참여하고 싶은 욕구와 볼런티어를 받고 싶다는 욕구의 상담·조정을 주로 하고, 볼런티어 활동의 추진을 지원하는 역할을 담당하고 있다. 볼런티어 코디네이터는 사회복지협의회의 볼런티어 센터에 소속된 직원을 말하는 경우가 많지만, 최근에는 그 명칭의 사용여부는 별도로 하고, 시설과 기업·노동조합의 직원과 교원 등이 주로 업무를 하면서 코디네이터를 하고 있고, 코디네이터로서 한계를 안고 지원이 필요하다는 의견도 있다. 코디네이터를 지원하는 NPO도 있지만, 당장은 가까운 볼런티어 센터의 코디네이터가 그 역할을 담당할 필요가 있을 것이다.

그렇지만 사회복지협의회의 볼런티어 센터의 코디네이터도 전임 직원의 배치가 충분하지 않고, 타 직무와 겸하면서 볼런티어 활동을 지원하고 있다. 볼런티어 활동에 참여의욕을 가지고 볼런티어 센터에 와도 충분한 코디네이트가 안 되고, 실제의 활동에 참여하는 기회를 잡지 못하는 사람도 있다. 의욕을 갖고 볼런티어 센터를 방문한 사람이 볼런티어 등록을 하더라도 활동장소가 없는 상황도 있고, 수급조정과 새로운 활동장소의 개발 등 주민의 생각이 헛되지 않게 주민의 기대를 받는 볼런티어 센터, 볼런티어 코디네이터로 변신하는 것이 급선무이다.

더욱이 시민사회의 성숙을 지향해서 코디네이터할 때, 볼런티어의 주체형성을 지원하는 것도 중요한 역할이 된다. 그것을 위해서는 코디네이터 자신의 기술 강화가 과제가 된다.

3) 행정의 역할 – 볼런티어 활동의 기반정비 –

자주성 · 주체성을 기본으로 하는 활동인 볼런티어 활동을 행정이 지원한다는 구도는, 본래적인 것인가라는 의문도 있다. 그러나 주민의 볼런티어 욕구에 대응하는 환경정비, 권리로서의 볼런티어활동을 보장한다는 관점에서 보면 행전의 역할은 크다. 구체적으로 행정의 역할은 ①활동재원의 조성, ②활동장소의 확보와 정비에 관한 것, ③볼런티어의 기회확대와 기술향상을 위한 연수 기회 등을 늘리는 것, ④볼런티어활동에의 상찬 · 승인 등이 있다.

볼런티어활동 그 자체는 무상성을 기본으로 하는 것이 많지만, 활동에 든 실비와 활동 장소를 확보하기 위한 재원 등 일정한 경제적 지원이 필요하다. 똑같이 지역에서 볼런티어활동을 개시할 때, 회의와 활동의 거점으로서의 장소 확보가 곤란하다는 볼런티어 그룹의 이야기를 들은 일이 있다. 볼런티어가 자신의 네트워크와 아이디어로 활동장소의 확보에 노력하고 있지만, 유치원과 초등학교 등의 여유교실과 공공시설을 효과적으로 이용하는 것에 대해서 편의를 제공하는 등 행정으로서 해야 할 역할이 크다.

또한, '연수회와 강습에서 함께 배우는 사이' 와 볼런티어활동을 시작하고 있는 상황이 있는 것과 같이, 직접적인 볼런티어활동 지원은 아니지만, 공민관의 학습활동과 노인대학 등 생애학습의 기반정비도 볼런티어활동의 입구 정비로써 중요하다.

그런데 전술했던 것과 같이 행정과 그 전문기관이 직접 볼런티어 강좌를 개최하고, 볼런티어를 양성하는 예도 증가하고 있다. 이러한 강좌는 볼런티어활동의 취지를 명확하게 나타내면, 그 기대에 부응하려고 활약하는 볼런티어도 탄생한다. 그러나 그곳에는 주최자 측과 양성된 볼런티어의 관계성이 중요하게 된다. 즉, 볼런티어측의 자주성 · 주체성, 창조성 · 개척성이 과제가 된다. 행정과 전문기관의 볼런티어 강좌 여는 방법, 볼런티어 양성의 검증이 필요하다.

볼런티어활동의 지속을 위해서, 행정의 역할의 하나로서 볼런티어의 기술향상을 진행할 필요가 있다. 특히, 행정위촉형 볼런티어활동에서는 그 필요성이 높다. 민생위원 · 아동위원, 개호상담원과 개호예방사업 등을 담당하는 볼런티어에게는 그 필요성이 높다. 그들은 전문가에 가까운 활동이 기대되고, 일정의 성과가 요구되고 있기 때문이다.

더욱이 행정의 역할로서 볼런티어활동을 상찬 · 승인하는 역할이 중요하다. 활동에 대한 승인과 상찬은 볼런티어의 활동의욕과 지속의 에너지가 되고 있는 경우가 있기 때문이다. 볼런티어활동은 반드시 행정에 동조한 활동만이 아니지만 어떠한 활동이든지, 행정은 주민의 주체적인 활동을 보장한다(방해를 하지 않는다)는 입장을 지키는 것이 중요하다. 왜냐면, 다양한 볼런티어활동은 시민에게 있어서는 교류의 장이고, 배움의 장이고, 자기실현의 장으로써 중요하기 때문이다. 또한, 볼런티어활동은 그 선구성 · 개척성이 용이하게 주위와 행정에 이해되지 않은 경우도 있기 때문이다. 행정은 안이하게 간섭하지 않고 지켜보면서, 파트너십의 형성을 모색하는 것이 과제이다.

8. 마무리하며

시민사회의 성숙을 위해서 NPO와 볼런티어도 중요한 역할을 담당하고 있다. 시민사회의 가치가 사람들 사이에 충분히 인지되지 않은 것과 같이, 볼런티어활동의 가치와 자세도 충분히 인지되었다고 말할 수 없는 상황이다. 지역 사람들의 생활 속에서 발생하는 과제를 지역 속에서 해결하는 자치형 지역사회의 실현을 위해서, 복지과제를 안고 있는 당사자, 볼런티어, 행정 등 전문가가 협동할 수 있는 지역 만들기, 시민사회 실현을 위해서 서로 지혜를 모아야 하는 시기이다.

사회복지협의회의 신시대

사또 준이치(佐藤壽一)*

1. 사회복지협의회란 무엇인가

사회복지협의회(이하 사협)는, 전후 '민간'의 입장에서 복지를 추진하기 위해서 연합국총사령부[GHQ]의 지도로 만들어진 조직으로, 복지관계자의 협의체로서 발족했다. 1951년 전국사회복지협의회(설립당시는 중앙사회복지협의회)에 이어 같은 해에 모든 도도부현[都道府縣]에 사협이 설립되었다. 이후 시정촌[市町村]단위의 사협들이 순식간에 설립되었다. 전후 민주주의의 기수로서, 민간의 복지관계자들이 모여 행정과는 다른 입장에서 복지를 추진하겠다는 의도로 도입된 조직이었다. 그러나 실제적으로 중앙정부에서 도도부현으로, 도도부현에서 시정촌으로 행정시책의 진행루트를 타고, 상의하달 형식으로 단숨에 설립되어 갔다. 이러한 점들이 민간법인이면서

*寶塚市社會福祉協議會事務局長

공적성격이 강하고, 행정시책을 보완하는 차원에서 그 재원의 대부분을 공적재정에 의존하는 현재의 모습으로 이어지고 있다. 또한, 그것 때문에 사협의 성격이 애매하게 되었다고 해도 과언이 아닐 것이다.

그 후, 한동안 많은 시정촌사협은 공무원의 출향과 겸무의 지원을 중심으로, 공동모금과 단체의 사무대행, 자금의 대부^{貸付}, 고민 상담이라고 하는 정해진 업무와 행정을 보완하는 업무를 행하고 있었다. 한편으로, 주민의 생활과제에 착목해서 파리와 모기의 박멸운동 등의 환경개선운동이 시작되었고, 와상노인과 독거노인들을 위한 재가복지서비스의 개발 및 실시 등의 지역복지추진을 위한 당사자의 조직화와 주민조직화, 지역사회의 복지조직화에 힘쓰고, 실적을 축적해 오고 있는 시정촌사협도 있다. 그렇지만, 시정촌사협 전체로 보면, 그러한 것들이 사협의 중심적인 활동이 되지 못했다. 전국적으로 복지활동조직으로서 주목받기 시작한 것은, 사업체의 측면이 명확하게 되었던 1990년대 이후이다. 복지관계8법 개정으로 인한 재가복지서비스의 전개에 맞춰 국고보조사업의 주탁자로서, 행정으로부터의 위탁사업이 전국적으로 확대되었다. 그리고 2000년 개호보험도입 이후, 개호보험사업, 지원비지급방식의 사업이 시장화 되고, 위탁사업이 자주사업이 되었다. 실비변상의 정산방식에 의한 위탁사업이 점수능력제의 자주사업이 되면서 한층 더 사업체로서의 성격이 현저해지고 있다.

2002년에 개정된 사회복지법(구 사회복지사업법)에서, 시정촌사회복지협의회는 지역복지의 추진을 목적으로 하는 단체로서 규정되었다. 또한, 그 조직구성에 있어서, 자치체 내의 사회복지사업 또는 갱생보호사업을 경영하는 자의 과반수 참여, 그와 더불어 사회복지에 관한 활동을 행하는 자의 참여가 요구되고 있다. 사업에 대해서 보면, ①사회복지를 목적으로 하는 사업의 기획 및 실시, ②사회복지에 관한 활동에 주민참여를 위한 지원, ③사회복지를 목적으로 하는 사업에 관한 조사, 보급, 선전, 연락, 조정 및 조성, ④사회복지를 목적으로 하는 사업의 건전한 발달을 꾀하기 위해 필요한 사업 등 4가지로 되어 있고, 이제까지 최우선으로 인식되었던 조사, 보급, 선전, 연락, 조정 및 조성 사업이 세 번째가 되고, 사업의 기획 실시가 첫 번째로 중요시 되었다. 이것을 보면, 사회복지협의회의 사회적 위치 변화가 일어나고 있다는 것을 알 수 있다. 그리고 시대의 흐름으로 인한 이런 위치 변화는 사협에 큰 파문을 일으키고 있다.

2. 전환기에 놓인 시정촌 사회복지협의회

전술했던 것과 같이, 사회복지협의회는 복지관계자와 주민들로 구성된 민간단체이면서, 높은 공공성을 가지고 행정의 외곽단체에 가까운 사업실태와 재원구조를 가지는 복잡하고 알기 어려운 조직체이다. 또한, 본래 협의체로서 설립되었던 것이지만 이제까지의 발전과정에서, 운동체로서의 측면과 사업체로서의 측면이 추가되면서 현재의 모습에 이르게 되었다. 그 다양한 성격을 구분해서 사용하면서, 여러 가지의 생활문제에 대응한 사업들을 실시하고 있다. 이러한 것들이 조직으로서의 성격과, 경우에 따라서는 목표로 해야 할 사명도 불명료하게 만들고 있다고 말할 수 있을 것이다. 그 결과, 주민들이 알기 어려운 존재가 되고 있고, 분권화의 시대, 사회복지기초구조개혁의 흐름 속에서 다음과 같은 다양한 과제를 안게 되었다.

1) 지역복지추진의 중심적 존재가 될 수 있을 것인가

사회복지법의 개정으로 지역복지 추진의 주체 단체로 법적으로 명문화되었고, 지역복지계획의 법제화와 행정개혁으로 민관협동이라고 하는 움직임과 더불어 사회복지협의회의 존재가 주목받게 되었다. 그러나 현실적으로 지역복지에 있어서 사회복지협의회의 상대적인 위치는 낮아져가고 있는 것은 아닐까. 개호보험제도와 지원비제도에 의한 보살핌의 사회화와 개호서비스의 시장화가 진행되고, 주민들에게 있어서 복지라는 것은 특별한 것이 아니게 되어가고 있다. 한편으로 한신·아와지 대지진 이후 자원봉사가 주목을 받게 되고, 그 이후 NPO와 여러 가지 형태의 시민활동들이 전개되고 있다. 주민들이 지역사회 속에서 복지활동에 관심을 가지고, 일상생활 속에서 복지활동과 관계를 가지는 것이 특별한 일이 아니게 되고 있다. 지역복지는 한정된 전문가와 관계기관만의 것이 아니라, 생활함에 있어 필요한 것으로서 그 시민권을 확보하려고 한다. 그 하나의 현상이, 지역복지계획책정과정에서 주민참여이다. 이제까지는 행정계획은 전문기관과 관계자로 구성되는 책정위원회에서 책정해 왔다. 그러나 현재 지역복지계획을 책정했거나 또는 책정과정에 있는 많은 지자체에서는 주민들의 참여의 장으로 워크숍과 타운미팅 등의 다양한 수법을 이용해서 설정하고 있다. 그리고 지역주민은 그 과정에 참여해서, 충분하다라고는 말할 수 없어도 자신들의 지역사회를 살기 좋게 하기위한 다양한 의견을 내놓고 있다.

그렇다면 지역복지가 주민들에게 있어서 가까운 존재가 되어가는 과정에서, 사협은 새롭게 NPO와 시민활동을 하려고 하는 사람들이 접근하기 쉬운 지원조직으로 내비치고 있는 것일까. NPO와 시민활동에 참여하고 있는 사람들에게 사협은 '사람도 돈도 있는데, 즉시 생활문제에 대응하지 않는다' '행정보다 행정적이고, 종적관계의식이 강하다' '구래의 조직구성에 고집하고, 새로운 활동가들에게 충분한 지원을 주지 못하고 있다' 라고 인식되고 있는 경우가 많다. 사협은 정치세계에서 말하는 수구세력과 같이 이미지화 되고 있다. 본래 주민들과 함께해야 할 사협이 지역사회의 유력자와 복지관계자들을 위한 폐쇄적이고 기득권을 지키기 위한 조직으로 인식되고 있는 것이다. 재원과 사회자원, 거점의 배분에 있어 새로운 활동에 대한 반대세력으로 생각되고 있는 것이다. 사협에서는 일상생활의 장인 지역사회 단위로 당사자를 중심으로 한 주민, 관계기관, 다양한 활동주체들의 느슨한 네트워크를 형성하는 중간지원조직의 역할이 요구되고 있다. 그러나 사협 자신들의 가치기준에 맞지 않는 것과 새로운 것을 잘 받아들이지 않는 지금의 사협의 작태는, 스스로 그 위치를 위태롭게 하고 있다는 말을 들어도 어쩔 수 없는 일이 아닐까.

한편으로, 행정도 행·재정개혁의 흐름 속에서 큰 방향전환을 꾀하지 않으면 안 되게 되었다. 지역복지계획을 보면 알 수 있듯이, 현재의 행정의 어려운 재정상황 속에서 언제까지 지역사회에서 계속적으로 주민들의 생활이 유지될 수 있는가를 고려한다며, 주민들과의 협동과 공조共助를 중심으로 한 지역복지를 추진해가지 않으면 안 되게 되었다. 지역복지계획책정에서 실시단계에 있어 사협을 매개로 하는 것이 아니라 직접 지역복지를 실시하고 있는 지자체도 많다. 지자체가 본격적으로 지역복지에 힘쓸 때, 그 인적자원, 자본의 규모를 생각하면, 사협의 위치와 역할은 어디에 있는 것일까.

관官도 민民도 아닌 사협의 앞으로의 모습에 대해서 (재정적 문제를 포함해서) 모색해 갈 필요가 있다. 적어도, 사협이 지역복지의 무대를 독차지할 수 없게 되었음은 명백한 일이다.

2) 지역사회의 자립생활지원에 대한 고수

지역복지를 추진하는 중핵으로서의 사협은, 어떠한 생활문제를 안고 있는 사람이더라도 생활해 온 지역사회에서 계속해서 생활해가는 것을 가능하게 하는 지원을 고수해야 한다. 그러나 보살핌의 사회화가 급속하게 진행되는 중에, 사협은 그 사명을 다하고 있다고 말할 수 있는가? 재가복지서비스를 담당하는 부분만의 이야기가 아니다. 지역복지를 추진하는 커뮤니티 워커(지구담당직원)와 상담사업 담당의 직원마저도, 지역사회에서 자립생활을 지원하는 것을 고집하지 않게 되지 않았는가? 개호서비스가 시장화 되고 있는 흐름 속에서, 와상노인과 인지증노인(치매노인) 등 직접적인 보살핌이 필요한 많은 이용자는 일단 서비스에 연결시킨다. 그러나 이것으로 모든 문제가 해결된 것은 아니다. 그 심층에 더욱 복잡한 생활문제들이 발생하고 있다. 지역사회에서의 생활을 지탱해가려면 지금까지 이상으로 복잡하고 일반화되기 어려운 생활문제의 해결이 요구되고 있다. 홈리스와 중도의 인지증 독거노인, 정신장애인의 재가생활과 같이 지역주민들이 받아들이기 어려운 것, 학대문제와 같이 표면화되지 않는 것 등 발견하여 대응하기 곤란한 문제들이 증가하고 있다. 그러나 사협의 직원은, 이러한 문제들과 정면으로 맞서서 해결을 위한 행동들을 취하고 있다고 말할 수 있는 것일까? 원래 사협의 개호서비스는, 행정시책을 보완하는 형식으로 주민참여에 의해 추진하는 형태로 개발되어 왔고, 24시간 케어를 필요로 하는 중도의 인지증 노인에 대응하지 못하는 경우가 많았다. 그로 인해 사협의 서비스 이용자의 개호도가 조금 높아지면, 시설입소 또는 다른 서비스에 연결하는 형태로 대처하는데 그치고 만다. 본래 재가서비스를 고집해야 할 사협이 쉽게 시설입소를 권유하는 것이 현재 발생하고 있는 문제이다. 개호보험과 지원비제도는 제도의 대상에서 제외된 사람들에 대응한다고 하는 사협의 의욕을 없애는 한 요인이 되고 있지는 않은가? 사협의 홈헬퍼는, 제도의 틀 속에서 충실하게 일하려 하고, 제도의 틀을 초월하여 생활에 필요한 부분에 대한 대응활동들은 사라지고 있다. 개호보험사업을 실시하고 있는 사협조차 그와 같은 현실의 생활과제에 대응하는 힘이 약해지고 있다. 개호보험사업을 실시하고 있지 않은 사협은 더 하다. 사협에 있어서 개호문제는 직접적인 테마가 못되고, 지역복지는 후레아리이키이키사롱 등과 같은 프로그램을 중심으로 한 개호예방을 위한 활동이 특화되어 가고 있는 것처럼 보인다.

예를 들면, 개호보험제도의 개정에 맞춰서 주목되고 있는 소규모다기능 서비스의 활동을 진행시키고 있는 것은, 탁노소^{宅老所}와 그룹 홈에서 시작된 NPO와 시민활동이고, 선진적인 활동을 진행해 온 사회복지법인이다. 이런 흐름 속에서, 사협의 모습은 거의 찾아볼 수 없다. 소규모다기능서비스의 연수회에서, 많은 NPO와 사회복지법인의 사람들 간에 논의되고 있는 것은 시정촌 사협의 무이해와 비협력적인 태도에 대한 불만뿐이다. 지역사회에서 계속적으로 생활을 유지하기 위해서 지역주민들의 참여에 의한 케어시스템을 추진하는데 있어서 사협이 먼저 적극적으로 네트워크를 형성하여 다양한 지원을 전개해야 함에도 불구하고, 위와 같은 상황은 마찬가지이다.

3) 조직운영에서 조직경영으로 변화했는가

개호보험, 지원비지급제도의 도입으로, 개호서비스의 시장화가 단숨에 진행된 것에 대해서는 앞에서 논의했다. 그것은 당연하지만, 사협의 사업에도 큰 영향을 주고 있다. 사협의 개호서비스사업은 충분한 수완도 없는 상태로, 지금까지의 정산방식 사업에서 능력점수제방식으로 바뀌어 가면서 크게 혼란에 빠져있다. 연간 예산의 절반 정도가 이와 같은 사업으로 바뀌고, 나머지 부분은 아직도 실비변상방식의 보조위탁 사업을 수행하는 사협이 많다. 그와 더불어 서비스사업부분에서도, 건물, 비품 등의 이니셜 코스트와 공통관리경비 등이 행정의 보조금 등으로 충당 되고 있는 경우가 많고, 개별사업의 채산이 명확하게 되어있지 않다. 즉, 개개 사업의 흑자·적자 유무, 비용 대비 효과 등이 적절하게 경영되고 있는가에 대해서 판단할 수 없는 상황이다. 그리고 그 나머지 부분에 대해서도 행정재정개혁의 흐름 속에서, 비용에 맞는 성과가 요구되고 있다. 이와 같은 상황에서, 어떻게 조직으로서의 아이덴티티를 유지하면서 사업을 경영해 가는

가? 빠르게 사업경영형식에 버틸 수 있는 체제로 바꾸어갈 필요가 있다.

또 하나의 과제는 어떻게 직원을 육성해 가는가란 문제이고, 확실한 경영관리체제를 만드는 것이다. 인사노무관리에 대해서는, 구래의 행정형의 평가 없는 시스템을 바꿀 필요가 있다. 직원의 사기를 높이고, 그 실적에 대해서 공정하게 평가하는 형태로 하지 않으면 — 해도 그만 하지 않아도 그만이라는 현재 상태에서는 — 활동의 질은 향상되기 어렵다. 연공서열형의 시스템에서 평가와 인재교육, 처우가 연동하는 종합적인 인사노무관리제도를 도입할 필요가 있다.

이것은 조직 전체가 사업의 성과를 확실하게 하고, 주민들에게 그 평가를 묻는 형식으로 조직의 가치를 나타내고, 그 재원을 확보하는 방향으로 연결해 가는 경영관리시스템을 확립시켜야 한다. 그리고 그 비용과 효과 양면으로 그 사업에 대한 평가를 행하므로, 행정과 주민 등 대외적으로 조직의 가치를 나타내는 것이 가능하게 만들어야한다. 현재 상태 그대로는, 개혁으로 인한 재원축소가, 위탁료·보조금의 감축, 사업과 조직의 축소로 직결되게 될 것이다. 지정관리자제도와 같이 기존의 위탁사업을 시장화하는 시스템도 도입시켜, 그것을 거부하더라도 경영을 의식한 사업전개를 하지 않으면 안 되는 환경이 되고 있다. 개호보험으로의 이행시보다도 훨씬 심각한 상황임을 인식할 필요가 있다. 더불어 사업의 효과성을 대외적으로 나타내기 위해서는, 지역복지의 평가지표를 설정하는 것이 필요불가결하게 되었다. 주민과 행정에 그 사업의 효과를 설명할 수 없으면, 상기와 같은 흐름에서 벗어나기란 더욱 어려울 것이다. 다양한 형태의 평가척도, 벤치마크 만들기 등이 연구되고 있지만, 개개의 사협의 현장차원에서의 활동도 적극적으로 추진해야 할 것이다.

4) 시정촌 합병과 사협 합병

합병특별법에 의해서 독촉된 시정촌 합병으로, 사협이 안고 있는 상기와 같은 여러 가지 문제들이 현실화되어 가고 있다. 즉, 각각의 사협이 독자적으로 쌓아 온 조직의 모습을 시정촌의 합병이라고 하는 타율적인 요인으로 인해 근본부터 고치지 않으면 안 되게 되었다. 복수의 조직을 하나로 합치는 과정에서, 그 사회적 사명과 공공성, 그리고 민간성의 균형, 개개의 사업의 채산성과 유효성, 장래성, 지원처우, 경영관리체제 등을 하나하나 개혁해야할 필요가 발생하게 된 것이다. 합병에 있어서, 이러한 것들에 대해서 검토하고 조직개혁의 기회로 삼은 사협과 문제를 뒤로 돌리고 먼전 합병을 추진한 사협과의 차이는 수년간에 현저하게 나타나게 될 것이다.

3. 지역복지 신시대에 맞는 새로운 사협의 미래상

여러 가지의 과제를 안고 조직체로서, 사업체로서, 또한 경영적인 관점에서도 큰 전환기를 맞이하고 있는 사회복지협의회는 이후 어떤 모습으로 그 사업과 조직을 전개하는 것이 바람직하겠는가?

네트워크, 총합화, 협동, 일상생활권역, 장^場만들기를 키워드로 해서 몇 가지의 사견^{私見}을 논하고자 한다.

1) 네트워크형의 조직으로 전환

첫째, 지방분권의 시대, 협동의 시대에 맞추어 새로운 협의체로서의 모습을 보이는 것이 바람직하다. 이제까지 사회복지협의회는, 복지에 관한 여러 조직과 주민들의 대표 등으로 구성된 협의체로서 그 사업을 전개해

왔다. 그리고 그 형태는 이런 것들을 끌어안는 형태였다. 그러나 이후에는 이러한 형태가 아니라 개개의 주체성을 인정하면서 횡으로 연결되는 네트워크형의 조직체가 요구되고 있다. 전국사회복지협의회는 행정계획인 지역복지계획에 대응해서 지역복지활동계획을 작성함에 있어서, 사협 만의 계획으로 하지 말고 민간조직의 전체의 계획으로 책정하는 것을 제안한다. 이제까지와 같이 사협 내에 책정위원회를 두고 사협의 계획으로 책정하는 방법이 아니라, 복지활동과 사업에 관련한 주민·사회자원을 네트워크하고, 민간조직전체의 활동계획으로서 작성하는 과정에 있어서 사협이 중심이 되어 추진해야 한다. 끌어안는 형태에서 느슨한 연계로 조직화활동의 방법을 크게 변화시킴과 동시에, 중간지원조직으로서 조직과 조직, 조직과 사람을 지역사회의 생활과제를 해결해 가기 위해서 연결시켜 가는 일이 요구되고 있다. 지역사회의 조직화에서도, 이제까지는 학구사협^{學區社協}, 교구사협^{校區社協}, 지구사협^{地區社協}이라고 하는 사협의 하부조직을 만들기 위한 지역사회 내의 조직으로 옥상위에 또 다른 옥상을 쌓아올리는 형태로 진행해왔다. 그러나 지역사회에 있어서 마을만들기 활동과 커뮤니티 활동이 활성화되는 과정에서, 주민들을 그 주역으로 해서 지역사회조직과 네트워크를 형성하여 협동하는 형태로 변화해 갈 필요가 있다. 그리고 이러한 주민조직과 지역사회의 사회자원을 연결시켜, 보다 넓은 네트워크로 지역사회의 복지과제를 해결해 가는 형태로 변화시켜야 한다. 사협이 이러한 형태의 관계맺음으로, 현재 상태에서는 그다지 잘 되지 않는 지역사회조직과 NPO와의 연계도 잘 진행될 가능성이 높아지고 있다. 단지 안으로 끌어싸안는 것이 아니라 연결해 가는 것이야말로 중간지원조직으로서의 사협의 새로운 지원활동의 모습이라고 말할 수 있지 않을까.

사례 1

미예현^{三重縣}의 이가시^{伊賀市}사협(도입당시는 이가우에노시사협^{上野市社協})에서는, 출발ㆍ연계^{Platform} 시스템을 도입해서 복지NPO와 자원봉사활동센터를 연결하고 있다. 지역사회의 주민참여형 재가복지서비스단체와 유상으로 활동하는 자원봉사단체가 모여 지역주민들의 다양한 의뢰를 받아서, 무상/유상을 포함한 다양한 선택메뉴로 서비스를 제공하는 시스템이다. 사협이 중간지원조직으로서 활동하는 것이 아니라 네트워킹을 통해 욕구에 대응하는 방식으로 실현하고 있다. 그리고 그 실상을 '플러스 사고의 느슨한 부대낌' 으로 표현하고 있다(乾光哉, 2005).

사례 2

타까라쯔카 사협^{寶塚市社協}에서는, 시의 지역복지계획의 책정에 따라 실제적으로 활동에 옮기기 위해서 라운드테이블이라고 하는 프락트한 협의의 장을 설정했다. 라운드테이블에서는 직위를 없애고 그 자리에 모인 사람들이 자유롭게 의견을 내고, 구체적인 활동계획으로서의 지역복지계획을 작성하는 작업을 행하고 있다. 사협은 그 라운드테이블의 주최자가 아니라, 사무국이라고 하는 후방지원의 역할을 담당하고 프로그램 지원, 광고 등의 작업을 진행하고 있다 (寶塚市社會福祉協議會, 2005).

2) 생활권역에서의 자립생활지원과 사업의 총합화

둘째, 이제까지 전문화된 사협의 기능을 일상생활권역에서 재통합하는 일이 요구되고 있다. 사업체로서의 측면이 강하게 됨에 따라, 보다 효율적이고 질 높은 사업을 진행하기 위해서 사업의 종적 관계를 강화해 왔다. 방문개호, 거택개호지원^{居宅介護支援}, 통소개호^{通所介護}라고 하는 개호서비스부문, 지역복지를 진행시키는 커뮤니티 워크 부문, 자원봉사센터, 회관의 관리와 그 외의 위탁사업을 행하는 부문과 같이 업무에 맞춰서 조직을 전문화시켜 왔던 것이다. 그러나 전문화는, 직원에게 조직총체의 사회적사명과 아이덴티티를 상실하게 하고, 사협과 그 직원에 대해서 주민들이 알기 어렵게 하고 있다. 개개의 생활과제에 대응하고 지역사회에서 자립생활을 지원해 가기 위해서는, 또한 주민과 협동해서 지역복지를 진행시켜 가기 위해서는, 종적 관계가 아닌 횡적 관계, 즉 지역분권으로 총합적으로 생활지원을 할 수 있는 조직으로 재편할 필요가 있다.

그와 더불어, 지역사회에서 자립생활을 지원하기 위해서 필요한 사회자원을 준비하는 일은 사협이 가진 기능의 총합화만으로 실현되는 것은 아니다. 또한, 지자체 내의 모든 지역사회에서 사협의 기능이 균일하게 준비되는 것도 아니다. 앞서 논의했던 것과 같이, 다른 공급주체와 NPO, 주민의 활동과 느슨한 네트워크를 형성하는 과정 속에서 지역복지를 추진할 수 있는 사회자원을 확보해 가는 일이 필요하다. 사례 1, 2는 둘 다 시내전체를 대상으로 한 것이지만, 이와 같은 네트워크의 시스템을, 일상생활권의 단위에서 형성해 가는 것이 가능하다면, 그것이 바로 지역생활을 지탱하는 중간지원조직으로서, 새로운 시대의 사협의 새로운 모습을 구현하는 것이라 할 수 있을 것이다.

또한, 네트워크형성의 조절연결자로서 사협의 전문성을 발휘하기 위해서는, 이제까지 배양해 온 기능 중에서 특화할 수 있는 것을 키워, 그것을 핵으로 해서 지역사회에서 전개해 가는 일도 중요한 요소이다. 정보제공과 관련된 인터넷 기술과 광고, 지킴이의 네트워크, 욕구발견, 복지교육, 총합적인 상담대응, 각종의 서비스 사업 등등 특화해야할 요소는 종래부터 쌓아왔던 사업 중에 많이 포함되어 있다. 일시 유행했던 일촌일품 운동이 아니지만, 각자의 사협이 제일 자신이 있는 사업을 가지고 그것을 열쇠로 해서 지역사회의 생활지원네트워크를 넓혀가는 일이 사협의 새로운 모습이라고 말할 수 있을 것이다.

사례 3

타까라쯔카 사협^{寶塚市社協}에서는, 행정의 서비스 블럭 단위(7블럭, 인구 3만인 규모)에 '지구네트워크회의'를 설정하고 있다. 사업가, 지역활동가, 복지관계자뿐만 아니라, 지역사회의 사회복지자원이 되는 시설과 서비스사업소를 포함해서, 지역사회의 복지과제에 대해서 검토하고 있다. 그리고 실제로 과제를 검토하는 과정에서, 개개의 문제를 구체적인 해결로 연결해 가기 위해서, 주민의 생활권인 초등학교구(20개소, 인구 1만인 규모)의 커뮤니티단위로 실시해 가는 방향이 제안되고 있다.

3) 장^場만들기

각자의 생활권에서, 앞서와 같이 느슨한 네트워크를 펼쳐가기 위해서는, 여러 곳(장소, 거점, 기회)에서 다양한 형태(테마, 프로그램)로 사람이 모이는 '장'을 만드는 일이 필요하게 된다. 각각의 사협에 의해서 이제까지 사업을 전개해온 과정이 있고, 분야마다 득과 실이 있기 때문에 '장'을 만드는 방법이 한 가지 형태일 필요는 없다. 과제별이든 지역별이든, 만남의 '장', 서로 공감하는 '장', 대화의 '장', 실행하는 '장'을 조금이라도 많이 설정하고, 그런 것을 연결해서 구체적인 생활과제를 해결하기 위한 활동으로 만들어 가는 일이 중요하다. 그리고 어떠한 상황 하에서도 '장'의 설정과 운영을 지원하고, 그곳으로부터 사협의 사업을 만들어 가는 지원을 할 수 있는 일이 사협의 사회복지사에게 요구되고 있는 자질이고, 정체성이라고 말할 수 있지 않을까? '장'을 활용해서, 지역주민을 중심으로 복지관계자와 전문기관 등의 다양한 주체, 조직이 생활과제의 공유와 해결책의 검토, 해결을 위한 협동을 일으켜 가는 일 자체가, 지역복지의 추진이고 주민자치의 기초를 만드는 일로 연결된다. 환언하면, 이것이야말로 지역사회의 복지력의 향상이고, 지역복지계획의 실현을 향한 길이다. 지역사회의 주민활동과 NPO, 시민활동과의 협동, 당사자서비스 사업자와의 협동, 지역사회의 활동과 테마형의 자원봉사자들과의 협동 등, 생활과제의 내용, 지역사회의 실정, 사협의 상황 등에 따라서 다양한 전개가 상정될 수 있다. 또한, 기존의 사협의 사업에 대해서도, 사협 단독으로 총합화한다고 하는 선택지^{選擇肢}만이 아니고, 지역주민과 NPO, 다른 사업자와의 협동사업화와 사업의 이전이라고 하는 방법도 생각할 수 있다. 사협의 개호서비스 사업을 지역사회에서 자립생활의 유지를 가능케 하는 소규모다기능형으로 전환해 가기 위해서는, 다른 사회자원과의 협동은 필요불가결 하다.

4) 조직운영의 자세

우선, 조직의 자세에 있어서 사협은 지금까지 포함형 조직을 기본으로 하면서도 네트워크형 조직으로서의 특징을 가미해 갈 필요가 있는 것은, 상술했던 것과 같다. 지역사회를 기본으로 해서, 여러 조직대표자로 구성된 포함형 조직으로서의 사협의 존재는 귀중하고 다른 조직의 추격을 허락하지 않은 부분이다. 이것을 기본으로 두면서, 새로운 자원인 NPO와 시민활동가, 사업가 등과 함께 느슨하게 연계해 가는 구조를 가지는 일이 요구된다. 크게 성격이 다른 다양한 참여자가 서로의 주체성을 존중하면서, 각각의 사업과 협동사업에 그 의지를 반영해 가는 것과 같은 전개를 생각할 수 있다. 그것을 위한 '장' 으로서, 기존의 이사회, 평의원회에 더해서, 과제별과 지역별 대화의 장(전문부회, 지구부회 등)을 설정하고, 그 결과를 널리 전달하고, 사협 사업과 각자의 사업에 반영시켜가는 것이 바람직하다. 다양한 조직체 속에서, 이와 같이 총합적이고 광범위한 중간지원의 역할을 다할 수 있는 조직은 사협 외에는 없다. 이 역할을 사협이 정확하게 담당할 수 있는지 여부가 이후의 사협의 방향을 결정하는 것이 아닐까?

다음으로 사업경영에 있어서, 사협이 이제까지 공적재원에 의존해서, 행정적인 예산집행 관리형으로 사업을 수행해 왔던 일은 이미 논의했다.

그러나 개호서비스의 시장화와 행·재정개혁에 의한 보조위탁의 개정으로 급속하게 비용 대 효과를 감안한 사업경영이 요구되고 있다. 중견직원의 의식을 개혁하고 개호서비스만이 아니라 모든 사업에 있어서, 저렴한 비용으로 질이 높은 서비스를 제공하는 것을 목표로 하지 않으면 안 된다. 그러기 위해서는, 현재의 공무원에 의거했던 인사노무관리제도를 개정하고, 직원의 의욕을 불러일으키는 새로운 구조를 도입하는 것이 필수이다. 평가(인사고과)와 육성(지도, 연수), 처우(승격, 승급)를 연동시켜 개개인의 직원의 능력을 향상시켜 가는 것이 요구되고 있다. 그와 더불어, 경영관리를 위한 비용관리를 사업별로 수행하고, 그 결과에 대해서 인건비를 포함한 비용의 적절성 여부를 항상 확인할 수 있는 시스템으로 진행하는 것도 중요하다. 이것은 주민 측에서 보았을 때, 사협이 실행하고 있는 사업이 정말로 유효한지 아닌지를 판단할 수 있도록 하는 것에도 연결된다. 구체적으로는, 사업결과와 효과지표에 의해 평가를 실시하고 공표해 가는 것, 인건비를 포함한 경비를 사업별로 명확하게 구별해서 결과와 대비시켜 공표해 가는 것이 요구된다. 특히 인건비 부분은 비용으로 생각하지 않는 경우가 많고, 이 부분을 적절하게 경비로써 인지하고, 적절한지 어떤지 판단을 하는 것이 필요하다. 그 결과 형해화(形骸化)하고 있는 사업, 즉 사업의 결과, 효과가 비용에 비해서 적절하지 않은 사업의 폐지를 포함한 개정을 검토해서 효과가 높은 사업으로 집약해 가는, 또는 비용에 적합한 새로운 사업의 개발이 요구되고 있다.

앞에서 논의한 것과 같이, 이후의 사협에서는 일상생활권역인 지역사회를 그 기반으로 둔 중간지원조직으로서 지역사회의 사회자원과 주민의 활동을 네트워크해서 비용 대비 몇 배의 효과를 높여 갈 수 있는 사업 전개가 요구되고 있다. 그것 없이는, 다른 여러 주체와의 차이를 명확하게 하고, 주민에게 그 존재를 인정받기란 어렵다. 개개의 시정촌 사협이, 각각의 비용 대 효과가 우수한 분야의 사업을 핵으로 해서, 일상생활권역에서의 자

립생활을 지원하는 것을 목적으로 네트워크를 형성하고 지역복지의 경영
을 진행해 가는 중심이 될 것이 요구되고 있다.

9장

NPO 법인의
복지커뮤니티 형성의 과제

이시카와 구니꼬(石川久仁子)*

1. 지역복지의 담당자로서의 NPO법인

1) NPO에 대한 개괄

사회복지기초구조개혁, 사회복지법, 지방분권일괄법 제정 등에서 볼 수 있는 것처럼 사회복지 시스템은 크게 변화해 오고 있다. '위로부터의 공공성'이 아니라 '아래로부터의 공공성', 다시 말하면 새로운 공공성의 구축이 지역복지의 과제가 되고 있다.[1] 새로운 공공성은 주민의 내발성에 기본을 둔 공동적 영위를 의미하고, 생활의 장인 지역사회를 기반으로 한다. 그 담당자로서 종래의 행정, 사회복지법인, 사회복지협의회와 더불어 특정비

* 大阪人間科學大學專任講師

영리활동법인(이하 NPO법인)이 1998년 12월 특정비영리활동촉진법 제정과 함께 탄생하게 되었다. 현재, 의료·보건·복지 분야의 특정비영리활동법인은 11,298 법인이고 매년 증가 추세를 보이고 있다.[2]

2) 커뮤니티에 있어서 NPO 법인의 역할

藤井敦史는, NPO의 독자적인 기능과 그 존재의의로써, ①새로운 서비스의 제공기능, ②대변적 기능, ③커뮤니티 형성 기능의 3가지를 들고 있다. 그리고 원래 중요시되어야할 참여와 커뮤니티 형성, 대변적 기능 등의 측면이 간과되기 쉽게 되어 있다고 지적하고 있다.[3] 지역복지에 있어서의 NPO의 존재의의는 서비스제공주체라기 보다도, 커뮤니티를 기반으로 주민참여를 촉진하거나, 권리옹호·정책제언 등의 대변적 활동을 하거나, 커뮤니티를 형성하는 등의 행정이 할 수 없는 질적으로 새로운 공공성의 구축에 있다.

한편으로, 커뮤니티 특히 소지역단위인 초·중학교구에는 복지를 포함한 커뮤니티의 모든 과제를 다루고 있는 자치조직이 존재한다. 자치회는 전국적으로 30만 개 이상 존재하고, 토지 및 건물을 소유하고, 예산규모로써도 전체적으로 소규모적 경향을 가진 NPO에 비해서 그 규모가 크다. 또한, 시정촌 합병을 계기로 작은 지역에서의 자치체로서의 기능, '지역공동관리' 기능이 재평가되고 있다.[4] 이제까지 자치조직과 NPO는 같은 지역사회의 복지 과제를 다루고 활동해 왔음에도 불구하고 양자는 커뮤니티 형성의 장면에서 충분히 연계하기보다 상호무시, 충돌이 일어나는 상황이 적지 않게 발생하고 있다.

3) 자치조직과 NPO와의 연계

山崎丈夫는, 자치조직과 NPO는 자주성·자립성을 전제로 해서 성립되고, 행정으로부터 독립된 측면에서, 원리적으로 공통의 성격을 가지고 있으며, '이제까지 NPO는 지역주민의 자치조직을 지역질서유지를 위한 조직으로써 인식하고, 지역주민의 자치조직은 NPO에 대해서 관심을 가지고 있는 일만 다루고 있는 조직으로 과소평가 하는 등의 관계가 양자 간에 기본적으로 존재하고 있다' 고 하였다. 그리고 '양 조직은, 이제까지의 조직적 상위를 의도적으로 강조하는 관계에서, 지역사회의 현실적인 과제를 해결하기 위한 협동적 실천을 축적해 가는 것이 사회적으로 요청되고 있다' 고 논하고 있다(山崎, 2003).

2. 소지역에 있어서 NPO 법인의 복지커뮤니티 형성

1) 복지커뮤니티 형성에 있어서 두 가지 측면

岡村는 『지역복지론』에서 지역복지개념의 검토과정에서, 사회복지에 있어서 커뮤니티 형성을 일반적인 '지역커뮤니티' 와 그 하위집단으로 '복지커뮤니티' 두 부분으로 분리하고, '복지커뮤니티' 를 '생활상 불리한 조건 속에서, 현재 일상생활의 곤란을 가지고 있고, 또는 앞으로 가질 가능성이 있는 개인과 가족이나 이러한 사람들의 이익에 동조하고, 대변하는 개인과 기관·단체가 공통의 복지인식을 가짐으로 해서 형성되는 특별한 커뮤니티집단'[5]이라고 정의하였다. 일본에 있어서 커뮤니티워크의 목표는 복지커뮤니티의 형성에 있다.[6]

岡村는 복지커뮤니티의 기능으로 ①대상자 참여, ②정보활동, ③지역복

[그림 9-1] 복지커뮤니티의 이념과 두 가지 기능

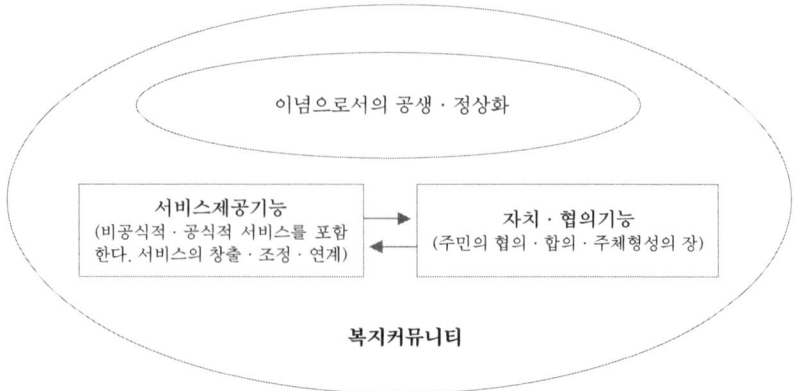

지계획의 입안, ④커뮤니케이션, ⑤사회복지서비스의 신설·운영을 들고 있다. 이 다섯 항목은 크게 서비스제공기능과 자치·협의기능 두 가지 기능으로 나눌 수 있다. 右田紀久惠는 지역복지와 지방자치는 불가분의 관계이고, 작은 단위에서의 자치의 중요성을 지적하고 있지만[7] 복지커뮤니티에 있어서 자치·협의기능의 측면은 지역사회의 본연의 모습으로 협의·합의를 행하거나, 지역의 구성원이 참여하거나 그 관리에 임하거나 주체성을 형성해 가는 측면이다. 소수자들의 입장에 있는 사람들과 다른 입장에 있는 사람들과의 관계적 조정調整도 필요할 것이다. 岡村의 분류로 말하면, ①대상자 참여, ②정보활동, ③지역복지계획의 입안, ④커뮤니케이션이 이에 해당한다. 서비스제공기능은 주민 개개의 생활과제에 구체적으로 대응하는 측면이다. 케어서비스가 주류가 될 것이지만, 문화·교육이라고 하는 다양한 서비스도 포함될 것이다. 岡村가 논하고 있는 다섯 가지의 기능 중에서 ⑤사회복지서비스의 신설·운영이 이에 해당할 것이다.

2) NPO 법인의 복지커뮤니티 형성에 대한 과제

NPO 법인은 복지커뮤니티 형성에 있어서 어떠한 역할을 해야 하고, 과제를 가져야 할 것인가. 먼저, 복지커뮤니티에는 두 가지의 측면이 있다고 논했지만, 자치·협의기능을 핵심적으로 담당하는 것은 자치회 등 지역의 대표성을 가진 자치조직이다. 그러나 커뮤니티는 포괄성과 배제성이라고 하는 두 가지의 특징을 가지고 있고, 경우에 따라 소수자를 배제하는 경향이 있다.[8] 지구사회복지협의회^{地區社會福祉協議會}는 자치조직 다음으로 복지커뮤니티 형성주체로서 대표적이지만 예를 들면, 재일외국인·장애인 등의 소수자에 대한 활동실적이 빈약한 상태이다. 한편으로 NPO 법인은 특정의 관심사와 소수자들의 과제에 대응하는 임의단체이다. 그러나 NPO는 소수자들의 과제가 커뮤니티 전체로부터 유리^{遊離}된 상황에만 대응하고 있다. 다시 말하면 복지 커뮤니티의 자치·협의기능적 측면을 일절 다루지 않은 채 서비스제공기능만을 행하는 존재라면, 복지커뮤니티 형성주체라고 말할 수 없을 것이다.

다음으로 초등학교구에서 주민들의 생활지원과 함께 커뮤니티 지원을 하고 있는 NPO법인 2개의 사례를 들어 살펴보고자 한다. NPO 법인은 테마에 기반을 둔 임의단체이기 때문에, 그 활동범위는 기존의 지역단위(특히 행정구역)와는 중복되지 않는다. 주민의 삶의 범위가 아메바 상태로 되어왔던 것에 따라 NPO 법인의 활동범위도 신축적인 경우가 많다. 그러나 일반적으로 어느 정도의 범역을 가지고, 어떤 식으로든지 커뮤니티의식을 가진 범위를 활동대상으로 하고 있는 것도 적지 않고, 특히 어린이와 고령자들의 생활지원을 테마로 하는 NPO법인은 그 활동범위가 좁다.[9] 본 논문에서는 자치조직과 지구사회복지협의회와 관련해서 검토하고자 하므로 지리적 범역의 설정은 초등학교구에 두고 고찰하고자 한다.

3) 자치조직으로부터 탄생된 NPO 법인의 사례 – NPO 법인 타카 히토崇仁 마을 만들기회 –

(1) 설립경위

타카히토학구崇仁學區는 메이지明治시대에 촌민에 의해서 빈민주산소貧民授産所, 초등학교, 은행 등이 설립되는 등 주민의 주체적인 운동의 역사를 가지고 있다. 그러나 전후 지역사회 내부에서 단체들의 분열·대립이 생기고, 1980년대 후반까지 주민들 간에 합의를 이루지 못하고 학구學區의 환경적 정비는 몇 번이고 좌절되곤 했다. 그러나 구야나기하라柳原은행 건물의 보존운동과 1995년에 새롭게 자치연합회장에 취임한 ○○○씨의 리더십으로 1996년 7월, 자치연합회와 두 부락해방운동단체와의 협의체로써 타카히토 마을 만들기 추진위원회가 결성되고 '여러분이 주역이 되는 마을 만들기' 란 슬로건으로 하드면·소프트면의 양 측면을 고려한 마을 만들기가 시작되었다.

2002년에 설립된 NPO법인 타카히토 마을 만들기회는 이와 같이 1990년대 이후의 마을 만들기의 흐름 속에서 생겨났지만, 가장 직접적인 계기가 되었던 것은 2002년 3월말 「지역개선대책특정사업에 관련된 국가의 재정상의 특별조치에 관한 법률」의 실효와 동시에 인보시설의 운영방식이 변경된 것이다. 1922년에 설립된 타카히토 커뮤니티 센터에는 현재 19명의 직원이 배치되고, 이제까지 복지적 측면뿐만 아니라, 지역사회의 교또시京都市의 대리기관으로써 중요한 역할을 담당해 왔다. 그러나 2002년도부터 3년간의 이행 기간 종료 후, 인보관의 관리운영 업무를 지역단체에 위탁하는 방침이 시장령으로 결정되고, 지역사회에서 위탁받아 운영할 수 있는 체제 만들기가 모색된 결과, 타카히토 마을 만들기 추진위원회의 인적네트워크로 인해 비교적 간단히 법인격을 취득하게 되고, 정보공개가 의무화되는 등 투명성이 높은 존재로 NPO법인이 설립되었다.[10]

(2) 사업내용

타카히토 마을 만들기 추진위원회는 1999년에 교또시에 의해서 책정된 '교또시 타카히토 마을 만들기 계획'에 의해서 정비된 주택과 공적시설 등의 거점을 어떻게 유효하게 사용해 갈 것인가에 대해서 협의·합의를 꾀하고 있지만, NPO 법인 타카히토마을 만들기회는 하드면의 정비를 살리는 방법으로 구체적인 사업을 전개하는 조직으로서 기대되고 있다. 구체적으로는 상담사업·계발사업·조사·연구사업·주거환경 관련 사업이 주로 사업 내용의 주류를 이루게 된다. 또한, 지구 내에 수십 동의 개량 주택에는 앞에 본 것과 같이 단신·단독세대와 고령자 등 복지욕구를 가진 주민들이 많이 거주하고 있다. NPO 법인이 의료·보건·복지의 네트워크에 어떻게 공헌할 것인가가 그 과제일 것이다.

(3) 학구내^{#學校內}의 네트워크 형성

이제까지 타카히토 학구에서는 교또시가 거의 모든 시설, 인보관, 보육소, 실내체육시설, 학습센터 등을 설치·운영해 오고 있고, 사회복지법인은 존재하지 않았다. 그렇지만, 전체적으로 법실효와 동시에 커뮤니티센터의 사업의 일부를 지역단체에게 이전하고, 신설된 주간보호사업에 관해서도, 근린의 사회복지법인과 민간에게 위탁운영이 모색·검토되고 있다. 지금까지 주로 주민단체와 행정기관만이 주민들의 생활문제를 해결하기 위해 활동해 왔지만, 주민 측의 대표기관인 타카히토 마을 만들기 추진위원회가 그 조정역이 되고, 주민단체가 어디까지 담당할 수 있을 것인가, 담당할 수 없다면, 어떻게 할 것인가에 대해서 모색하고 있다. 그 중에서 구체적으로 주민의 연결점이 되고 있는 것은 비교적 젊은 단체인 학구사회복지협의회(이하 학구사협)[11]과 NPO 법인인 타카히토 마을 만들기회이다. NPO 법인 타카히토 마을 만들기회의 이사로 타카히토 사회복지협의회의 대표인 F씨도 이름이 올려져있다. 타카히토 학구사협은 5~6년 전에 설립되었고, NPO 법인 타카히토 마을 만들기회와 타카히토 학구사협은 양 조직 모두 설립된 지 얼마 되지 않았고, ○○○회장을 필두로 사업들을 모색하고 있다.

(4) NPO 법인 타카히토 마을 만들기회의 역할

이 학구의 과제는 복지과제에 그치지 않고 교육·경제 등 다방면에 걸쳐 있고, 마을 만들기의 움직임도 은행기념자료관의 운영, 세호코^{船曳山}·히키마야^{曳山}의 복원과 오햐야시^{お囃子}의 지도 등 역사·문화활동, 다카세가와^{高瀬川}를 살린 초등학교에서의 소지역 생활권 활동 등 다양한 분야에 걸쳐 있다. 그러나 이러한 움직임은 복지와 관련된 과제, 주민의 움직임과 연동한 것이다. 생활보호율, 높은 고령화율이 나타내는 것과 같이, 적어도 타카히토 학구의 주민들은 여러 가지의 생활문제를 안고 있다. 타카히토 마을 만들기 추진위원회에 속해 있는 고령자문제 학습회에 대한 주민들의 관심·참여율이 높고, 복지는 마을 만들기 과정에서 중핵적인 요소가 되고 있다. NPO 법인 타카히토 마을 만들기 추진위원회와 연동하면서, 이제까지 묻혀있던 복지과제를 다루는 일이 주민 및 커뮤니티의 역량을 강화해 가는 역할을 행하는 것이 될 것이다.

NPO 법인 타카히토 마을 만들기회의 모체인 타카히토 마을 만들기 추진위원회는 '교또시 타카히토 마을 만들기 계획'을 대동맥으로 해서 각 주민단체, 각 블럭·각 마을들 간의 조정과 의견을 모아서, 합의형성 등 피드백 기능을 수행하고 있다. 한편으로 NPO 법인 타카히토 마을 만들기회는, 이러한 움직임 속에서 표면화된 주민들의 과제를 사업화하고, 주민들이 주체적으로 관리·운영하는 길을 마련하고 있다. NPO 법인 타카히토 마을 만들기회는 복지커뮤니티 형성에 공헌하고 있다고 말할 수 있을 것이다.

4) 자치조직과 함께하는 NPO 법인의 사례 – NPO법인 히가시구조東九條 마을 만들기 지원센터–

(1) 설립 경위

NPO 법인 히가시구조 마을 만들기 지원센터(이하 NPO 법인 마메모야시)[12]는 '히가시구조주민의 생활과 인권을 지킨다'는 목적으로 설립되어, 1999년 9월 NPO 법인으로 인증되었다. 1987년에 설립된 히가시구조는 크리스천 지역활동협의회(이하 HEAT)가 발전시킨 조직이고, 히가시구조에 있어서 주민과 마을의 과제해결에 함께 하려고 하는 청년들에 의해 조직화된 단체이다.

(2) 활동내용

NPO 법인 마메모야시는 현재, 히가시구조 중에서도 특히 과제가 많은 야마오 학구山王學區의 4개 마을과 토카 학구陶化學區의 히가시마쯔노기쵸東松／木町(40번지)의 두 곳에서 지역사회의 변동에 맞추어 사업을 전개하고 있다. 최대의 사업은 히가시마쯔노기東松／木 단지의 주택관리 · 생활지원 사업이다. 이 사업들이 NPO 법인 설립의 직접적인 계기가 되고 있다. 히가시마쯔노기東松／木 단지는 불법거주지역인 구 40번지를 환경정비하는 과정에서 건설된 단지이다. 통상 시영주택에는 교또시가 관리인을 파견하지만, 당시의 주민들의 8할이 한국 · 조선국적이고 또한 많은 복지과제를 안고 있었기 때문에, 교또시와 40번지의 자치회 등과의 협의과정에서 40번지 커뮤니티의 유지와 생활곤궁 세대에의 대응 등이 모색되었다. 그래서 이제까지 40번지 자치회의 사무국을 담당하고 있던 HEAT 전문종사자들이 NPO법인을 설립하게 되고, 교또시로부터 사업을 위탁받게 되었다. 현재 단지 내의 고령자뿐만 아니라 건강상의 과제를 안고 있던 주민들에게 단지 자치회와 협력해서 섬세한 지원을 수행하고 있다.

야마오학구[山王學區]의 4개 마을에 있어서는 당해지구의 자치조직인 히가시구조 개선대책위원회와 지역복지센터 희망의 집과 연계하면서, '히가시구조 복지지역 마을 만들기 계획' 등 지역사회의 제 상황에 대응·정보정비·조정을 주로 그 역할로 하고 있다. 하가시구조개선 대책위원회는 '하가시구조 복지지역 마을 만들기 계획'의 책정·실시에 있어 지역사회의 창구로서 다양한 의견의 집약·조정·합의를 이루고 있다.[13]

(3) 학구 내의 네트워크 형성

야마오학구 특히 4개 마을에 있어서 사회복지법인 가톨릭교또시교구카리타스회(이하 카리타스회)의 존재는 크다. 그 중에서도 1959년에 4개 마을에 설립된 지역복지센터 희망의 집은, 4개 마을의 주민에게는 없어서는 안 될 커뮤니티의 거점으로서 그 역할을 해 오고 있다.

히가시마쯔노기 단지 주택관리·생활지원사업은 지역복지센터 희망의 집이 일단 그 사업을 위탁받고, 더욱이 NPO법인 마메모야시에게 재위탁하는 형태이다. 또한, 카리타스회는 1995년부터 종합복지시설 노조미의 원[園]도 운영하고 있고, 노조미의 원은 야마오학구를 중심으로 한 비교적 광역의 주변 지역사회에서 복지서비스를 제공하고 있다. 노조미의 원의 재가개호지원센터의 센터장인 K씨는 NPO 법인 마메모야시의 멤버이기도 하고, 히가시마쯔노기 단지의 생활지원사업의 강력한 연계 상대이기도 하다.

한편, 토카학구에서는 자치연합회를 중심으로 한 소지역복지활동이 대단히 활발하다. 1995년에 토카 주간보호서비스센터가 개소되었지만, 자치연합회 산하의 7개의 복지관계단체에서 주간보호서비스센터의 협력회를 조직하고 주간서비스센터, 복지사무소·보건소 등과 같은 전문기관과도 밀접하게 연결하고 있다. 자치연합회와 연합회 산하의 제 단체와의 밀접한 네트워크는 예전부터 내려온 서로 돕기 정신을 기반으로 한 하나의 모델인 소지역복지활동이다. 그러나 NPO법인 마메모야시가 사업을 전개하는 히가시마쯔노기 마을은 학구 자치연합회에 참여하지 않고 있다. 원래 히가시마쯔노기 마을 단지, 구40번지는 불법주거지역이라고 하는 그 존재 자체가 학구에 있어서 과제이고, 건설과정에서 근린마을의 반대 때문에 착공이 늦어진 경과도 있다. 히가시마쯔노기 마을 단지와 주변지역의 교류는 이전보다 더 큰 과제가 되고 있다.

(4) NPO 법인 마메모야시의 역할

야마오 · 토카학구에서는 주민과 주민단체가 함께 사회복지법인, 사회복지협의회, 그리고 NPO 법인 등 다양한 주체들의 마을 만들기에 참여하고 있다. NPO 법인 마메모야시는 HEAT의 단계에서는 '하가시구조 개선 대책위원회' '40번지 자치회(현 히가시마쯔노기 마을 자치회)' 와 행정과의 교섭 · 협의를 내부 측에서 지탱하는 형태로 커뮤니티 형성에 공헌하고, '하가시구조 복지지역 마을 만들기 계획' '가모가와토카교鴨川陶化橋 상류 환경정비사업' 이 일부 완수됨에 따라, 10년 이상에 걸쳐서 쌓은 자치조직과의 관계성을 기반으로 필요한 서비스 개발 · 사업화를 꾀하고 서비스를 제공하는 것으로 주민들에 의한 커뮤니티 형성을 지원하고 있다. NPO 법인 마메모야시는 이러한 활동을 통해서, 학구 내에서도 특히 생활과제를 안고 있는 '당사자' 집단을 임파워먼트 하고 있어 복지커뮤니티 형성에 공헌하고 있다.

[표 9-1] 두 NPO 법인의 비교

	타카히토 마을 만들기회	히가시구조 마을 만들기 지원센터
설립목적	· 마을 만들기의 주인공인 주민의 총의 형성에 기반한 마을만들기를 주체적으로 기획하고, 주민과 행정에 시책으로써 제언하고, 사업의 일익을 담당하는 것 · 마을만들기 사업과 병행해서, 지역주민의 생활과 인권을 지키는 활동을 주변의 많은 주민과의 공동의 활동으로써 추진하고, 교또에서의 주민주체의 마을 만들기에 기여하는 것	· 마을 만들기에 관해서, 지역의 역사와 복지 그리고 문화 등 마을 만들기에 있어서 필요한 정보를, 지역주민과 지역시설, 행정에 제공하고, 또는 그 정보에 기반한 사업전개를 꾀하다. · 지역 밖으로 마을 만들기 정보를 발신하는 등 지역에의 이해를 깊게 하기 위해서 사업을 수행하다. · 위의 목적을 통해서, 마을 만들기의 사업과 병행해서 지역주민의 생활과 인권을 지키는 활동에 참여하여 교또에서의 주민주체의 마을만들기에 기여하는 것
인증연월	2002年 8月	1999年 9月
설립까지의 경과	1996년에 설립된 타카히토 마을만들기 추진위원회가 모체. 1999년에 타카히토 마을 만들기 계획에서의 소프트 면에서의 사업전개를 전망하고, 2002년 3월에 추진위원회와는 별도로 설립.	1987년에 설립된 히가시구조 크리스천 지역 활동협의회(HEAT)가 1999년에 NPO 법인으로 발전해산. HEAT의 시대부터 특히 밀접한 관계를 가지고 있었던 40번지에서의 주거환경개선사업의 전개에 연동.
설립의 직접적 계기	커뮤니티 센터(구인보관)의 수탁주체로서	히가시마쯔노기 단지주택관리·생활지원사업의 수탁주체로서
지역조직과의 관계	이사장은 타카히토 마을만들기 추진위원회 회장을 겸임. 이사도 마을만들기 추진위원회의 위원으로서의 겸무가 많다. 타카히토 사회복지협의회 회장도 이사로서 참여하고 있다.	히가시구조개선대책위원회와 사무소를 겸용. 부대표이사(전HEAT전종자)는 1990년부터 2001년까지 40번지 자치회(히가시마쯔노기 단지 자치회) 사무국장으로 근무하다.
복지기관과의 관계	타카히토 커뮤니티 센터가 지원	희망의 집의 소장, 노조미의 원의 소장, 희망의 집 가톨릭 보육원 소장이 고문
사업내용	①마을만들기에 관한 조사·분석·발표 ②강연회의 개최 ③복지·취로·인권·교육 등에 관한 상담 ④다카세가와 등의 지역 미화활동 ⑤일부개량주택의 주차장 운영(2003년도 사업계획서에 의함)	①히가시마쯔노기 단지주택관리·생활지원사업 ②강사파견사업 ③뉴스 레터 발행 ④자료관람·작성사업(2001년도 사업보고서에 의함)
유급전문종사자의 유무	없음, 전무이사를 중심으로 이사 등이 종사	상근 직원 4명 비상근 직원 1명
예산규모	약 17만 엔(2004년도 예산·수입) 약 126만 엔(2005년도 예산·수입)	723만 엔(2003년도 총수입)

* 자료: 인터뷰를 기반으로 해서 石川작성

3. NPO 법인의 복지커뮤니티 형성 과제

1) 복지커뮤니티 형성에 있어서 두 NPO 법인의 특징

두 NPO 법인의 활동, 지역 내의 네트워크 그리고 그 역할을 비교해 보면, '커뮤니티의 소수자들의 욕구파악·대응' '자치조직과의 관련·협력에 의한 복지커뮤니티 형성' '지역과 행정과의 협동의 실현의 장으로서의 존재' 라고 하는 세 가지의 공통점을 보이고 있다.

(1) 지역사회의 자치조직과 NPO 법인과의 밀접한 연계

앞에서 들었던 소지역에서 소수자들의 과제에 대한 대응은 NPO 법인 단체가 아니라 자치조직과의 관련·협력으로 행해지고 있다. 2절에서 검토했던 것과 같이, 복지커뮤니티의 개념에는 서비스제공기능이라고 하는 측면과 자치·협의기능이라고 하는 측면이 있다. 두 NPO 법인은 기본적으로는 전문적 지원자이고, 주민자치의 입장은 아니다. 자치조직이 중심이 되어서 주민참여를 촉진하고 의견을 정리하는 한편, 심각한 과제·작업에 대해서는 NPO 법인이 담당한다. 히가시마쯔노기 마을 주민의 자치조직의 자주적 활동과 NPO 법인 마메모야시의 지원활동과의 균형유지는 토카 학구^{陶化學區}에서 NPO 법인 마메모야시의 활동에 있어서 대단히 중요한 요소가 되고 있다. NPO 법인 마메모야시의 사무소는 하가시구조 개선위원회의 사무소이고, 개선위원회의 중견직원은 마메모야시의 이사이다. 자치조직과 NPO 법인이 서로를 필요로 하고, 기능을 분담하는 것으로 보다 유효하게 기능하는 복지커뮤니티를 형성할 수 있다. 이것은, 각각의 NPO 법인의 중심 멤버가 그 지역사회의 고유의 형성사와 문화를 파악한 후에, 지역사회 내의 제 단체와의 신뢰관계를 쌓아왔던 결과이다.

(2) 지역사회와 행정과의 협동의 실현의 장으로서의 NPO 법인

NPO 법인과 복지커뮤니티의 논의는 주민들과 행정의 역할에 있어서의 개혁의 필요성과 공△과 사⁑의 선긋기에 대한 논의이기도 하다. 이 두 NPO 법인의 설립은 타카히토, 토카학구를 둘러싼 마을 만들기 사업, 공사△私 역할의 변화가 직접적인 계기가 되고 있다. NPO 법인 타카히토 마을 만들기 회의 설립의 직접적인 계기는 인보관 운영을 주민조직에 위탁한 것이고 그것은 상징적이다. NPO법은 시민이 시민의 자격 그대로 법인격을 취득하는 것을 가능케 했다. 두 NPO 법인은 각각 '교또시 타카히토 마을 만들기 계획', '하가시구조 복지지역 마을 만들기 계획', '가모가와토카교상류 환경정비사업'이라고 하는 공적인 계획사업을 지역사회가 책임을 지고 받아들이려고 할 때 탄생하게 된 것이다. 협의체의 자치조직은 수탁受託이 어렵고, 별도로 의도적으로 설립된 것이 NPO 법인이다. 필연적으로 NPO 법인의 설립이 필요했다고 말할 수 있을 것이다.

(3) 커뮤니티에서 소수자들에 대한 욕구 파악·대응

두 NPO 법인은 커뮤니티에서 소수자들의 심각해지고 있는 문제를 발굴함과 동시에 구체적인 사업으로 그에 대응하고 있다. 다시 말하면, 이것은 주민조직, 학구사협學區社協, 사회복지법인, 공적기관 등 다른 주체가 대응할수 없었던, 대응하기 어려운 문제에 대해서 NPO 법인이 유효하게 작용했다고 할 수 있을 것이다. 예를 들면, 토카 학구에서 구40번지 주민의 8할이 재일한국·조선인이고, 또한 '불법'으로 주거를 꾸미고 있다. 자치연합회, 학구사협은 예전부터 상호부조를 살린 형태로 소지역복지활동을 시작으로 학구전체에서 활동을 하고 있었다. 그러나 '불법'으로 형성된 지역사회와 연합회에 가입하지 않은 지역사회에 대해서는 자치연합회·학구사협은 대응하지 않았다. 또한, 사회적으로 불리한 입장에 놓인 사람들은 다양하고 심각한 과제를 안기 쉽지만, 종래의 주민조직은 주민이라고 하

는 입장에서 활동하므로, 특히 무거운 과제들은 비공식 조직의 힘만으로
는 대응할 수 없었다. NPO 법인은 궁극적으로 상호부조이지만 과제해결,
인권옹호에 관한 행동이라는 성질이 강하고, 불편한 관계가 없어 무거운
과제에 대응할 수 있다. 사업생성과정과 사업전개과정에서 보았듯이, 두
NPO 법인은 자치조직, 학구사협이 수행하기 어려운 역할을 수행하고
있다.

2) NPO 법인의 복지커뮤니티 형성 과제

NPO 법인이, 소수자와 다수자, 주민조직과 전문조직, 지구^{地區}와 행정이
라고 하는 다른 존재를 연결하고 있음은 명확하지만, 다양한 주체들과의
접촉, 소수자와 커뮤니티의 관계는 충돌하기 쉽다. 그러나 커뮤니티 형성
에 그 미션을 둔 NPO 법인에 있어서, 이 충돌과의 갈등이야말로 다른 존
재들과의 사이에 신뢰를 쌓고, 복지커뮤니티 형성으로 인도하게 한다. 그
것에는 3가지의 과제가 있다.

(1) 커뮤니티 · 콘트롤의 확립

먼저, '자치조직의 파트너' 로서의 NPO 법인은 커뮤니티 · 콘트롤의 확
립이라고 하는 과제를 갖고 있다. NPO 법인의 복지커뮤니티 형성에 있어
서 자치조직과의 연계가 가장 중요한 포인트라고 논했다. 그러나 NPO 법
인 조직은 일본사회에 있어서 그 역사가 짧다. NPO 법인이 사업운영기능
을 강화하면 할수록 자치조직과의 연계, 지역사회와의 관계성이 희박해질
가능성이 있다. 커뮤니티 · 콘트롤이란 NPO 선진국인 미국의 커뮤니티 개
발법인의 관리요소로서 소개되고 있는 개념으로 법인의 사업과 주민들에
의한 자조 활동, 이사회와 스탭집단, 대변적 기능과 프로젝트의 균형 '유
지' 를 의미하고 있다.[14] NPO 법인과 자치조직, 서비스공급기능과 자치 ·

협의기능과의 사이를 연결하는 구조로서 일본의 토양에 맞는 커뮤니티·콘트롤이 모색될 필요가 있다.

(2) NPO의 사업의 정당성 부여와 지원 시스템의 강화

이것은 '행정과 지역사회의 협동의 실현의 장으로서의 NPO 법인'이라는 특징과 관계있다. 예를 들면, NPO 법인 마메모야시가 실천하고 있는 히가시마쯔노기 마을 단지에서의 주택관리·생활지원사업은 교또시로부터 보조금을 받고 있지만 그것은 주택관리인의 인건비와 사무비에 해당하고, 히가시마쯔노기 마을의 커뮤니티 유지에 중요한 역할을 하고 있는 생활지원은 어디까지나 히가시마쯔노기 마을의 이제까지의 경위에 대한 배려로서 플러스 알파 성격을 띠고, 제도적 근거는 가지고 있지 않다. NPO 법인의 독자적인 사업이 본격적으로 실현·전개되기 위해서는 일반적으로 NPO지원책과 더불어 지자체의 각 부서마다 상세한 정당성 부여와 보조적 제도가 필요하다.[15]

(3) 보다 큰 커뮤니티에의 통합

야마오·토카학구는 각각의 학구내學區內의 마을차원의 자치조직과 NPO 법인의 연계이지만, 학구차원에서는 협력관계까지는 이르지 못했다. 또한 타카히토학구의 경우, 거의 전역이 동화同和지구이지만, 시모교구下京區 전체의 소자화少子化가 진행되는 중에 근린의 초등학교와의 합병이 과제가 되고 있다. 복지커뮤니티는 여러 가지 크기의 커뮤니티가 중복적으로 존재하고 있다. 보다 큰 커뮤니티, 근린마을, 초등학교구, 구, 교또시 전체의 다른 크기의 커뮤니티가 이 3학구의 복지커뮤니티 형성의 움직임과 관계를 가질 필요가 있다.

3) 지역사회의 맥락을 변용시키다

이 두 가지의 사례에서 다음과 같은 것들이 확실하게 되었다. 우선, 두 NPO법인이 각각의 지역사회의 고유의 관계성·네트워크의 축적이라고 하는 내재적 요인과 지역사회가 행정과 협동하면서 지역사회의 것들을 계승해 가기 위한 새로운 결절점^{結節点}의 필요성이라고 하는 외재적 요인의 발생, 그리고 두 NPO 법인이 지구사회복지협의회와는 다른 역할, 즉 커뮤니티 내에서 보다 고립되고 제외되기 쉬운 층과 함께 옹호하고, 함께 과제를 고민하는 역할을 가지고 주민들과 함께 커뮤니티를 임파워먼트하고, 복지 커뮤니티를 형성하려고 하고 있다. NPO법인 타카히토 마을 만들기회와 NPO법인 하가시구조 마을 만들기 지원센터는 지역사회에 거주하고 있는 모든 주민들의 행복, 지역사회 자체의 행복을 목표로 하는 점에서 자치조직과 학구사협, 사회복지법인, 인보시설 등의 행정조직과 같다. 그렇지만, 직접적으로 대상으로 하는 주민층과 그 실천방법이 미묘하게, 때에 따라서는 크게 다르다. 奧田道大는 '복지커뮤니티는 하나의 문화변용 이외 아무것도 아니다' 라고 논하고 있다(奧田, 1993). 두 NPO 법인은 지방^{地場}이라고도 말할 수 있는 지역사회 그 자체가 가진 맥락에 따르면서도, 이것을 변용시키려고 한다. 그리고 자치조직 등과 서로 중복되는 것으로 각각의 지역사회에서 생활하는 다양한 사람들의 생활과제에 대응해서 개개의 지역사회의 고유성에 적합한 다차원적인 커뮤니티를 구축할 수 있다. 두 NPO 법인은 지역사회에 있어서 생활과제를 가장 심각하게 가진 사람들이 지역사회로부터 배제되지 않는 복지커뮤니티 형성에 중요한 역할을 하고 있다.

4) 커뮤니티 실천논의 확립의 필요성

이제까지의 복지커뮤니티를 목표로 하는 소지역에서의 커뮤니티 실천은 암묵적으로 지구사회복지협의회를 주체로 한 소지역복지활동모델이 상정되었다. 그러나 지역사회가 차별의 대상인 소수자들의 과제를 안고 있거나 자치조직만으로는 대응할 수 없는 심각한 과제를 가지고 있는 경우, NPO 법인에 의한 새로운 커뮤니티 실천이 필요하게 된다. NPO 법인이 서비스제공기능과 더불어 충돌을 경험하면서도 뿌리내린 지역사회의 자치·협의를 어떻게 이루어 갈 것인가, 그리고 지원해 갈 수 있을 것인가 등 새로운 커뮤니티 실천모델을 어떻게 구축해 갈 것인가가 요구되고 있다.

지역복지추진과 사회복지시설

김난희*

1. 들어가며

　일본의 사회복지 역사만큼 긴 세월동안 사회복지실천은 사회복지시설을 중심으로 행해져왔다. 오늘날에는 '시설복지'를 강조하지 않게 되었지만, 여전히 사회복지에 있어서 특히 입소형 사회복지시설은 필요불가결한 존재이다. 물론 시설복지 중심의 시대와는 다르게 현재의 사회복지시설은 그 종류의 증가와 함께 하드면과 소프트면에서도 크나큰 변모를 보이고 있다. 그 변모에 영향을 준 요인 중의 하나로 지역복지의 중시를 들 수 있다. 예를 들면 실천면에 있어서, '탈시설화'와 '시설의 사회화', 최근에는 '센터화', '지역복지실천의 거점', '시설의 주택화' 등의 언설로 사회복지시설의 변모가 표현되고 있다. 더욱이 정책적으로 사회복지기초구조개혁에

*關西學院大學非常勤講師

의한 조치제에서 계약제로의 변경이라고 하는 사회복지체제의 개혁과 사회복지법의 개정은 사회복지시설의 변화에 박차를 가하고 있다. 사회복지시설은 지역사회에서 지역복지를 실천함에 있어 사회자원의 하나이고, 지역복지추진에 그 기능과 역할은 크나큰 것이었다.

사회복지시설(주로 입소형)은 그 폐해로 인해 없애야만 한다고 하는 견해도 있다. 필자도 그것에 동의하는 면도 없지는 않지만, 무엇을 폐지할 것인가, 그리고 그 폐지방법에 달려있다고 생각한다. 여러 가지의 사정 때문에 이제까지 살아온 삶의 터전에서 더 이상 생활할 수 없는 지역주민에게는 그 지역사회에서의 공동생활과 종합적인 개호서비스의 제공이 필요하게 되는 것은 말할 것도 없다. 그러므로 입소시설의 구조와 기능을 개혁함으로써 입소시설의 기능을 한정함과 동시에 입소시설을 대신할 수 있는 지역복지의 실천의 확대와 깊이를 창출하는 것이 중요하다고 생각한다. 여기에서는 지역사회로부터 격리되고 폐쇄적이었던 복지시설이 지역사회와의 관계를 갖고 스스로 외부를 향해서 개방해 가는 과정에서 그 변화해 가는 모습에 대해서 '지역복지추진', '지역사회', '개방성', '센터적 기능'이라고 하는 키워드를 중심으로 검토하고 이후 어떠한 방향성을 가지고 지역사회의 일원으로서 지역복지추진의 일익을 담당할 수 있는가에 대해서 고찰하고자 한다.

2. 지역복지의 개념

牧里每治(1984)는 지역복지개념에 관한 몇 가지의 접근법을 그림 10-1과 같이 정리하고 있다.[1] 또한 岡本榮一(2002)은, 그림 10-2[2]와 같이 네 개의 영역(A · B · C · D)을 설정하여 이제까지 발표된 대표적인 지역복지론을 검증하여 외측 네 개의 원[3]으로 나타내고, 그림 10-2 중심부에 위치하고 있는 네 개의 영역 각각에 대응시켰다. 그 외에도 井岡勉(2001)는 牧里의 구조적 접근법과 기능적 접근법에 주민자치 중시론과 지역복지 즉 사회복지론을 추가해서 정리하고 있다.

이처럼 지역복지에 관한 시점에 따라 다양한 접근법이 있고, 시간의 흐름에 따라 그 접근법도 증가하고 있다. 이외에 지역복지의 실천방법도 다양하다고 말할 수 있다.

다음으로 지역복지의 구성요건은 지역복지의 개념과 정의를 어떻게 설정하느냐에 따라 차이가 있다. 그 하나의 예로써 표 10-1이 자주 인용되고 있다.

[그림 10-1] 구조적 접근과 기능적 접근(牧里每治)

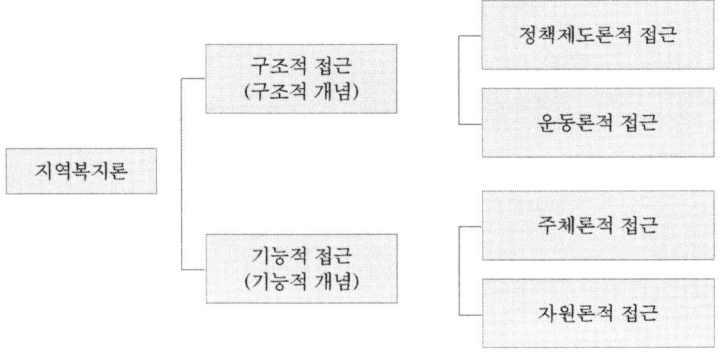

* 자료: 牧里每治(1984), 『地域福祉の槪念』阿部志朗 · 右田紀久惠 · 永田幹夫 · 三浦文夫編 『地域福祉敎室』有斐閣의 내용을 그림으로 나타낸 것이다.

[그림 10-2] 네 개의 영역과 네 개의 지역복지론

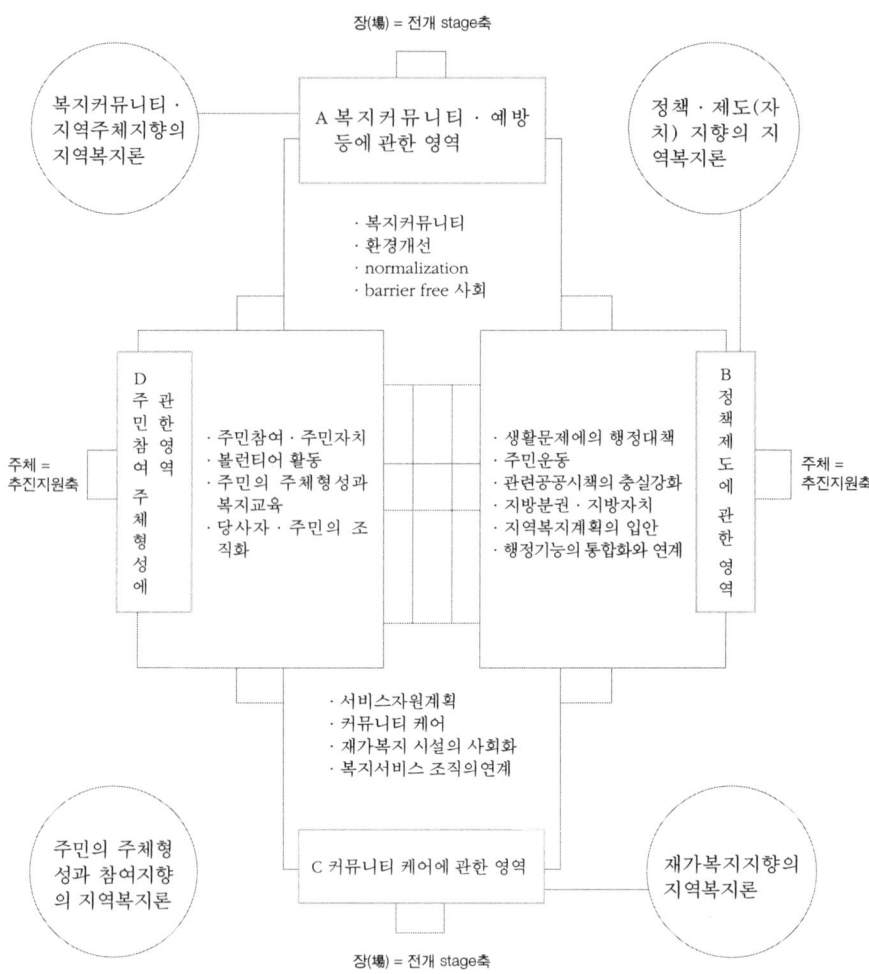

장(場) = 전개 stage축

복지커뮤니티 · 지역주체지향의 지역복지론

A 복지커뮤니티 · 예방 등에 관한 영역

정책 · 제도(자치) 지향의 지역복지론

· 복지커뮤니티
· 환경개선
· normalization
· barrier free 사회

D 관한 영역
주민참여 주체형성에

· 주민참여 · 주민자치
· 볼런티어 활동
· 주민의 주체형성과 복지교육
· 당사자 · 주민의 조직화

· 생활문제에의 행정대책
· 주민운동
· 관련공공시책의 충실강화
· 지방분권 · 지방자치
· 지역복지계획의 입안
· 행정기능의 통합화와 연계

B 정책제도에 관한 영역

주체 = 추진지원축

주체 = 추진지원축

· 서비스자원계획
· 커뮤니티 케어
· 재가복지 시설의 사회화
· 복지서비스 조직의연계

주민의 주체형성과 참여지향의 지역복지론

C 커뮤니티 케어에 관한 영역

재가복지지향의 지역복지론

장(場) = 전개 stage축

* 자료: 牧里毎治(1984),『地域福祉の概念』阿部志朗 · 右田紀久惠 · 永田幹夫 · 三浦文夫編『地域福祉教室』有斐閣의 내용을 그림으로 나타낸 것이다.

[표 10-1] 지역복지의 구성요건

岡村重夫	三浦文夫	前田大作	阿部志郎	井岡勉	右田紀久惠
A. 요보호대상자의 직접적이고 구체적인 원조활동으로서의 커뮤니티·케어	A. 요원호자의 자립을 위한 대인원조서비스(개별원조활동) · 예방적 복지활동 · 협의의 커뮤니티케어 · 재가복지서비스	A. 거택대상자의 자립을 위한 여러 사회복지서비스 정비, 수용케어 시설의 사회화	A. C. 주민이 협동할 수 있는 범위의 소지역에 있어서, 주민참여에 의한 복지활동을 기초로 해서 생활정비란, 시설 등의 사회자원을 동원해서 지역의 복지욕구 충족을 피하고 지역의 여의 복지를 높이는 공사협동의 체계이다.	B. 공적 책임의 기본체계로서의 제도·정책적 지역복지기준의 설정·행정, 재정상의 필수조치	B. 지역복지계획
C. 일반지역조직화(커뮤니티 만들기)		B. 지역복지계획(A를 포함해서의 주지, 현·함해의 커뮤니티케어, 전국 장기복지계획)			C. 주민주체·주민참여·주민운동 등을 내용으로 하는 지역조직화
C. 복지조직화활동(복지커뮤니티 만들기)	A. C. 당해지역의 사회적 통합성을 높이기 위한 환경정비 · 물적 환경정비 · 요보호자의 사회참여 촉진	C. 사회복지서비스에의 주민참여, 복지교육		A. 공사복지서비스의 체계, 예방적 치료회복적 여러 서비스와 커뮤니티케어의 네트워크 배치	A. 제도서비스의 체계화(예방·대처요보·예후디케어서비스·커뮤니티케어)
A'. 예방적 사회복지	C. 요원호자에 대한 주민의 의식·태도의 변용, 주민의 사회복지활동에의 촉진, 조직화	C. 복지적 지역사회, 커뮤니티형성성 추진	C. 대상자에 의한 생활향상의 선택 B. 생활형태시설을 위한 조건정비 C. 주민참여	C. 이상의 체계의 유기적 조정, 확충강화를 위한 조직화·운동화의 체계	B. 서비스의 배치기준의 체계화 C. 지역복지를 목표로 하는 방법론·기술의 조직화

注) 岡村重夫『地域福祉論』光生館, 1974年
三浦文夫「公私の役割と参加の展開」『地域福祉論』全社協社會福祉研究センタ, 1977年
前田大作「地域福祉の概念とその推進方策」『現代社會福祉學』八千代出版, 1976年
阿部志郎「今日の社會福祉の諸問題」『ソーシャルワーク』vol.15, No.4, 相川書房, 1980年
井岡勉「社會福祉の基礎知識, 有斐閣, 1973年, 420頁
右田紀久惠, 鈴木五郎『現代の地域福祉』法律文化社, 1973年
*자료: 鈴木五郎『地域福祉の展開と方法』筒井書房, 1981年, 32頁

이러한 지역복지의 구성요건에 대해서, 右田紀久惠(1984)는 다음과 같이 3가지로 나누어서 정리하고 있다.

① 지역에서의 생활을 성립시키는 기본적 요건

소득보장 · 고용 · 교육 · 보건 · 의료 · 주택 · 생활환경 등의 관련공공시책, 지방분권화(국가와 지방자치체간의 행 · 재정구조와 제도적 주민참여), 행정기능의 통합화 등

② 생활상의 곤란에의 개별적 대응으로서의 구성요건

재가복지서비스

③ 위의 양자 간에 관계를 만들고 조직화하여 계획화하는 운영요건

공적책임으로서의 제도 · 기준, 지역조직화, 지역복지계획, 복지교육 · 정보공개, 지역복지방법론 · 기술론 개발 등이다.

지역복지개념에의 접근법은 각 논자의 지역복지에 대한 시점에 따라 다양함과 동시에 그 구성요건도 다양하다. 그리고 그것들이 의미하는 내용에도 미묘한 차이가 있다. 그러나 지역복지의 존재이유가 지역사회에서 지역주민들이 노인이든 장애인이든 사회적 약자이든 간에 인간다운 생활을 영위하도록 하는데 있는 것이라면, 지역주민의 생활상의 제 문제에 그 시점을 맞추어야할 것이다. 그 위에 지역복지 구성요건은 별개로 실천되는 것이 아니라 종합적으로 실천되어야 할 것이다. 그 종합적 실천방법으로 두 가지를 생각할 수 있다. 하나는 지역사회를 단위로 지역복지실천의 한 주체가 모든 것들을 해결하는 경우와, 다양한 주체들이 이른바 연계 또는 네트워크라고 하는 형식으로 각 주체가 각자의 역할을 수행하면서 종합성을 이루어가는 경우이다. 지금의 지역복지가 '공사협동' 과 '다원주의'

등을 지향하고 있다고 하는 점에서는 후자의 방법이 적당하다고 할 수 있을 것이다. 이런 의미에서 지역사회의 한 일원으로서, 또한 지역복지실천의 한 주체로서의 사회복지시설은 어떠한 역할과 기능을 기대할 수 있을까?

3. 지역복지와 사회복지시설의 관계성

일찍이 岡村重夫(1974)는 입소형사회복지시설을 커뮤니티 케어의 일부로서 논했다. 永田幹夫(2001)는 지역복지와 사회복지시설의 관계에 대해서 첫째, 재가복지서비스에 있어 케어서비스의 거점으로서, 이용시설을 중심으로 시설의 설비가 주민참여활동의 거점으로서, 또한 가족기능의 축소에 대응하는 일상적 원조활동으로서의 재가케어에 대해서도 시설설비의 확대 활용 등을 얘기했다. 둘째, 지역복지의 정책형성에의 참여와 지역복지의 체계적 발전에 대한 기여 등 지역복지에 있어 크나큰 역할을 담당하고 있고, 이후에도 지역복지의 전개에 결정적인 역할을 할 것임을 강조하고 있다.

정책적으로는 기존의 복지시설(주로 입소형)의 설비를 지역주민에게 개방하여 이용토록 하고, 또한 전문케어서비스와 전문기술을 특히 재가복지서비스(주간보호서비스와 단기입소서비스 등)을 지역사회에 제공하도록 하고 있다. 그리고 실천면에 있어서도 '탈시설화', '시설의 사회화', '시설의 주택화'라는 이념의 실천으로, '거점화' '센터화' 된 복지시설이 그 기능과 모습을 변혁시켜 오고 있다고 말할 수 있다.

1) 사회복지시설의 특징과 기능[4]

사회복지시설의 특징에 대해서, 사회복지가 시설복지를 중심으로 전개되어온 역사를 보면, 지역사회와는 동떨어진 외진 곳이라고 하는 입지상황과 외부와의 사회적 교류가 차단되어 있다는 내부의 폐쇄성에서, Goffman(1961)의 통합시설^{total institution}이론을 인용해서 사회복지시설의 특징에 대해서 논한다.

Goffman은 시설을 다섯 가지 형태로 분류하고 주요한 전체적 특징으로 시설 내부와 외부와의 사회적 교류를 방해하는 장애물이 존재하고. 또한 시설로부터 이탈하는 것을 방지하기 위해 시설설비 자체에 물리적 장애물이 설치되어 있는 것으로 특징지어진다. 다섯 가지의 시설형태를 보면,

① 무능력하고 사회에 무해한 사람들을 케어 하기 위한 시설이다. 즉, 노인과 고아, 맹인, 그리고 어떤 형태로든지 장애를 가지고 있는 사람들을 위한 홈^{home}이다.

② 자신의 신변정리가 안 되고, 더욱이 고의는 아니더라도 지역사회^{community}를 위협할 수 있다고 생각되는 사람들을 돌보기 위해서 마련된 장소^{place}이다. 즉, 결핵요양소와 정신병원, 그리고 한센병요양소가 여기에 속한다. 특히 여기에 속해있는 시설은, 정책적으로 만들어진 격리와 차별의 상징이기도 하다. 예를 들면, 1909년부터 시행되었던 「한센병에 관한 법률」에서는 한센병 환자에 대해서 요양소에 입소시켜 구호하는 것, 특히 방랑환자와 재력이 없는 환자에 대한 강제격리를 규정하고 있다. 이 법률에 의한 지어진 요양소는 환자에게 있어서는 감옥과도 같은 것이었다. 그리고 이 법률이 개정된 1932년 한센병 예방법은 모든 환자의 격리를 목적으로 하고 있다. '법에 의한 강제격리의 실시 그 자체가, 이 병에 대해서 불필요한 공포심을 국민에게 심어 주었고, 그것이 차별을 증폭시켜 온 것은 사실이다. 격리하지 않으면 안 될 두려운 병이라고 하는 편견은, 바로 이러한 국책에 의해서 생겨났던 것이다.' (藤野豊, 2001)[5]

③ 의도적인 위협으로부터 지역사회를 방위하기 위해 조직된 시설이다. 그러나 수용된 사람들의 복지에 대해서는 당면의 과제가 되지 않는다. 여기에는 형무소와 감화원^{感化院}, 포로수용소, 그리고 강제수용소 등이 속한다.

④ 어떤 종류의 임무를 보다 더 잘 수행하기 위해서 의도적으로 설치된 시설이다. 이러한 목적수행에 보탬이 된다는 이유만으로 시설 존재 자체가 정당화되는 시설이다. 예를 들면, 병영과 선박, 기숙제 학교, 워크캠프work camp, 대저택의 일꾼 숙사 등이다.

⑤ 세속에서 은퇴하고 종교적 수양을 하기 위해서 설치된 승원과 수도원, 남자수도원, 여자수도원 등의 시설이다.

더욱이 Goffman은 현대사회에 있어서 개인의 기본적 사회생활과 시설생활과의 상이함을 지적하고 통합시설의 중심적 특징에 대해서 다음과 같이 논하고 있다. 개인은 다른 장소에서, 다른 참여자들과 함께 각자 다른 권위 하에서, 그리고 전면적으로 합리성이 있는 계획도 없이, 수면을 취하고, 놀고, 일을 하는 것이 통례이다. 그러나 시설생활 하에서는,

① 생활의 모든 방면은 동일 장소에서, 하나의 동일한 권위 하에서 처리된다.

② 입소자의 일상생활행동은 집단적으로 운영된다.

③ 모든 일과는 정연하게 계획되고, 예정된 시간표에 따라 차례차례 행해지고, 활동의 순차는 상부로부터 부과되는 형식적인 규칙체계와 직무체계에 의해서 수행된다.

④ 활동은, 그 시설의 직무 목적을 달성하기 위해서 강제력이 가미되고 있다.

즉, 시설생활에 대해서 집약적인 언어로 표현하면, 획일적, 집단적, 형식적, 직무적, 강제적, 감시적 생활인 것이다. 더불어 통합시설에 있어서는 입소자와 직원의 관계에 근원적 균열이 존재한다. 입소자는 시설외부와의 교류가 한정되어 있다. 반면 직원은 일정시간 시설 안에서 활동을 하고는 있지만, 사회적으로는 시설의 외부에 통합되어 있다. 적어도 어떤 형태로든지 직원은 우위에 있고, 입소자는 열위에 있다고 느끼고 있다. 양자의 관계에 있어서 사회이동은 엄중히 제한되어 있고, 사회적 거리가 있으며, 때로는 형식적으로 규정되어 있다. 예를 들면, 입소자는 간부직원에게 의사

표시가 통제되고, 경계선을 초월한 대화의 제한, 또한 정보의 유통과정도 제한되고 있다.

자신의 운명의 선택결정을 포함한 다양한 정보들로부터의 격리는 직원이 입소자에 대한 통제력을 휘두르는 특별한 기반을 주는 것이다. 그 외 통합시설은 가족생활과는 다른 구조를 가지고 있다.

물론 현대사회의 사회복지시설의 특징에 대해서, Goffman의 통합시설이론만으로 전부를 설명하기에는 한계가 있을 것이다. 사실, 현대사회의 사회복지시설은 '시설의 사회화'와 '탈시설화', '시설의 주택화' 등 일련의 개념들로부터 추측할 수 있듯이 지역사회와의 교류를 꾀하거나 입소자의 처우에 대해서 시설 스스로가 의문을 제기하고 시설의 질을 개선하고 있다. 그렇다고 Goffman의 통합시설이론의 모든 것을 부정할 수도 없다. 예를 들면, 사회문제로서 널리 알려지고 그 격리정책의 폐해에 대해서 국가도 인정하기에 이른 한센병요양소의 문제를 들 수 있다.

국가의 격리정책으로 인한 차별과 박해의 사실에 대해서 사회적으로 인지되었다고는 하지만, 입소자의 대다수는 자신의 고향에 돌아갈 수 있는 것이 아니었다. 장기간에 걸쳐 정책적으로 격리된 삶을 살아온 것으로 인해 생긴 사회적으로 깊은 골은 즉시 메울 수 있는 것이 아니었기 때문이다. 또한 사회복지시설의 설립 시에 발생하고 있는 지역사회와의 충돌을 예로 들 수 있다. 사회복지시설은 원조를 필요로 하는 사람을 입소시켜 보호하는 복지서비스를 제공하는 기능을 가지고 있는 반면, 입소자 개인의 인권과 프라이버시 침해와 다양성이 결여된 획일적인 생활을 위로부터 강요해 왔던 것이다. 또한 한센병 등과 같은 전염병에 걸린 환자와 범죄자, 장애인, 노인 등 사회적 약자 등을 귀찮고 위험한 인물로 간주하고 그들로부터 지역사회를 보호하는 기능도 가지고 있었다고 말할 수 있을 것이다.

2) '탈시설화'와 '시설의 사회화'

앞서 살펴본 것과 같은 복지시설의 특징을 개선해가면서 지역사회 속으로 포섭되도록 스스로 개방해 가는 과정이 '탈시설화' 또는 '시설의 사회화'이다.

먼저 '탈시설화'라는 용어는 미국을 시작으로 유럽 여러 나라에서 자주 사용되고, 일본[6]에서도 사용되고 있지만, 보다 자주 사용되는 용어는 '시설의 사회화'이다. 양쪽 모두 지역사회를 시야에 두고 실천한다는 점에 있어서는 기본적으로 같다. 그러나 탈시설화는 복지시설 자체를 폐지해 간다는 시점이고, 시설의 사회화는 기존의 복지시설의 설비와 전문적 기술을 재이용하면서 그 기능과 모습을 변혁시켜간다는 입장이다. 어떻든 간에 시설의 사회화는 탈시설화의 기본적인 생각을 받아들이면서 일본에 적합한 실천방법을 모색해 왔다고 말할 수 있다.

(1) 탈시설화

탈시설화운동[Deinstitutionalization movement][7]은 1960년대 중엽부터 정책수행과 실천으로서 전개되었다. 그 기원에 대해서는, 제2차 세계대전 중에 난민과 공습을 피해서 도회지로부터 왔던 부녀자와 아이들의 사회적응문제, 특히 강제수용소에 있어서 사회적응문제에 대한 연구결과, 시설케어 및 사회적 격리에 대해서 비판적인 재평가의 필요성이 지적되었다. 그 연장선상에서 시설케어를 대신할 수 있는 방법이 다수의 장애인을 대상으로 시행되었고, 1980년대의 정책과 사회적 상황이 실천면에 있어서의 변화를 긍정적으로 받아들이는 경향이 있었다. 그런 연유로 서서히 시설케어를 폐지하는 움직임이 생기기 시작한 것이다(Kent Ericsson & Jim Mansell, 2000).

그리고 1980년대에 모든 장애인을 대상으로 탈시설화운동과 더불어 시설의 개방이 큰 규모로 시작되었다. 북유럽·미국·영국에 있어서 탈시설화운동이 진행되었던 요인(Kent Ericsson & Jim Mansell, 2000) 중에 두 가지 공통의 특징이 있다. 하나는, 시설비용의 압력이고, 또 하나는 성숙된 케어모델(대표적으로 그룹 홈^{Group Home})을 이용할 수 있게 되었다는 것이다. 예를 들면 장애인의 탈시설화운동(60년대와 70년대의 미국에 있어서)의 출현 배경에는 몇 가지의 요인이 있다(Linda, 1992).

① 시설의 입소자들의 잔학한 시설생활에 관한 보고서이다. 즉, 나체로 지내는 입소자들의 모습, 거의 음식물이 제공되지 않거나 항상 구속된 생활을 하고 있는 입소자 등 이러한 환경 속에서 생활하고 있는 모습들이 보고되었던 것이다.

② 당사자와 그 가족들이 대표자로서 구성된 많은 옹호그룹^{Advocacy Group}들의 정치적 활동이 증가하였다.

③ 또한, 내부적으로 탈시설화운동을 가져오게 된 계기는 정신장애인의 행동적응론가^{the behavioural orientation of most mental retardation professionals}와 인본주의적 정신분석의^{the views of humanistic psychologists}, 그리고 사회적 역할론자^{social role theorists}들 간의 팽팽한 긴장관계이다.

④ 더불어 대규모 시설을 개축하는 것보다 시설을 폐지하고 입소자들의 생활의 장을 커뮤니티로 이동시켜가는 방법이 재정적으로 효율적이라는 점에서 정책적으로 추진해 온 배경이 있다(Kent Ericsson & Jim Mansell, 2000).

이와 같이 내·외적요인에 의해서 진행되어온 탈시설화운동의 개념에는 본래 세 가지의 측면이 있다(Linda, 1992). 다시 말하면, ①보다 인간적이고 가정적인 시설을 만드는 것, ②지역사회 안에서 입소자들의 거주 장소를 만들어가면서 시설수를 줄여가는 것, ③시설화의 방지가 그것이다. 또한 현재의 탈시설화운동의 동향(Linda, 1992)으로, ①보다 가정적인 시설을 만드는 것, ②침대수가 여섯 개거나 그 이하의 그룹 거주서비스를 제공하는 것, ③가정생활과 같이 조정된 소규모 커뮤니티 거주형시설이라는 경향을 띠고 있다. 탈시설화운동은 1960년대에 시작되어, 1980년대에 성숙기를 맞이하고, 현재에 이르러서는 그 효과 또는 평가에 대해서 검토 · 연구되고 있다.

Smith와 Polloway(1995)는 탈시설화운동의 실체에 대해서, 탈시설화운동은 입소자들의 타 시설의 이동이라고 하는 결과를 가져오고 있다고 논하고 있다. 또한, 탈시설화운동으로 인해 발생한 문제들로서 커뮤니티에 그룹홈Group Home 설립 시에 발생하는 님비NIMBY현상(Piat, Myra, 2000)과 홈리스문제(Craig, Tom & Timms, Philip W., 1992; Baum, Alice, & Burnes, Donald W. 1993; Grob, Gerald N., 1995) 등이 연구 · 보고되고 있다. 더욱이 탈시설화운동에 관한 가족의 저항자세와 무이해에 관한 연구, 입소시설에서 커뮤니티로 퇴원 후 장애를 가지고 있는 사람들의 행동변화에 관한 연구 등 다양한 시점으로 탈시설화운동에 대한 평가가 진행되고 있다.

이와 같이 문제발생의 원인은 다양하고 주로 퇴원 후 지역사회와의 관계만들기 문제와 복지시설의 폐지와 동시에 대체代替적인 복지서비스 공급체제의 미비, 지역사회를 기초로 하는 사회복지실천에 관한 사람들(지역주민, 장애인의 부모 등)의 인식부족과 교육적 정보제공의 부족 등이 그 원인으로 보고되고 있다.

(2) 시설의 사회화

이와 같이 탈시설화운동에서는 기존의 사회복지시설의 문제점에 대한 개선책으로 대규모 시설의 폐지라고 하는 지향을 중심으로 진행되어 왔다. 같은 맥락에서 사회복지실천이 지역사회를 시점에 두고 실행되고 있기는 하지만, 일본의 방식은 사회복지시설 자체를 폐지하는 것보다 복지시설의 폐쇄성으로 인해 발생하는 처우문제와 관리운영의 문제 등의 폐해를 개선함과 동시에, 본래 가지고 있는 사회복지시설의 전문적 기능을 지역사회의 자원으로써, 즉 복지시설의 설비와 원조의 전문적 기술 등을 지역사회에 개방하고 제공하는 '시설의 사회화'를 지향했다.

秋山智久(1978)에 의하면, 시설의 사회화라는 표현이 공식적인 장에서 최초로 사용된 것은 1951년 11월 8~10일에 개최된 전국사회복지사업대회(사회복지사업법제정기념) 때에 「민간사회복지사업의 진흥책」으로 취급되면서 부터이다. 더욱이 그 논점에 대해서 '지역사회의 구성원'으로서, '지역복지의 증진'을 위해서, '지역사회의 거점' '지역복지 센터'로서 복지시설이 존재할 필요가 있다고 하는 점에 초점을 두고 논의가 되었다. 또한 1953년 11월 전국사회복지사업대회에서 '사회복지시설의 전문화, 사회화'가 화제가 되고 '시설의 사회화'론의 시대가 형성되었던 것이다. 한편으로, 1960년대 후반 이후부터 일반 사회경제영역에 있어서도, 1969년 국민생활심의회의 「커뮤니티 생활의 장에 있어서의 인간성 회복」, 1971년 자치성의 「커뮤니티에 관한 대책요강」, 1979년 경제기획청의 「신 전국통합개발계획」, 1979년 건설성의 「지방생활권구상」등 커뮤니티(지역사회) 구상과 지역정책이 연달아서 나오게 되었다. 이러한 사회경제영역의 움직임 속에서, 이것과 연동된 형태로 사회복지영역에 있어서도 커뮤니티를 기초로 하는 사회복지실천이 시행되게 되었다. 예를 들면, 1969년 동경도 사회복지심의회東京都社會福祉審議會의 「동경도에 있어서의 커뮤니티 케어의 신전에 대해서」를 시작으로, 1971년 중앙사회복지심의회는 「커뮤니티형성과 사회복지」라고 하는 답신答申을 냈다. 이 답신은, 지역복지센터를 중심으로 한 지역복지시설의 체계적 정비와 커뮤니티 케어의 발전방책을 제기했다. 이처럼 사회복지에 있어서의 일련의 커뮤니티지향의 흐름 속에서 시설의 사회화가 정책화되어왔다고 말할 수 있다.

시설의 사회화의 최근의 경향에 대해서 살펴보면, 瀧口桂子(1999)에 의하면 '시설의 폐쇄성을 타파하고 입소자의 처우개선을 목표로 시작된 시설의 사회화는, 재가복지, 커뮤니티 케어로 연결되는 과정에서 시설의 지역화·자원화로 그 방향성을 강화시켜 간다......중략...... 시설의 소규모화와 새로운 형태로 다양한 타입의 그룹 홈이 만들어지기 시작하고, 다기

[표 10-2] 시설사회화의 실천 틀

I 시설처우의 지역화	입소자의 지역단체에의 참여 입소자의 일상생활의 지역화 입소자의 자치조직화 입소자와 친우와의 연결 퇴소자와의 관계 지역 내 건물설비의 이용	A B C D E F
I′ 입소자와 가족과의 연결	가족의 정기적 방문 시설의 가정방문 입소자의 일시적 귀가 입소자와 가족과의 편지교환	G H I J
II 시설전문기능· 설비의 지역제공	시설의 전문기능의 지역제공 시설설비의 지역제공 지역 내 관계기관과의 연계 시설직원의 지역참여 시설직원의 자질향상	K L M N O
III 시설운영의 참여와 의견반영	가족의 의견반영 지역주민의 의견반영 후원회의 의견반영 입소자의 의견반영 직원의 의견반영 볼런티어의 직접적 처우에의 참여 볼런티어의 간접적 처우에의 참여 볼런티어 담당직원 설치 시설행사에의 주민참여 시설 내에서의 주민과의 교류 시설 홍보지 발행	P Q R S T U V W X Y Z

[그림 10-3] 지역복지추진에 의한 사회복지시설의 변화과정

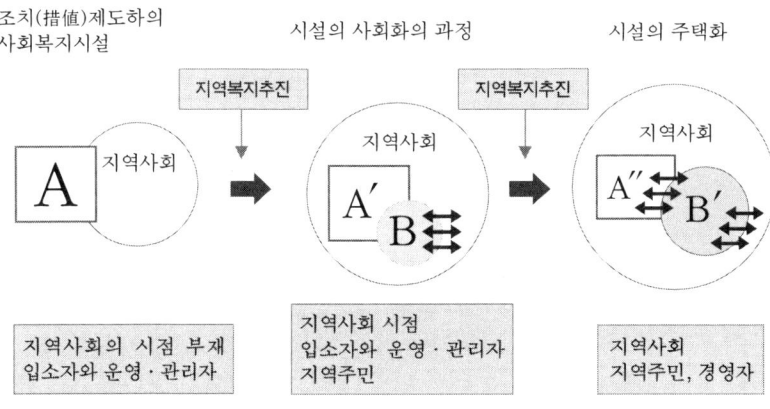

능화 또는 복합시설화가 활발하게 진행되고 있고 각각의 시설은 지역복지의 거점, 센터화를 지향 하고 있다.

'시설의 사회화' 의 다양한 시도에 대해서, 野口定久(1980)는 시설사회화의 실천 틀에 대해서 표 10-2와 같이 나타내고 있다.

사회복지시설이 다양한 실천방법을 이용해서 지역사회에 다가가는 과정을 그림 10-3으로 표현하고 그 이해를 돕고자 한다. 중앙집권적 복지행정, 조치^{措置}제도하의 사회복지시설은 앞에서도 논했듯이 본래 복지시설 자체가 가지고 있는, 외부세계로서의 지역사회와의 관계도 갖지 않고 격리적 · 폐쇄적인 특징과, 그 실천에 있어서도 복지서비스수급신청과 자산조사라고 하는 일련의 절차를 거쳐야 하고, 더욱이 일방적이고 관료적인 행정조치에 의해 복지서비스를 이용할 수 있다. 다시 말하면, 복지서비스제공 측인 운영 · 관리자에서 복지서비스를 제공받는 이용자라는 일방통행관계 속에서 관리적 처우를 중심으로 사회복지실천이 행해졌다. 또한 시설의 외부와의 교류가 없는 폐쇄적인 환경 속에서 이용자의 일상적 생활은 완결되고 있었다. 이러한 특징과 기능을 가진 사회복지시설을 A로 표기하기로 한다.

상기에서 논했듯이, 사회경제분야를 시작으로 지역복지 지향중시라고 하는 정세에 연동해서 복지행정과 복지시설의 실천주체들은 사회복지실천의 장에 있어서 지역복지추진을 시행하게 되고, 복지시설이 사회(지역사회)를 향해 굳게 닫혀왔던 문을 열어갔던 것이다. 다시 말하면, 복지시설이 본래 가지고 있는 전문적 케어서비스를 지역주민에게 제공하고 볼런티어로서 지역주민을 시설 내에 받아들이는 등 시설 내부에 지역주민의 출입이 가능하게 되고 이용자와 운영 · 관리자 밖에 존재하지 않았던 시설 내에 지역주민이 함께하게 되었다. 또한 시설 내에서 완결되었던 이용자의 일상생활권이, 지역사회와의 다양한 교류로 인해 지역사회까지 그 범위를 확대시켜가게 된다. 이러한 다양한 시도가 행해진 상태를 B로 나타내고, B의 실천으로 복지시설은 A에서 A′의 상태로 그 모습을 변화시켜왔다고 말할 수 있을 것이다. 이것이 시설의 사회화 과정이고, 그 과정이 보다 발전하게 되면, 즉 B에서 B′로 변화하면 복지시설은 A′에서 A″로 그 모습을 변화해 갈 것이다. 그 변화에 박차를 가하고 있는 대표적인 예로서 '시설의 주택화'라는 생각을 들 수 있다. 즉, 양 공간(A″와 B′)은 각자 분리되어 독자적인 공간을 형성해 간다. A″공간은 입소자의 재가와 같은 개인적 공간으로 극화되어 가는 한편, B′의 공간은 지역사회와의 연결 공간, 즉 지역복지의 거점, 센터화된 공간으로 극화되어 갈 것이다. 구체적으로 신형특양호노인홈으로서 다양한 생활공간을 확보한다고 하는 이념을 들 수 있다.

표 10-3과 같이 프라이버시 보호와 인권존중이라고 하는 개인적 생활공간의 확보와, 타인과의 지역사회와의 교류를 꾀하기 위한 공공적 공간이 확보되어야 한다는 것이다.

표 10-3를 그림 10-3에 적용해 보면, 개인적 생활공간으로서 극화시켜 가는 것이 A″의 공간이고, 공공적 공간으로서 극화시켜 가는 부분이 B′의 공간에 해당한다. 현재 B′의 공간에서 행해지는 하나의 실례로서 모사회복지시설에서 실행되고 있는 다양한 활동을 들 수 있는데 그 내용을 정리한 것이 표 10-4와 같다.

[표 10-3] 바람직하고 다양한 생활공간의 확보 예

개인 공간	개인적 공간 (개인실)	입소자 개인의 소유물을 가지고 입소가능한 공간	생활단위
	준개인적 공간	개인실 근처에 있어, 소수의 입소자가 식사와 담화를 즐기는 공간	
공공 공간	준공공적 공간	다수의 입소자를 대상으로, 기능훈련(Rehabil-itation)등의 프로그램 등이 행해지는 공간	
	공공적 공간	지역주민에게도 개방되어 있고, 입소자와 지역사회와의 교류가 가능한 공간	

* 자료: 厚生勞動省老健局『全國高齡者保健福祉・介護保險關係主管課長介護(14.2.12)資料』東京都社會福祉協議會, 2002. 2. 12. p.320~323.

[표 10-4] 모사회복지시설(입소형)의 다양한 복지활동

지역복지센터(재가 복지서비스와 관련해서)	주간보호서비스(일반형), 치매전용형 주간보호서비스, 홈 헬퍼 파견사업, 단기입소 서비스, 재가개호지원센터(개호예방 PLAN), 배식(配食)서비스, 방문간호서비스, 거택개호지원사업소, 기능훈련서비스, 홈 헬퍼2급 양성강좌교실 실시, 개호볼런티어 입문강좌(사회복지협의회와 공동개최) 등
지역교류행사	꽃 구경, 어머니의 날, 아버지의 날, 칠석교류회, 불꽃놀이대회, 경로잔치, 운동회, 시오미초등학교와의 교류회, 떡치기, 크리스마스회, 신년축하회, 신춘의 모임, 절분(節分), 여자어린애를 위한 축제, 지역노인과 함께하는 노래대회, 와상상태의 입소자 거실방문, 유치원생의 방문, 초등학생의 학교신문취재, 중학교의 복지부 방문, 보육소 원아의 방문 및 교류회, 유치원과 학교 방문, 유치원과 학교 운동회 참여, 자치회(自治會)의 행사 참여, 시(市)의 행사참여, 각종 감상, 지진재해복구기념행사 참여 등
지역교류 공간	갤러리운영, 찻집운영, 회의장 제공 등
각종 조직활동	입소자의 자치회, 가족회 · OB회, 시오미나 볼런티어회, 이사회의 민주적 운영에 참여하는 조직들(지역노인회의 회장, 어린이회의 회장, 가족회의 대표자, 볼런티어 · 그룹의 자치회, 지역사회의 자치회)등

특히 궁극적으로 지역복지의 이념을 구현한다는 방향성을 가지고 사회복지실천에 임하는 사회복지시설을 '지역복지시설' 이라고 칭하기로 한다면, 이후 '지역복지시설' 로서 사회복지시설이 거듭나기 위해서는 그림 10-3의 B′의 공간에 있어서, 永田(2001)가 논한 것처럼 지역복지의 정책형성에의 참여, 또는 전장에서 설명한 右田의 3부로 정리된 지역복지 구성요건중에, ②의 실천에 멈추지 않고, ①과 ③까지 그 활동범위를 확장시키고그 내용에 깊이를 더해가는 것에 그 과제를 두어야 할 것이다. 이 과제에대한 답안의 하나로서 시사를 받을 수 있는 것이 인보관 운동 또는 인보관활동이 아닐까.

3) 풀뿌리 민주주의 활동

인보관 운동은, 18, 19세기의 자본주의경제의 발전으로 인한 사회문제의 대두와 함께, 19세기 중엽의 사회개량이라고 하는 사상의 대두에 의해등장한 여러 민간단체와 사회조직(室田保夫, 2003a)의 하나이다. 또한 그

운동적 성격은 서양사회에 있어서 자선사업에서 사회사업으로 발전하는 중요한 계기가 되었다(永岡正己, 2003a). 1884년 Barnett, Sammuel A. 에 의해서 영국의 런던 이스트엔드에 설치된 토인비 홀이 세계최초의인보관이다. 인보관 운동은 '지식을 향유할 수 있는 대학생과 목사, 중간계급의 사람들이 주체가 되어 하층노동자가 많이 살고 있는 빈곤한 지역에 들어가서 생활하면서, 민주주의와 휴머니즘의 입장에 서서 인격적 접촉, 친우관계를 기초로 한 원조를 행하는 운동'이다. 그리고 생활의 물리적·정신적 원조, 교육과 문화의 제공을 통해서 당사자의 사회적 각성을 촉진함과 동시에, 조사와 사회행동을 통해서 환경개선과 제도를 창출하고, 그러한 것들을 통해서 원조주체인 거주자와 볼런티어의 생생한 사회인식도 변혁시키는(永岡, 2003a) 활동이었다. 그 후 인보관 운동은 전 세계로 퍼져가게 되었다.

일본의 인보관의 시발은, 1891년에 Adams에 의해 설립된 오카야마 박애회岡山博愛會이지만, 노동자계급을 위한 본격적인 사업을 전개했던 것은 킹슬레관이고, 그곳에서는 빈민 아이들을 위한 유치원의 병설과 노동자를 위한 사회문제 강연회, 그리고 연구활동의 센터 역할도 했던 곳이다(室田, 2003b). 서양의 인보관운동이 일본에 도입되었던 당초에는 'Settlement' '세민동화사업' '대식민사업'이라는 용어로 불리어졌고, 차츰 '인보사업'이라고 하는 개념으로 통일되어, '사회교화사업'으로서 자리매김 되었다. 전시 하에서는 인보사업으로서 농촌인보시설과 공립인보관이 중심이 되었기 때문에, 그 본래의 활동이 곤란하게 되었다(永岡, 2003a, 2003b). 이 인보사업을 수행하기 위한 시설을 인보관, 생활관, 사회관, 후생관, 우애관, 선린관, 시민관 등으로 부르면서 통일되어 있지 않았다. 인보사업의 형태는, 직원(거주자) 볼런티어가 정주residential Settlement하는 형태와 교육 인보관educationa Settlement이 있었다. 그리고 그 경영형태는 민영·공영·공유민영公有民營또는 학생 인보관으로 분류되었다. 그 대상은 슬럼가와 같은 특수지역과 비교적 저소득층이 많은 지역, 그리고 일반지역으로 분류되었다(全國社會福祉協議會, 1965).

일본의 인보관은, 永岡(2003)에 의하면 사회사업성립에 중요한 역할을 담당했고, 세계경제공황기에 걸쳐서 크게 발전했지만, 공립에 의한 활동(공립인보관의 인보관, 시민관, 사회관)에는 한계가 있었다. 그리고 인보사업으로서의 애매한 성격과 이후의 운동에 대한 국가탄압으로 본질적인 역할을 충분히 발휘할 수 없게 되어, 세계경제공황이후 본래의 활동에 발전을 기하기가 곤란하게 되었고, 다른 한편으로는 공립인보관과 농촌인보사업이 많아지게 되고, 지역지배와 결합된 '인보부조'隣保相扶의 활동이 중심적으로 수행되었다. 본래대로라면 우수한 활동인 인보관운동이, 永岡(2003a)가 논한 것과 같이, 운동적 측면이 약해지게 되고, 공公의 논리에 이용되어 가고, 본래의 기능이 변질된 것은 일본의 사회상황이 가져온 특징이었다.

이와 같이, 결과적으로는 인보관운동이 본래의 모습과는 다른 모습으로 이용되고 말았지만, 현재의 지역복지추진 또는 실천에 있어서 다양한 측면에서 시사를 줄 수 있는 활동이었다고 생각한다.

그것에 관한 구체적인 설명에 대해서는, 永岡(1993)의 오오사카大阪의 인보관에 관한 연구결과를 다음과 같이 인용하면서 그 설명을 대신하고자 한다.

첫째, 산업과 사회문제의 구조가 공통의 배경 — 방면위원회와 인보관 양자의 공통의 배경이 되었다라는 의미 — 이 되어있고, 전통적인 공동체적 생활양식의 곤란함, 사회운동에서 보이는 계급적 대립의 심화, 도시사회로서의 시민사회구조와 의제적擬制的 측면을 포함한 전통적인 지역조직과의 양면적 요소가 양자의 활발한 활동의 실질성을 창출했다. 도시로서의 오오사카의 특질이 양자의 활동으로 나타나고, 지역복지의 현실밀착형 시도가 전개되었던 것이다.

둘째, 그것과 관련해서 사회사업행정의 통치방식으로서의 진보성이 생김과 동시에, 공사^{公私}의 독특한 관계, 민간중시 조직과 중간단체의 역할의 본 모습, 노동문제에의 적극적인 시점, 지역에 둔 재정기반 등이 영향을 주고 있었다. 또한, 양자의 자발적인 모습, 자치적이고, 재야적인 성격이 일정정도 용인^{容認}되어, 인보관에 있어서의 민주주의가 비교적 길게 유지되었고, 그것을 지지하는 조직이 형성되어 있었다.

셋째, 키 퍼슨^{key person}이 행정, 공적시설, 민간시설, 방면위원^{方面委員} 속에 각각 존재하고 있었고, 폭 넓은 협력관계를 형성해서 활동을 조직·전개했다. 그리고 사람들의 활동 네트워크가 진보성과 비판정신을 포함하여 자율적으로 형성되었고, 정치적인 모순과 여러 가지의 결점을 보완했다. 또한 주체적인 볼런티어가 상대적으로 많이 존재하고 있었다.

넷째, 조사에 의한 필드워크^{field work}를 중시하고, 객관적인 파악과 연구 자세를 유지하고 있는 특징이 수소^{隨所}에서 보이고 있다. 또한, 극히 현실적인 시도의 자세도 보이고 있었다. 이런 것들은 전후 충분하게 계승·발전시키지 못한 면이 많고, 현재 지역복지와 자치, 민주주의, 볼런티어리즘, 운동성^{運動性} 등의 시점에서 이런 것들을 총체적·역사적으로 어떻게 배울 것인가가 중요하다고 생각한다.

4. 사회복지시설의 '공공적 공간' 창출의 가능성

사회복지시설의 변혁과정과 이후의 과제에 대해서 살펴보았다. 그리고 그 과제에 대한 하나의 답안으로서 시사를 받을 수 있다고 생각되는 인보관 운동에 대해서도 살펴보았다.

이와 같이, 사회복지시설이 '지역복지시설'로서의 기능과 역할을 담당하기 위해서는, 기존의 기능과 역할을 변혁시켜 갈 수 있느냐 없느냐, 즉 이용자와 지역주민, 지역사회를 중심에 둔 개방적이고 민주주의적인 경영을 할 수 있느냐 없느냐에 달려있다고 생각한다.

다시 말하면, 사회복지시설이 그 경영방식에 있어서, 이용자와 지역주민, 지역사회를 중심에 둔다고 하는 것은 그림 10-3의 공간형성에 그들이 중심이 되어 그 공간을 형성해 가는 것이다. 즉, 사회복지시설의 경영에 있어서 그들의 참여가 보장되어야 한다. 여기서 주의해야 할 것은 '참여'[8]라는 개념이다. 일반적으로 지역복지추진에 있어서 이용자와 지역주민의 참여라고 하는 것은 기본적인 이념이 된다. 하지만 현실적으로는 그 '참여'에 있어서도 차별적인 상황이 생기기도 한다. 예를 들면, 등록되어 있지 않은 주민(특히 홈리스 등), 외국인, 장애인, 노인이라는 이유로 그들의 의견을 들으려고 하지 않고, 지역사회의 주체로서도 인정하지 않으려는 경우가 있다. 그 결과 자신에 적합한 인간다운 삶을 영위하기 위해서는 최소한의 필요충족조건인 복지서비스조차 선택·이용할 수 없을 뿐만 아니라 정책적으로도 제외되기 쉽다. 이러한 차별이 존재하지 않는 공간이 그림 10-3의 공간이라고 한다면, 그 공간은 이제까지 지역사회에서 차별받고 정책적으로 제외되어온 그들을 포함한 지역주민의 손에 의해 모두 함께 살기 좋은 지역사회의 실현을 위한 첫 단계의 역할을 해야 할 것이다.

여기에서는 그 첫 단계에 대한 이론적 틀에 대해서 '공공성' 개념을 인용해서 모색해 보고자 한다.

먼저, 아렌트의 공공적 공간 개념에서 개인 수준에서 차별성과 배제성도 없고, 다양한 가치관을 가진 사람들의 만남, 인간의 복수성이 존재하는 'B'의 공간에 대해서 생각해 보자. 개인이 사적영역에서 공적영역으로 나오면서, '만인에 의해 보고, 듣고, 가능한 한 가장 널리 공지된다(Arendt, 1958)'는 아렌트의 공공공간[9] 이다. 이 공간은 정치 그 자체보다 오히려 정치가 시작되는 곳의 고경犖境에 관계하고 있고(Canovan, 1992), 인간의 복수성과 자발성을 박탈하는 전체주의적 생각이 존재하지 않고, 노동의 여러 가치가 각광을 받지 않는다(Canovan, 1992)는 공간이다. 아렌트의 공공적 공간에 대한 齊藤純一의 해석을 보면, 타인을 하나의 '시작'으로 보는 공간, 다른 일절의 조건과는 관계없이 타인을 자유로운 존재로서 처우[處遇]하는 공간이다. 타인을 자유로운 존재자로서 처우한다고 하는 것은, 타인을 비-결정[非-決定]의 위상에 둔다고 하는 태도, 예상하지 않은 일을 기다리는 태도(齊藤, 2001)가 요구된다. 즉, 장애인이든 외국인이든 또는 홈리스이든 간에 이 공간에 있어서는 이와 같은 라벨이 붙지 않은 자유로운 존재자로서 처우된다. 또한 이 공간은 '타인과의 상호행위에 있어서 자신의 이질성을 나타내는 방법에 대해서 이야기하는 것으로 인간의 복수성을 해명하고 (Canovan, 1992)' 있는 공간이다. 다시 말하면, 자신과 타인과의 커뮤니케이션으로 공공적 공간을 창출해 가는 언설의 공간이고(山脇, 2004), 이 공간에서 만난 사람들 간에 연결이 형성되어 가고, 서로의 가치관과 존재감을 서로 확인하는 속에서 연대감·공동성[共同性]이 창출된다. 나아가 인칭적 연대[10]가 형성되어 가는 공간으로 발전해 갈 수 있는 시발점이라고 말할 수 있을 것이다.

이러한 '공공적 공간'이 형성되도록 기반정비를 해야 하는 주체는 누구일까. 이제까지는 복지정책의 공공성이라는 시점에서 국가가 중심이 되어 추진해 왔다. 하지만 그에 따른 폐단을 지적하고 새로운 '공공성' 개념이 필요하게 되고 많은 학자들은 새로운 '공공성'에 대해서 논하고 있다. 예를 들면, 右田紀久惠(2005)에 의하면 일본에 있어서 '공공'의 개념은 '공공의 복지' '공공사업'과 같은 용어로 사용되고, 일본의 근대화 과정에서 본래 '공공'의 주체인 주민의 생활은 뒷전에 두는 전체중시-국가중시의 공공성[公共性]이 되었고, '사'로서의 에고이즘이 지배하게 되었다. 한편으로는 사람들의 생활은 '사'적 성격 속에 깊이 숨겨지게 되었고, 다른 한편으로는 '공공'적 성격이 지배의 수단으로서 강화되어 왔다(右田, 1993). 또한, 高田眞治(2003)는 사회복지에 있어서 '공공성은 정책주체의 공공성 개념이다. 그것은 공공성이라고 하는 국가권력 하에서 사적권리를 존중한다고 하는 대의하에, 사적부담을 요구하는 체제로 이행하고 있다'고 지적했다. 이처럼, 공공사업과 공공정책이라고 하는 사회복지정책으로 '사'의 권리와 생활을 보장한다는 의미에서 사용되어 왔지만, 국가중시주의와 국가권력에 의한 공공정책체제는, 오히려 사적 권리·자유와 생활의 억제와 사적부담을 요구하는 체제가 되었다. 그러므로 사회복지에 새로운 공공성 개념의 구축이 필요하다. 그 처방전으로, 高田(2003)는 사회복지의 시점에서 시민적, 생존권적 입장에 서서 새로운 공공성 개념의 구축, 즉 정치시스템도 아니고, 경제시스템도 아닌 시민에 의한 새로운 제3시스템으로, 그것은 법적 강제력을 독점하고 있는 공적부문을 고치고, 영리부문의 시장원리를 초월한 가능성을 가진 시스템을 구축해야 한다고 제안하고 있다. 또한 이와 같은 새로운 공공성을 여는 요건으로써 '내발적 힘'이 필요하고, 이것은 문제의식이 있는 시민이 자신과 사람들을 위해서 개선하려고 하는 강한 동기를 가질 때 발생하고, 이 내발적 힘이야말로 시민조직이다 라고 얘기하고 있다. 그리고 右田(2005)는, 새로운 지역복지개념에는 새로운 '공공'의 구축이 포함되어야 하며 공사협동을 포함한 총체로서의 지역복지실천은 공공적 영위의 일부라고 말한다.

　이러한 새로운 공공성의 구축의 중심에 지역복지실천이 있다고 하면, 지역복지실천의 중심에는 주민이 있어야 할 것이다. 그리고 주민의 지역복지활동에 대한 전문적인 지원이 있어야할 것이다. 지역복지실천의 중심에 주민이 있다고 했을 때 그 모습은 다양할 것이다. 여기에서는 그 형태의 하나로서 아렌트의 공공적 공간을 제안하고, 그 형태와 위치에 대해서, 山脇直司(2005)의 '민民의 공공公共=한 사람 한 사람의 시민·국민·주·NPO·NGO 등', '사적영역私的領域=영리기업·가계·프라이버시', '정부政府의 공公' 세 부분의 관계로 되어있는 공공철학의 주요한 이론적 틀[11]을 인용하여, 그림 10-4[12]와 같이 나타내고자 한다.

　아렌트의 공공적 공간의 시점에서 보면, 사적 영역에 머물고 있던 개인

[그림 10-4] 지역복지추진과 '공공적 공간'의 이미지

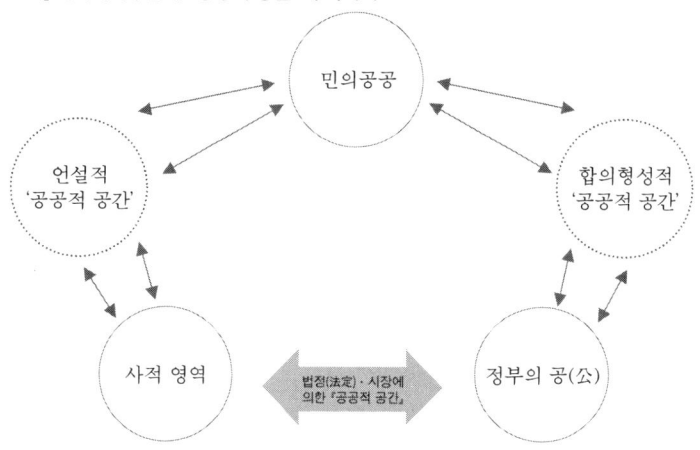

이 공적 영역에 모습을 보이고 자신의 언어로 의견을 내는 공간으로, 그림 10-4에서 사적 영역과 민의 영역 사이에 형성되어 있는 언설적, 공공적 공간이 해당될 것이다. 즉, 개인적 차원에서 이루어지는 여러 가지 내용의 커뮤니케이션이 이루어질 수 있는 공간이다. 지역복지는 공공적 공간을 형성함에 있어서 언설적, 공공적 공간이 그 기반이 되어야 할 것이다. 왜냐하면, 주민 한 사람 한 사람이 지역사회를 이루고 그 지역사회에서 진실로 함께 살아가고자 한다면, 그들이 일상적으로 자유롭게 들어와서 자신들의 언어로 서로의 의견을 듣고 이야기할 수 있는 차별성 없는 공간을 제공해야 하고, 그들의 일상적 대화 속에서 복지전문가는 사회복지적 모습들을 발견해야 하고, 지역주민 스스로가 지역복지실천의 중심이 되어 문제를 해결해 갈 수 있도록 적절한 대응을 모색해야 할 것이다.

특히 사회복지시설이 지역복지추진의 주체로서 존재하기 위해서는, 먼저 위의 그림 10-3 'B˝' 공간에 언설적, 공공적 공간을 창설해야 한다고 생각한다.

비영리민간단체

박태영[*]

I. 서론

우리나라에서 비영리민간단체의 생성 역사는 오래되지는 않았지만 최근 들어 "제5의 권력"으로 일컬어질 만큼 사회 각계의 다양한 분야에서 영향력을 행사하고 있다. 특히, 2000년 비영리민간단체지원법과 동법 시행령에서는 비영리민간단체가 지방자치단체로부터 사무실 제공 등 행정적 지원은 물론 공익사업의 사업비와 단체운영비 등 재정적 지원을 받을 수 있도록 제도적 기반을 마련하였다.

최근에 나타나는 비영리민간단체들은 과거 국가에 의해 동원되었던 관변조직이나 반정부·반체제 조직의 성격을 지닌 비영리민간단체의 성향

[*] 대구대학교 사회복지학과 교수
이 글은 『지역사회복지론』, 학현사(박태영, 2008)의 "비영리민간단체"의 내용을 일부 수정·보완한 것임.

과는 다른 양상의 조직들이며, 경제정의실천연합, 참여연대, 환경운동연합 등은 대표적 비영리민간단체라고 할 수 있다.

최근 들어 비영리민간단체의 활동은 복지, 지역개발, 교육, 문화, 스포츠, 환경보전, 보건·의료, 국제교류·협력, 인권옹호 등 다양한 분야에서 급격히 증가하고 있으며, 이들 비영리민간단체들은 전문적인 활동을 하는 단체를 비롯해 자원봉사단체에 이르기까지 다양하게 나타나고 있다.

현재 한국의 비영리민간단체 수에 대한 정확한 통계는 나와 있지 않지만 한 선행연구에 의하면 약 13,000개에서 15,000개 정도로 추산하고 있고, "시민의 신문사"는 시민단체의 지부까지 포함하여 8,000여 개 정도로 추산하고 있다. 그러나 사회복지관련 비영리민간단체의 활동은 타 분야 비영리민간단체와 비교해 적은 실정이며 비영리민간단체들 내에서도 복지문제에 대한 인식부족으로 사회복지 관련단체를 제외하고는 활동단체를 그다지 찾아볼 수 없는 것이 현실이다(김기식, 2001).

지방자치제 실시 이후 지역주민은 지역 내의 현안문제나 생활과 밀접한 관련을 맺고 있는 다양한 문제들에 대해 주민 스스로 참여할 수 있는 기회가 확대되었으며 이러한 참여가 곧 주민들의 복지향상으로 이어질 수 있는 여건이 마련되었다고 볼 수 있다.

비영리민간단체는 바로 이와 같은 지역 내의 복지, 교통, 환경, 인권, 여성 등 다양한 문제에 대해 주민이 참여할 수 있는 기회의 장을 마련해 주는 역할을 하는 것이므로 지역사회복지 영역에서 비영리민간단체를 어떻게 활용해야 할 것인가에 대한 연구는 매우 중요한 부분이 아닐 수 없다.

따라서 여기서는 지역사회 내의 비영리민간단체의 현황과 문제점을 살펴보고, 이를 통하여 향후 비영리민간단체를 지역사회복지 증진에 활용할 수 있는 방안을 도출하고자 한다.

Ⅱ. 비영리민간단체의 개관

1. 비영리민간단체의 개념

일반적으로 비영리민간단체는 '비영리조직' nonprofit organization, NPO 혹은 '비정부조직' non-governmental organization, NGO이란 용어로 사용되고 있으며, 영리를 추구하는 시장부문 및 정부기구와 대조되는 개념으로 보고 있다. 여기서는 비영리민간단체의 개념을 좀 더 구체적으로 정리하기 위해 L. Salamon이 제시한 비영리민간단체의 주된 특징 여섯 가지를 살펴보고자 한다.

첫째는 비정부조직이어야 하고, 둘째는 공식적인 조직체를 가져야 하고, 셋째는 이익을 분배하지 않는 조직이어야 하며, 넷째는 자치적인 조직이어야 하고, 다섯째는 공공의 이익을 추구하는 조직이어야 하며, 여섯째는 자발적인 참여·기부를 포함하는 활동이어야 한다는 것이다(이형진 외, 2001). 이상의 특징에 부가하여 비영리민간단체는 어느 정도 지속적인 활동을 하는 조직이어야 하며 일회성의 시민조직은 비영리민간단체라고 할 수 없다.

비영리민간단체를 자원봉사단체라고 부르기도 하지만 비영리민간단체는 자신들을 자원봉사단체를 포함하지만 자원봉사단체와는 동일하지 않은 것으로 인식하고 있다. 즉, 자원봉사단체의 경우 자원봉사자 개개인의 활동에 초점을 맞추면서 무상성을 중요한 특성으로 한다.

그러나 비영리민간단체는 그 초점이 조직에 있다. 그 조직을 움직이는 사람을 전부 자원봉사자로 구성할 수도 있으나, 조직의 목적달성·유지운영·발전을 위하여 자금을 조달하고 인력을 확보하는 경우도 있다. 따라서 비영리민간단체에서는 조직의 유지와 발전을 위해서 경제적 이익을 추구하기도 한다. 다만 그 이익을 구성원 개개인에게 분배하지는 않는 비영리적인 성격을 지니는 것이다.

다음으로 비영리민간단체와 유사한 NGO라는 용어가 있다. NGO는 국제연합헌장에서 유래하는 용어로서 국제연합이 공식적으로 사용하고 있는 것은 '정부 내지 정부 간의 협정에 의해 설치된 단체가 아닌 것'이라는 매우 포괄적인 정의이다. 동 헌장 제71조에 의하면 '경제사회이사회는 그 권한 내에 있는 사항에 관계가 있는 민간단체와 협의하기 위하여 적당한 조치를 할 수 있다. 이 조치는 국제단체 간에 또한 적당한 경우에는 관계있는 국제연합 가맹국과 협의한 후에 국내단체 간에 할 수 있다'라고 규정하고 있다. 여기서 말하는 민간단체가 NGO이다.

NGO가 국제연합에서 자격을 구비하기 위해서는 경제사회이사회가 제시하는 기준에 따라 경제사회이사회에 등록하고 국제조직연감에 등재되어야 한다. 따라서 엄밀히 말하자면 위의 요건을 구비한 단체를 NGO라고 할 수 있으나 한국에서는 일반적인 비영리민간단체를 지칭하는 용어로 쓰이고 있다.

이 외에도 NGO와 유사한 개념으로서 PVO는 민간의 자발적인 조직을 의미하고, CBO는 특정지역의 문제를 다루는 지역주민 조직을 칭하며, CMO는 시민운동조직으로 운동성을 강하게 나타나는 용어이며, CSO는 시민사회단체라는 의미를 분명하게 표현하는 용어이다. 이 외에도 비영리민간단체에 대한 정의는 매우 다양하게 사용되고 있는데, 이와 관련된 유사용어를 정리하면 표 11-1과 같다(박태영·신민정, 2001).

이상으로 비영리민간단체를 지칭하는 용어와 그 개념에 대해 살펴보았지만, 상기에서처럼 용어는 매우 다양하며 그 활성화 여부 또한 각 국가의 역사적 상황과 사회적 구조에 따라 다르게 나타난다. 만약 국가의 역할이 크면 비영리민간단체의 범위는 좁게 규정되어 상대적으로 덜 활성화 될 것이고, 그 반대라면 비영리민간단체는 보다 넓게 규정되어 활성화를 띠게 될 것이다.

[표 11-1] 비영리민간단체의 유사 용어

용어	개 념
NGO	NGO는 국제연합에서 생겨난 말로 Non-Governmental Organization 즉, 비정부조직으로 해석할 수 있다. 그러나 정부가 아니면 모두 NGO가 아니라 이것도 비영리일 경우를 전제로 한다. 미국의 경우 NPO와 NGO는 뉘앙스의 차이에도 불구하고 동일한 개념으로 사용되고 있다.
CB-NGO	Community Based Non Governmental Organization으로 지역의 시민사회에 토대를 둔 NGO라는 의미로서 CBO의 뜻에 NGO라는 뜻을 가미하고 있다고 볼 수 있다. NGO이나 지역의 시민사회에 토대를 둔 단체라는 뜻으로 해석할 수 있다.
PVO	Private Voluntary Organization의 약어로 직역하면 '민간의 자발적인 조직'을 말한다. 일본의 경우 시민활동단체라는 말은 오히려 PVO에 가까우며 미국은 법인격이나 세제 우대를 필요로 하지 않는 소규모의 작은 단체를 포함하여 일컫는 용어이다.
CBO	Community-Based Organization의 약어로서 각각의 지역사회 속에서 지역을 위해 활동하는 단체에 대해 특히 커뮤니티에 밀착하고 있는 것을 강조할 때 사용한다.
CMO	Civil Movement Organization의 약어로서 시민운동조직이라는 뜻으로 운동성을 강력하게 표현하고 있다.
CSO	Civil Society Organization으로 시민사회단체라는 뜻을 분명히 하고 있는 개념으로서 시민사회단체 내부에서 사용이 권장되고 있는 용어이다. 특히 워싱턴에 본부를 두고 민간단체의 위상과 관련한 활동을 펼치고 있는 CIVICUS의 경우에는 이 용어의 사용을 강력하게 권고하고 있다.
자원영역	Voluntary Sector로서 권력이나 이윤을 추구하는 것이 아니라 시민들의 자발적인 참여의 영역이라는 뜻으로 사용되는 용어이다. 주로 영국에서 사용되는 용어라 할 수 있다.
제3섹터	정부영역을 제1섹터, 기업영역을 제2섹터라고 보았을 때 시민사회영역은 세 번째 영역이라는 주장을 담고 있는 영역이다. 이 제3섹터를 구성하고 있는 것이 비영리단체이다.

2. 비영리민간단체의 유형

비영리민간단체의 유형은 다양하게 구분할 수 있는데, 사회적 기능과 성격에 따른 분류, 단체가 제공하는 서비스의 특성 및 수혜자 범위에 따른 분류, 단체 활동에 필요한 재원마련 방식에 따른 분류 등으로 나누어 볼 수 있다(박석희, 1999).

비영리민간단체의 사회적 기능과 성격에 따른 분류로는 James Douglas(감정기, 2000, 재인용)가 제시한 분류 방식과 강문규(2000)가 제시한 분류 방식이 있다. James Douglas의 분류 방식은 비영리민간단체를 네 가지 즉, 이용서비스 조직, 정치적 조직, 공제적 조직, 자금조성 조직으로 나누어 설명하고 있다. 강문규의 분류 방식은 크게 서비스 지향적 단체와 공공쟁점 지향적 단체로 나누고, 각 단체를 다시 분류하고 있다. 서비스 지향적 비영리민간단체는 제도적 프로그램 연결형, 자율적 서비스 지향형, 자조적 서비스 지향형으로 구분하며, 공공쟁점 지향적 비영리민간단체는 정보 제공 혹은 계몽 교육형, 쟁점 캠페인 지향형, 권리 주장형으로 구분하고 있다.

비영리민간단체가 제공하는 서비스의 특성 및 수혜자의 범위에 따라 유형화하면, 회원봉사형, 공익봉사형, 고객봉사형으로 구분된다. 회원봉사형은 주로 회원들에게 편익을 가져다주는 서비스를 생산하는 단체이고, 공익봉사형은 편익의 범위가 일반주민이나 사회전체를 포함하는 단체이고, 고객봉사형은 편익의 범위가 요금을 지불한 고객에게 한정되는 서비스를 제공하는 단체이다.

비영리민간단체의 활동에 필요한 재원을 어떻게 마련하느냐에 따라 유형화하면, 정부 의존형, 기부금 중심형, 서비스 판매를 통한 사업수익 혹은 회원가입비를 통해 재원을 충당하는 상업형으로 구분할 수 있다.

[표 11-2] 비영리민간단체의 유형분류

구 분			내 용
공적 이해 실현을 위한 비영리민간단체	사회행동 지향적	민중 운동적	반독재 투쟁운동단체, 도시빈민운동, 노동운동 등
		시민 운동적	종합적 시민운동, 환경운동, 교통운동 등
	사회서비스 지향적		박애조직, 구호조직, 사회복지기관 등
직능집단 (이익 집단적)			의사협회, 변호사협회, 출판협회 등
동호회			각종 스포츠 동호회, 조기축구회 등
기타 자발적 사회조직			위에 포함되지 못하는 다양한 단체

이 외에도 조희연(2000)은 공적 이해 실현을 지향하는 단체, 직능단체, 동호회, 기타 자발적 사회조직으로 구분하고 있다. 그 내용을 살펴보면 표 11-2와 같다. 지역복지와 관련된 비영리민간단체는 공적 이해 실현을 위한 단체 가운데 사회 서비스 단체에 주로 포함된다고 볼 수 있다.

3. 지역복지 증진을 위한 비영리민간단체 활용의 필요성

현대사회는 복잡하고 분화된 조직사회이며 다양한 서비스 욕구, 정부 재정의 압박, 시민의 자발성과 참여가 증대하는 사회이다. 이러한 사회적 특징은 사회 주요기능의 민영화에 관심을 가지므로 이윤을 추구하지 않는 분야의 참여는 매우 저조하다.

따라서 사회적 약자와 소수의 권익보호, 정부의 자의적 권력행사 감시, 우정ㆍ사교와 같은 인간적 욕구의 충족, 과거의 가치와 믿음의 보존과 전승, 종교ㆍ미술ㆍ신비감의 체험, 경제적 보상과 법적 강제 없이 특수 목적에 대한 사람의 동원, 공민의식과 이타주의의 촉진 등 국가와 권력과 시장의 자본이 해결할 수 없는(박상필, 1999) 분야의 참여에 비영리민간단체가 관심을 가지게 된 것이다.

우리나라의 경우도 1960년대를 거치면서 시민 계층의 점진적인 확대가 있었고, 그 뒤를 이어 1970년대와 1980년대의 한국 사회는 급격한 산업화, 도시화 속에서 시민계층 중심의 자율적 시민단체들이 발달하게 되었다.

특히 1987년 민주화운동으로 정부의 권위주의 체제가 무너진 후, 정부 권력과 자본 권력을 견제하는 '제3의 권력'으로서 비영리민간단체가 자리 매김하게 되었다. 그러나 해방 전부터 1980년대 중반까지는 주로 관변단체나 비판적 비영리민간단체, 공개 합법적 틀 속에서 자율성을 유지하는 변혁 지향적 운동단체가 주를 이루고 있었다.

그 후 1990년대에 들어서면서 기존의 국가 권력에 의한 시민사회의 통제력은 점차 약화되고 민간단체 또한 다양한 형태로 출현하기 시작한다. 즉, 1980년대 후반까지 몇몇 영역을 중심으로 나타난 비영리민간단체들이 1990년대부터는 다양한 사회적 이슈 영역에서 활동을 하게 된 것이다.

이러한 상황 속에서 1995년 지방자치제 실시는 비영리민간단체 활용의 필요성을 더욱 증대시켰다. 이 시기는 지역사회복지에 대한 관심의 고조로 지역사회 내의 교통, 환경, 생활문제 등 주민들의 복지욕구에 대한 목소리가 커지고, 그들의 생활문제의 개선과 해결을 위해 국가가 사회복지의 담당주체가 되는 것이 아니라, 지역사회 주민의 참여와 노력에 의한 지역문제 해결이라는 측면이 강조되게 된다.

따라서 이러한 지역 내의 사회복지 욕구와 문제해결을 위해 지역사회 내의 제도권 사회복지기관뿐만 아니라 자생적 복지운동을 전개해 온 비영리민간단체와의 협력이 필요하게 된 것이다.

지역의 비영리민간단체는 지역주민의 여론을 형성하고 지역복지 증진을 위한 정책수립과 사회복지 전달체계를 확립하는데 적극적으로 참여하고 있다. 또한 지역주민들의 사회복지에 대한 이해와 관심을 촉구하는 역할과 경우에 따라서는 직접 사회복지서비스를 제공하기도 한다(안용완, 2001).

특히, 1997년 말부터 시작된 경제위기 이후 급격히 증가한 대량 실업에 대응하기 위한 실업극복운동에 비영리민간단체가 참여함으로서 한계계층의 복지욕구에 발 빠르게 대응한 것은 주목할 만한 점이 아닐 수 없다. 물론 비영리민간단체는 특정 영역을 둘러싸고 이루어지는 활동을 제외하고는 전문성과 정보부족 등으로 인해 독자적인 역량으로 목적을 달성하는 데는 어려움이 있다.

뿐만 아니라 최근의 비영리민간단체는 기존의 사회복지기관이나 단체가 제공해 온 사회복지서비스를 제공함으로써 비영리민간단체와 기존의 사회복지기관 및 시설간의 정체성의 혼란을 겪고 있기도 하다. 그럼에도 불구하고 비영리민간단체는 지역사회가 당면한 현안문제와 주민들의 다양한 복지욕구에 대한 여론을 공론화하여 정부 측에 대변하고 주민의 권익을 보호한다는 점에 있어 지역사회복지 증진에 활용할 필요성이 있다.

즉, 이들 비영리민간단체를 활용하여 주민과 밀접한 관련을 맺는 생활문제를 비롯해 각종 사회복지 문제들에 대해 지역주민들의 이해와 관심을 증대시키고 무엇보다 이러한 지역사회 문제를 해결하기 위해 움직이는 주체가 주민들 자신임을 인식할 수 있도록 유도하는 노력이 필요할 것이다.

나아가 지역주민들이 지역사회복지에 대한 관심 또한 촉구할 수 있도록 기회를 제공하며 주민이 지역사회복지 증진을 위해 서비스를 제공받는 수혜자의 입장이 아니라 지역사회 내의 복지권리 의식을 가진 주체로서 참여할 수 있는 장을 제공하기 위해 비영리민간단체를 활용할 수 있어야 할 것이다.

Ⅲ. 비영리민간단체의 현황과 문제점

1. 비영리민간단체의 현황

비영리민간단체의 정확한 현황을 파악하는 것은 매우 어려운 일이다. 비영리민간단체의 특성상 조직되어 활동하다가 소멸되는 것이 자유롭고, 지속적으로 활동하고 있어도 외부에 알려져 있지 않은 단체가 다수 있다. 따라서 비영리민간단체로 행정안전부나 지역에 알려져 있는 단체를 중심으로 파악할 수밖에 없다. 여기서는 전국적인 현황은 행정안전부에 등록된 단체를 중심으로 살펴보고, 지역단위의 비영리민간단체 특히 지역복지와 관련을 맺고 있는 단체에 대해서는 평택지역의 비영리민간단체의 현황을 소개하고자 한다.

1) 전국적인 현황

우리나라에서 본격적으로 비영리민간단체가 활성화되어 증가하기 시작한 것은 1989년 경실련의 창립을 기점으로 보고 있다.

행정안전부에 등록되어 있는 비영리민간단체는 2008년 12월 31일 기준으로 총 8,175개가 등록되어 있으며, 중앙행정기관(33개 부처)에 845개, 시·도에 7,330개가 등록되어 있다.

부처별 비영리민간단체의 등록현황을 살펴보면 표 11-4와 같다. 총 845개 가운데 보건복지가족부가 140개로 가장 많고, 그 다음이 행정안전부 137개, 환경부 100개, 문화체육관광부 96개, 통일부 78개, 외교통상부 77개, 노동부 32개, 교육과학부와 농림수산식품부 28개, 국토해양부 22개, 여성부

[표 11-3] 비영리민간단체 등록 현황

계	중앙행정기관 (33개 부처)	시·도
8,175 (100%)	845 (10.3%)	7,330 (89.7%)

[표 11-4] 비영리민간단체의 부처별 등록 현황

계	기획 재정부	교육 과학부	외교 통상부	통일부	법무부	국방부	행정 안전부	문화체육 관광부	농림수산 식품부	지식 경제부	
	6	28	77	78	5	2	137	96	28	3	
	보건복지 가족부	환경부	노동부	여성부	국토 해양부	경찰청	소방 방재청	문화 재청	농촌 진흥청	산림청	
845	140	100	32	17	22	7	6	3	6	11	
	중소 기업청	특허청	통계청	식품의약 품안전정	해양 경찰청	방송 통신위	국가 보훈처	공정 거래위	금융위	국가인 권위	사행산 업통합 감독위
	1	2	1	8	8	11	5	6	4	1	1

[표 11-5] 비영리민간단체의 시 · 도별 등록현황

계	서울	부산	대구	인천	광주	대전	울산	경기
	965	457	301	421	305	266	235	1,308
7,330	강원	충북	충남	전북	전남	경북	경남	제주
	231	290	295	639	416	505	455	241

17개, 방송통신위와 산림청 11개 순으로 등록되어 있다. 비영리민간단체가 등록된 그 밖의 부처를 살펴보면 해양경찰청, 경찰청, 기획재정부, 소방방재청, 농촌진흥청, 공정거래위, 법무부, 국가보훈처, 금융위, 지식경제부, 문화재청, 국방부, 특허청, 중소기업청, 통계청, 식품의약품안전청, 국가인권위, 사행산업통합감독위 등으로 나타나 있다.

광역지방자치단체별 비영리민간단체의 등록현황에 대해 살펴보면 표 11-5와 같다. 시 · 도에 등록된 총 7,330개의 비영리민간단체 가운데 경기도가 1,308개로 가장 많고, 그 다음이 서울 965개, 전북 639개, 경북 505개, 부산 457개, 경남 455개, 인천 421개 순으로 등록되어 있다. 반면 가장 적게 등록한 시 · 도는 강원 231개, 울산 235개, 제주 241개 순으로 나타나 있다.

2) 평택지역의 현황

평택지역은 인구 37여만 명의 도농복합지역으로 경기도 남부에 위치하고 있다. 최근에는 미군기지 이전 예정지로 기존의 도시공간의 재구조화와 더불어 유입되는 주민을 위해 새롭게 도시를 만들어가는 지역이다. 2005년부터 지역복지계획을 수립하기 위하여 지역의 복지자원조사의 일환으로 지역의 비영리민간단체에 대한 조사를 실시한 바 있다. 평택지역의 비영리민간단체는 종교단체를 제외하면 약 290개소가 있는데, 이들 가운데 조사에 응답한 200단체의 내용을 중심으로 살펴보고자 한다(박태영

[표 11-6] 비영리민간단체의 설립연도와 회원 수

구분	항목	빈도	백분율(%)
설립연도	1950 이전	7	3.5
	1951~1970	23	11.5
	1971~1980	25	12.5
	1981~1990	31	15.5
	1991~2000	79	39.5
	2001~2004	33	16.5
	합계	198	100.0
회원 수	20명 이하	53	30.1
	21~50명	39	22.2
	51~100명	31	17.6
	101~200명	18	10.2
	201~500명	20	11.4
	501명 이상	15	8.5
	합계	176	100.0
	M: 327.9(SD=815.7)		

외, 2005).

(1) 설립연도와 회원 수

평택지역 비영리민간단체의 설립연도와 회원 수는 표 11-6과 같다. 설립 연도를 보면, 1991년에서 2000년 사이에 설립된 단체가 79개 단체로 39.5%, 2001년에서 2004년 사이에 설립된 단체가 33개 단체로 16.5%, 1981년에서 1990년 사이에 설립된 단체가 31개 단체로 15.5% 순으로 나타나 1990년 이후에 대부분의 단체가 설립된 것을 알 수 있다.

회원 수를 보면, 20명 이하의 회원을 가지고 있는 단체가 53개로 30.1%, 21~50명의 회원을 가지고 있는 단체가 39개로 22.2%, 51~100명의 회원을 가지고 있는 단체가 31개 순으로 나타나 있다.

(2) 재정 현황

비영리민간단체의 재정 현황을 살펴보면 표 11-7과 같다. 2004년도 결산액 규모로, 1,000만 원 이상인 단체가 57개로 62.0%, 100만 원 이상 500만 원 미만인 단체가 18개로 19.6%, 500만 원 이상 1,000만 원 미만인 단체가 16개로 17.4% 순으로 나타나 있으며, 조사대상 단체의 평균 결산액은 5,593만 원으로 조사되었다.

2005년도 예산액 규모를 보면, 1,000만 원 이상인 단체가 66개로 68.0%, 100만 원 이상 500만 원 미만인 단체가 16개로 16.5%, 500만 원 이상 1,000만 원 미만인 단체가 14개로 14.4% 순으로 나타나 있으며, 조사대상 단체의 평균 예산액은 5,554만 원으로 조사되었다.

(3) 상근직원 수

평택지역 비영리민간단체의 상근직원 수는 표 11-8과 같이 1명인 단체가 41개로 28.7%, 2명인 단체가 37개로 25.9%, 3명인 단체가 25개 순으

[표 11-7] 재정 현황

구분		빈도	백분율(%)
2004년도 결산액	100만 원 미만	1	1.1
	100~500만 원 미만	18	19.6
	500~1,000만 원 미만	16	17.4
	1,000만 원 이상	57	62.0
	계	92	100.0
	M: 5,593(SD: 18,380)		
2005년도 예산액	100만원 미만	1	1.0
	100~500만원 미만	16	16.5
	500~1,000만원 미만	14	14.4
	1,000만원 이상	66	68.0
	계	97	100.0
	M: 5,554(SD: 17,938)		

[표 11-8] 상근직원 수

직원 수	빈도	백분율(%)
1명	41	28.7
2명	37	25.9
3명	25	17.5
4명	8	5.6
5명 이상	32	22.4
합계	143	100.0

[표 11-9] 2004년도 비영리민간단체의 후원금 현황

금 액	빈 도	백분율(%)	M
500만 원 미만	37	56.1	
500만 원 이상~1,000만 원 미만	11	16.7	
1,000만 원 이상~2,000만 원 미만	9	13.6	1406.52
2,000만 원 이상~5,000만 원 미만	6	9.1	(SD=2591.728)
5,000만 원 이상	3	4.5	
합 계	66	100.0	

로 나타나 있다. 재정과 인력을 감안하면 단체의 활동에 있어서 상당한 한
계를 가질 수밖에 없을 것이다.

(4) 후원금에 관한 사항

비영리민간단체에서 2004년도에 모금한 후원금은 표 11-9와 같다.
500만 원 미만의 후원금을 모금한 단체가 37개로 56.1%, 500만 원 이상
1,000만 원 미만을 모금한 단체가 11개로 16.7%, 1,000만 원 이상 2,000
만 원 미만을 모금한 단체가 9개로 13.6% 순으로 나타나 있으며, 조사대
상 단체의 후원금 평균은 1,407만 원으로 조사되었다.

(5) 자원봉사활동에 관한 사항

비영리민간단체에 2004년도 한 해 동안 자원봉사자로 참여한 인원을

[표 11-10] 2004년도 자원봉사자 참가 인원

구분	항목	빈도	백분율(%)	M
20세 이상 자원봉사자	50명 미만	114	76.0	125 (SD=656.901)
	51~100명	18	12.0	
	101~200명	11	7.3	
	201~300명	4	2.7	
	300명 이상	3	2.0	
	합계	150	100.0	
중·고등학생 자원봉사자	50명 미만	20	76.9	88 (SD=219.047)
	51~100명	4	15.4	
	300명 이상	2	7.7	
	합계	26	100.0	

만 20세 이상 성인과 중·고등학생으로 구분하여 살펴보면 표 11-10과 같다. 50명 미만의 성인 자원봉사자가 참여한 단체가 114개로 76.0%, 51~100명 미만의 자원봉사자가 참여한 단체가 18개로 12.0%, 101~200명 미만의 자원봉사자가 참여한 단체가 11개로 7.3% 순으로 나타나 있으며, 조사대상 단체의 성인자원봉사자 평균은 125명으로 조사되었다.

또한 50명 미만의 중·고등학생 자원봉사자가 참여하였다고 응답한 단체가 20개로 76.9%, 51~100명 미만의 자원봉사자가 참여하였다고 응답한 단체가 4개로 15.4%, 300명 이상의 자원봉사자가 참여하였다고 응답한 단체가 2개로 7.7%로 나타나 있으며, 조사대상 단체의 중·고등학생 자원봉사자 평균은 88명으로 조사되었다.

(6) 복지서비스에 관한 사항

비영리민간단체가 제공하고 있는 서비스를 파악해 본 결과, 많은 관련을 가지고 활동을 하고 있는 분야가 노인복지(46.0%)이며, 다음이 장애인복지(35.0%), 아동복지(24.5%), 기초수급자(20.0%), 보육(12.5%) 순으로 나타나 있다.

노인복지 분야에서 활동하고 있는 단체의 서비스 제공대상자 수는 평균 88명으로 나타나 있다. 장애인복지 분야의 서비스 제공대상자 수는 평균 38명이고, 기초수급자는 118명, 보육은 80명으로 나타나 있다.

(7) 비영리민간단체 지원방안

평택시로부터 지원이 필요하다고 응답한 단체가 135개 단체(67.5%)로 나타나 있다.

평택시로부터 필요한 지원내용에 대해 살펴보면, 표 11-12에서 보는 바와 같이 활동에 필요한 자금과 비품, 기자재의 제공이 4.56(SD=.688), 활동 중의 사고에 대한 보험제도의 정비와 원조가 4.05(SD=.956), 주민이

[표 11-11] 평택시의 지원 필요성

구분	빈도	백분율(%)
유	135	67.5
무	65	32.5
합계	200	100.0

[표 11-12] 필요한 지원내용

구 분	N	M	SD
활동과 정보교환의 거점이 되는 장소 확보	131	3.56	1.190
활동에 필요한 자금과 비품 · 기자재의 제공	134	4.56	.688
행정과 시민, 기업 등의 활동에 관한 정보가 얻어질 수 있는 체제	132	3.81	1.005
시민과 기업 등에게 활동에 대한 이해와 참여를 권하는 홍보와 보급 활동	131	3.95	.939
활동의 평가, 표창제도의 창설과 확충	131	3.27	1.130
활동 중의 사고에 대한 보험제도의 정비와 원조	132	4.05	.956
활동구성원의 능력 향상을 위한 연수	132	3.92	.933
주민이 활동을 체험할 수 있는 장과 기회의 제공	132	3.98	.847
합 계	134	3.89	.596

활동을 체험할 수 있는 장과 기회의 제공이 3.98(Sd=.847), 행정과 시민, 기업 등의 활동에 대한 이해와 참여를 권하는 홍보와 보급 활동이 3.95(SD=.939), 활동구성원의 능력향상을 위한 연수가 3.92(SD=.933) 순으로 나타나 있다.

2. 비영리민간단체의 문제점

1) 열악한 재정 상태

비영리민간단체는 사회문제 해결에 있어 자발성과 비영리성을 가져야 하며, 동시에 단체 활동에 필요한 재원을 안정적으로 확보할 수 있어야 한다. 기존의 비영리민간단체는 영리를 추구하지 않는 자발적 조직이기 때문에 정부와 같은 강제력도 없으며 기업과 같이 영리적 활동을 추구하지 않는다. 다만, 단체를 구성하는 회원들의 회비, 단체의 활동과 의견을 같이 하는 개인이나 조직이 아무런 대가 없이 단체를 지원하는 기부 내지는 일정 범위의 수익사업이 주요한 재원 확보수단이 되어 왔다.

그러나 우리나라는 서구사회와는 대조적으로 시민사회로 성숙되는 과도기에 있으므로 현실적으로 회원의 회비나 후원금만으로 단체 활동에 필요한 재정을 확보할 수가 없다. 이에 종래의 비영리민간단체는 기업의 기부금을 통해 혹은 일부의 수익사업을 통해 재정 확보를 해왔다.

이러한 상황 속에서 1997년 경제적 위기체제는 지금까지 비영리민간단체의 중요 수입원이었던 기부금을 축소시키는 결과를 가져왔으며, 이러한 과정에서 비영리민간단체는 구조조정과 상근 간사를 자원봉사자로 바꾸는 등 혼란의 시기를 겪었다. 그러나 이러한 위기는 비영리민간단체에게 부정적 영향만을 끼친 것은 아니다.

경제적 위기가 지속되자 정부는 거액의 실업고용자금을 방출하면서 실업극복프로그램에 비영리민간단체들을 참여시켰다. 또한 사회복지공동모금회를 통해 모금된 170여억 원의 민간기금을 일부의 비영리민간단체 및 종교·사회단체 등 1천여 개의 기관·단체들에게 방출시켰다(이창호, 1999). 나아가 비영리민간단체지원법의 제정을 통해 비영리민간단체에 기부한 금액에 대한 소득공제와 일부 행정적 지원을 통해 활동의 기반을 마련하게 되었다.

그러나 문제는 비영리민간단체들이 이와 같은 단체 활동을 위한 재정확보를 위해 단체 자체의 활동목적과 동떨어진 분야까지 활동범위를 확대시켜 단체의 활동 역량에서 벗어나는 사업에까지 욕심을 내는 것이 아니냐는 비판을 받고 있다(백종만, 2000).

지역의 비영리민간단체는 지역 경제의 어려움과 주민참여의 소극성, 지역 자원의 한계성 등으로 인하여 전국단위의 단체보다 재정적으로 더욱 심각한 상태이어서 지방자치단체로부터 재정지원을 원하는 단체가 많은 실정이다.

2) 지역을 기반으로 하는 프로그램의 부족

비영리민간단체는 대중을 기반으로 한 활동이어야 한다. 비영리민간단체 초기 운동 시에는 전문직업인을 중심으로 전개된 운동일 수 있지만, 비영리민간단체가 발전하기 위해서는 소수의 엘리트나 명망가 중심으로 운동이 전개되어서는 안 된다. 일부에선 이를 '시민 없는 시민운동'이라고 비판하는 경우도 있다.

비영리민간단체는 지역주민의 대변자로서 그들의 요구를 파악하고 이를 정부에 연결하는 매개체로서의 역할을 충실히 수행해야 한다. 또한 비영리민간단체는 조직의 중요한 인적 자원인 주민들의 자발적 참여를 위한 다양한 대중적인 프로그램을 육성해 가야 한다. 그러나 우리나라에서는 최근 들어 지역사회를 기반으로 한 비영리민간단체가 증가하였다고는 하나 대부분 중앙기구만 활성화되어 있고 지역사회 단위로는 조직이 없거나 있다고 해도 명목상에 그치는 경우가 많다.

따라서 주민들의 참여를 적극적으로 이끌어내기 위해서는 회원을 확보하거나 회비를 수납하는 것뿐만 아니라 지역사회에 기반을 둔 지역 주민의 욕구에 맞는 프로그램의 개발 및 실천 등의 지역사회를 단위로 한 활동이 이루어져야 할 것이다.

3) 제도권 사회복지기관과 기능 및 역할상의 중복

비영리민간단체가 프로포절proposal을 통한 각종 기금을 지원 받고 직접적인 사회복지프로그램을 수행할 경우, 프로그램 실시상의 전문성 문제는 차치하고라도 지역 내 사회복지기관의 역할과 기능상의 중복 문제가 지적될 수 있다.

앞의 비영리민간단체 현황에서 살펴보았듯이 대부분의 비영리민간단체는 지역복지와 관련한 사업들을 일부분 시행하고 있고, 비영리민간단체들이 각종 기금을 지원받기 위해 사회복지서비스 프로포절을 신청함으로써 이러한 현상은 더욱 가속화되고 있다.

이렇듯 사회복지서비스 실천상의 전문성이 취약한 비영리민간단체가 사전 경험 없이 사회복지사업에 뛰어들 경우 자칫 사회복지계와의 역할과 기능상의 혼선을 초래함은 물론, 비영리민간단체 자체의 정체성 또한 불투명해 질 수 있다. 나아가 순수하게 사회복지기관에게 분배되어야 할 사회복지관련 민간기금이 비영리민간단체에까지 분산됨으로서 사회복지기관은 자원 활용과 역할 수행 양 측면에서 비영리민간단체와 중복적이고 경쟁적 상태에 놓이게 될 것이다.

특히 소수 인사중심의 조직 운영을 하고 있는 비영리민간단체가 타 단체들과 역할분담 없이 단체 본래의 사회적 기능이나 역할 수행과 관련된 영역을 넘어서는 프로그램을 실시하므로 인하여 기존의 사회복지기관들과의 역할상의 혼동과 갈등, 정서적 반감 등을 야기할 뿐만 아니라 프로그램 수행상의 노하우가 없는 비영리민간단체 또한 일시적인 붐 조성 수준에 그칠 위험이 있다. 이는 자칫 비영리민간단체의 운영에는 도움이 될지는 몰라도 지역주민에게는 오히려 혼란을 가중시키고 서비스의 질을 낮추는 결과를 가져올 수 있을 것이다.

4) 복지지향적인 비영리민간단체의 부족

지역복지 증진을 위한 많은 비영리민간단체들이 있지만 사회복지운동을 전개하고 있는 비영리민간단체로는 전국적 단체로서 참여민주사회시민연대(참여연대)와 경제정의실천시민연합(경실련) 등이 있으며 지역의 경우는 경기복지시민연대, 천안 복지세상을 열어가는 시민모임, 대구의 우리복지시민연합 등이 있다(이인재, 2004).

참여연대의 경우 사회복지서비스법 관련 소송 및 입법청원운동 등 비교적 새로운 방법의 운동을 주창하여 국민연금, 경로수당, 의료보험, 생활보장제도 등에 일대 변화를 가져오기도 하였다. 특히 1년여의 노력 끝에 '국민기초생활보장법'의 제정을 이끌어 낸 것도 전국 및 지역 단위 비영리민간단체들의 연대 활동에 의한 것이었다.

그러나 전국적 단위의 복지운동 단체는 극히 소수에 불과하고, 지역의 경우에는 그 상태가 더욱 심각하여 단순 서비스제공 단체는 일정부분 활동하고 있으나 쟁점 지향적 비영리민간단체 가운데 복지운동을 지향하는 비영리민간단체들은 없거나 있어도 활동이 취약한 실정이다.

일반적으로 우리나라의 사회복지계는 조직과 재정적 측면에서 정부 및 지방자치단체에 의존하고 있고, 사회복지와 관련된 정부 정책에 대항해 목소리를 내고 권익을 주장하는 활동이나 문제해결을 위한 행동에 대해서는 많은 경험을 가지고 있지 못하다.

그렇지만 최근 몇 년간 복지지향 비영리민간단체가 이루어 낸 복지와 관련한 성과가 그러하듯이 종래의 행동적 측면에 있어 취약한 구조를 가진 제도권 사회복지기관이 정부 정책과 제도에 권리주장을 행사하고 비판하며 사회문제에 민감하고 조직적인 행동을 하기 위해서는, 복지운동 지향적인 비영리민간단체가 늘어나야 할 필요가 있다.

Ⅳ. 지역복지 증진을 위한 비영리민간단체의 활용방안

지역의 비영리민간단체는 열악한 재정 상태와 지역을 기반으로 한 프로그램의 부족, 사회복지계와의 역할 갈등 및 기능상 중복, 복지지향적인 비영리민간단체의 부족 등 지역복지와 관련하여 많은 비판과 어려움을 겪고 있다. 이와 같은 문제점을 개선하고 지역복지 증진이라는 측면에서 비영리민간단체의 활용방안을 제시하면 다음과 같다.

1. 재정적인 자율성의 확보

비영리민간단체가 독립적으로 운영되기 위해서는 무엇보다 재정적인 자율성이 확보되어야 한다. 비영리민간단체의 재정확보를 위한 방안으로는 회원의 회비, 색깔 없는 후원금, 정부의 지원금 등 다양한 방안들이 논의되고 있다(박충훈·김연수, 2002).

직접적인 정부의 재정지원은 비영리민간단체의 기능적 독립성을 훼손시킬 위험성이 크기 때문에 대부분의 단체들은 이에 대해 거부 반응을 나타내고 있는 입장이다. 2000년 이후부터는 정부로부터 비영리민간단체에 대한 사업보조금이 지급되고 있다. 비영리민간단체를 운영해 나가기 위해서는 정부의 보조금을 전적으로 부정할 수는 없다. 정부가 비영리민간단체의 기금조성을 한다고 할지라도 그 기금의 중립적 성격을 유지토록 하고 비영리민간단체의 자율성이 위축되지 않도록 재정지원 방안을 강구하여 운용하는 지혜가 필요하다.

또한 단기적으로는 수익사업을 실시하거나 지방자치단체 혹은 기업의 지원을 받기 위해 프로젝트를 수행하는 경우에도 비영리민간단체의 본래 목표를 훼손시키지 않는 사업 범위 내에서 이루어져야 한다. 또한 시민과 자방자치단체로부터 신뢰를 받을 수 있도록 수입과 지출 내역을 공개하고 공인된 기관으로부터 철저한 회계감사 절차를 거치는 것도 하나의 대안일 수 있다.

나아가 비영리민간단체 스스로도 재원을 확보하기 위한 모금전략과 방법에 대한 개발도 필수적이다. 기존의 모금방법으로서는 자동응답전화 모금, 언론매체 등에 광고를 통한 모금 등이 가장 많이 알려진 모금형태였으나 앞으로는 이러한 방법과 더불어 자원을 외부로부터 확보하기 위한 모금방법의 다양화가 필요하다. 예를 들어, 인터넷을 활용한 모금을 개발하는 것도 한 방법이 될 수 있다.

이처럼 다양한 모금방법에 대한 개발과 실시를 통해서만이 주민의 자발적인 참여를 유도해 낼 수 있으며, 이를 통해 비영리민간단체의 재정적인 자율성을 확보할 수 있을 것이다.

2. 주민참여를 기반으로 한 비영리민간단체의 활성화

1995년 지방자치제의 실시 이후 지역사회 내의 다양한 현안문제 특히, 주민들의 생활과 밀접한 관련이 있는 환경과 교통, 생활개선 문제 등을 해결하기 위한 주민들의 목소리가 커지고 있다. 비영리민간단체는 이러한 주민들의 목소리를 수렴하여 복지향상을 위해 정부 측에 의견을 제시하고 비판하며 감시하는 역할을 해 오고 있다.

종래의 대부분의 비영리민간단체는 중앙을 중심으로 활동해 왔으며 지역사회 내의 비영리민간단체가 있다고 하더라도 지역사회 주민들의 욕구나 의견에 바탕을 둔 활동이기 보다 일부 소수의 인사에 의해 수행되어 온 측면이 강하다. 그러나 지역주민들의 복지향상을 위해서는 주민들의 욕구에 기반을 둔 프로그램의 활성화가 무엇보다 중요하다.

이를 위해서는 비영리민간단체의 활동에 있어서 지역주민의 참여가 선행되어야 할 것이다. 비영리민간단체 또한 지역주민들이 서비스를 제공받는 수혜자일 뿐이라는 인식에서 벗어나 주민이 지역사회를 움직이는 원동력이라는 사실을 새롭게 인식하고 주민이 권리의식을 가질 수 있도록 개인이나 집단 차원의 참여를 유도해 나가야 할 것이다. 나아가 지역사회가 갖고 있는 다양한 문제들을 주민 스스로 해결하도록 참여의 장을 열어주고 이들이 지역복지에 대한 이해와 관심을 가질 수 있도록 기회의 장을 마련해 주어야 할 것이다.

성남시의 '성남시민모임' 은 지역주민의 참여를 기반으로 한 비영리민간단체의 대표적 예로서 성남 지역 내의 환경과 교통, 주택, 교육, 행정 등 현안 문제들을 개선하고 그에 대한 대안을 모색함은 물론, 행정조직 개편에 대한 제언, 지방행정 서비스의 향상과 시민참여, 바람직한 예산편성, 지역경제 활성화와 실업문제의 대책, 삶의 질 향상을 위한 문화 · 환경 친화적 도시를 만들기 위한 제언과 같은 활동을 하고 있다.

이처럼 지역문제의 해결과 지역복지 증진을 위해 비영리민간단체를 바람직하게 활용하기 위해서는 무엇보다 주민들이 주체의식을 가지고 참여를 통해 그들의 욕구에 기반을 둔 서비스가 제공되도록 해야 한다. 왜냐하면 주민참여가 전제가 될 때만이 주민 스스로가 비영리민간단체의 활동에 적극적으로 참여할 것이며 회원으로서의 책임과 의무를 가지고 적극적으로 활동할 것이기 때문이다.

3. 제도권 사회복지기관과 연계를 통한 연대사업 확대

최근 들어 사회복지의 대상이 보편화되었다고는 하나 기존의 우리나라 사회복지계는 소수의 절대 빈곤층과 장애인, 노인 등 특수한 대상에게만 서비스를 제공해 온 경향이 있다. 또한 우리나라 사회복지계는 열악하기만 한 기부문화 속에서 운영자금에 있어서 자율성을 확보하지 못하고 정부의 재정적 지원에 상당부분 의존해 왔다.

이로 인해 사회복지관련 단체와 법인을 관변단체로 오인하는 경우도 있으며 사회복지계의 사회적·정치적 발언권을 결정적으로 약화시키는 조건이 되기도 하였다. 종래의 사회복지기관은 이해관계의 침해가 발생하지 않는 한 문제해결에 매우 소극적이었으며 지역주민의 참여를 통해 사회운동적으로 문제를 해결하기보다는 주로 정부 및 정치권과의 협력적 관계를 통하여 문제를 해결해 온 측면이 많다(김기식, 2001).

반면, 비영리민간단체는 일차적인 활동이 시민운동에 있고 지역의 현안 문제에 대해 과감하게 비판하고 정책형성 과정에도 참여함으로써 사회복지계와 비교해 현실적 문제에 민감하고 적극적인 성향을 가지게 되었다.

그러나 이 둘은 일차적 활동의 비중이 사회복지사업에 있느냐 시민운동에 있느냐라는 점에 있어서는 차이가 있지만, 둘 다 지역을 기반으로 활동을 한다는 점에서 공통점을 가지고 있다. 따라서 둘은 상호 대립적 관계가 아니라 상호 보완적 관계로서 지역복지 증진을 위해 비영리민간단체는 지역사회 내의 사회복지기관과 적극적인 연계·협력이 필요하다.

사회복지기관은 비영리민간단체와의 연계·협력을 통해 사회복지와 관련한 사회운동적 사안에 대해 정부 측에 목소리를 높일 수 있고, 복지대상자들의 권익을 옹호하며, 지역의 현안문제에 민감하게 대처할 수 있을 것이다. 또한 지역주민의 욕구와 문제를 함께 조사하고 공청회 개최를 통하여 지역 주민과의 공감대를 형성하며, 경우에 따라서는 비영리민간단체들과 공동의 프로그램을 개발할 수도 있을 것이다.

일부 사회복지계에서는 사회복지사업에 대해 비영리민간단체에게 주도권을 빼앗긴 것이 아니냐는 비판과 함께 대립적 관계를 조장하는 논의도 있어 왔다(이창호, 1999). 그러나 사회복지계와 비영리민간단체는 더 이상 대립적 관계가 아니라 상호간의 역할분담을 명확히 하여 사회복지서비스의 실천면에서 사회복지기관은 시설, 인력, 조직을 활용하여 서비스를 기획하고 제공하며 후원자 개발 등 실무적인 일을 행하고, 비영리민간단체는 여론 조성, 예산집행의 감시, 사업의 공동기획 등의 일들을 분담하여 연계·협력할 수 있는 관계를 형성해 나가야 할 것이다.

4. 자생적 복지지향적인 비영리민간단체의 조직화

지역복지와 관련한 현안문제에 민감하고 통일되며 조직화된 사회행동을 통해 정부의 잘못된 정책을 과감히 비판할 수 있는 자생적 복지지향적인 비영리민간단체가 필요하다. 그러나 우리나라는 사회복지실천분야의 관련단체를 제외하고 사회복지운동을 일상적인 과제로 하는 단체는 거의 찾아볼 수 없으며 사례 또한 많지 않다.

자생적 복지지향의 비영리민간단체는 지역주민들이 지역복지 증진을 위한 정책수립에 관여하며, 지역복지 인프라 확보에 기여하며, 사회복지 전달체계의 개선에 참여하게 되고, 복지대상자의 권리옹호에도 적극적으로 관여하게 될 것이다.

기존의 우리나라 복지 비영리민간단체 중에 이와 같은 복지를 지향하며 사회복지운동을 전개해온 단체로 가장 대표적인 단체는 경실련과 참여연대가 있다. 특히, 1990년대 이후 최근까지는 사회복지분야에서의 복지운동은 사회보장제도와 관련하여 전개되고 있고 보건의료개혁운동과 국민기초생활보장법 제정운동은 사회복지운동의 가장 성공적인 사례라고 볼 수 있다.

최근 들어서는 성남시의 '성남지역 민간보육시설연합회'와 '국공립보육시설연합회'가 공동으로 보육시설 이용아동의 비용경감, 장애아 · 영아전담보육시설 설립 등 보육사업의 질 확보를 위해 보육조례 공청회를 통해 성남시 보육조례를 제정한 사례도 있었다.

또한 지역주민에 의한 자생적 복지 비영리민간단체의 활성화를 통해 지역복지 증진을 도모한 사례로서 서울시 관악구의 '관악사회복지', 서울시 성북구의 '성북복지연대', 서울시 노원구의 '노원복지포럼' 등과 경기도의 '경기복지시민연대', 대구의 '우리복지시민연합' 등이 있다.

이처럼 주민들 사이에서 자생적 비영리민간단체의 조직화야말로 사회복지대상자의 권익옹호를 위한 제도개선이나 조치상의 변화, 복지예산의 확보, 지역사회 이슈의 개발 등 기존의 제도권 지역복지 관련기관에서 소극적으로 대응해 왔던 운동적 측면의 한계를 극복하고 궁극적으로 지역복지 증진에 기여할 수 있을 것이다.

Ⅴ. 결 론

여기서는 비영리민간단체에 대한 개괄적인 내용을 살펴보고, 전국 및 평택지역의 비영리민간단체의 현황과 문제점을 파악하였다. 이를 바탕으로 향후 지역복지 증진을 위해 비영리민간단체를 어떻게 활용할 것인가에 대해 언급하였다.

우리나라 비영리민간단체는 지역복지와 관련하여 우선은 단체의 재정적 열악성과 정체성 문제, 사회복지서비스 집행 능력의 부족, 제도권 사회복지기관과의 역할 갈등 및 중복과 같은 심각한 문제에 처해 있다.

비영리민간단체는 지역복지와 관련한 사회운동적 측면에서 사회복지계를 보완하는 역할을 할 수 있고, 사회복지계는 비영리민간단체에게 사회복지실천 부분을 보완해 줄 수 있다. 따라서 비영리민간단체와 사회복지기관은 지역복지 증진을 위해서 상호 대립적 관계가 아니라 상호 보완적 관계를 형성하여야 한다.

비영리민간단체는 지역복지관련 여론을 형성하고 예산집행 감시, 사회복지 전달체계를 확립하는데 기여하고, 지역주민들의 복지욕구에 부합하는 프로그램을 기획하고, 지역복지 관련 비영리민간단체의 연대를 통하여 지역복지 증진에 기여할 수 있을 것이다. 사회복지기관도 비영리민간단체를 효과적으로 활용함으로써 종래에 가지지 못했던 자기목소리와 정당성, 정치적 힘을 가지고 지역복지 발전에 기여할 수 있을 것이다.

이렇듯 비영리민간단체와 지역의 사회복지기관이 각자의 영역을 고수함과 동시에 본연의 의무를 저버리지 않는 범위 내에서 서로 연계·협력한다면 지역복지 증진을 위한 복지공동체의 형성도 먼 미래의 일만은 아닐 것이다.

지역사회복지와 분권

전광현*

1. 들어가는 말

지방자치제도는 사회복지적인 면에서 많은 시사점과 기대를 가져다주는 제도이다. 지방자치제 실시 이전에는 지역복지정책에 관한 대부분의 정책결정권이 중앙에 편중되어 있었으며, 지방정부는 중앙에서 계획한 복지정책을 단지 집행하는 것으로만 인식되어왔다. 그러나 지방자치는 주민자치에 입각한 풀뿌리 민주주의의 실현, 지역의 특성에 맞는 정책의 수립·집행, 합리적인 주민참여 시스템을 통한 주민 복지의 향상에 큰 의의가 있다. 지방정부는 '주민 삶의 질 향상'을 최우선의 목표로 추구하게 되고, 중앙정부의 복지정책과 연계하면서 구체적인 삶의 현장인 지역의 특성을 살리고 주민들의 다양하고 복잡한 복지수요를 반영한 독자적인 지역

* 서울신학대학교 사회복지학과 교수/한국지역사회복지학회장

사회복지 전략을 마련하는 일이 중요한 과제가 되고 있다. 특히 산업화, 도시화 및 핵가족화가 진행될수록 중앙정부에 의한 국가복지 중심에서 지역사회복지를 강화하는 방향으로 복지패러다임을 전환해야 할 것이다.

지역주민의 능동적 참여가 바탕이 되고 지역사회마다 고유한 특성을 사회복지사업에 반영할 수 있게 될 때 현실성 있고 내실 있는 복지사회를 구현할 수 있다. 지역의 특성을 살리고 지역마다 알맞은 사회복지 프로그램을 마련하고 실시하는 것이 곧 지역사회복지이기 때문이다. 지금까지의 사회복지는 대체로 계층별 즉 대상별로 취급하는 경향이 강했지만 지역사회복지는 일정한 지역차원에서 전개하되 주민이 주체가 되어 지방자치단체가 사회복지를 통합, 효율적으로 시행하는 데 특징이 있다. 지방단위에서의 사회복지는 지역주민의 복지를 위하여 공적, 사적인 기관이 협동하고 지역주민의 적극적인 참여를 통하여 주민의 생활문제 전반을 적극적으로 개선해나가는 시책 및 활동이라고 할 수 있다.

현대의 사회복지가 잔여복지에서 보편적 복지로 복지대상의 범위를 확대하는 방향으로 전환되고 있고, 이러한 점에서 보편적 복지를 구현하기 위한 여건과 환경을 구성하는 것을 분권이라고 한다. 즉, 중앙집권적인 복지에서 지방 분산적인 복지로의 전환을 강조하여 왔는데 이는 요보호계층을 위한 수혜사업 정도에서 주민들의 복지수요가 다양화·고도화되면서 이제는 건강, 여가, 문화 정보까지 포함하는 복지로 전환되었고, 제한적으로 절대빈곤을 구제하는 차원의 최저수준의 복지에서 모든 주민들을 대상으로 '삶의 질'을 향상하는 최적수준의 복지의 전환이 요구되는 가운데 분권을 통한 지역사회복지를 구현하여야 할 것이다.

2. 지방자치와 지역사회복지

1) 주민의 생활과 지방자치행정

최근에는 지역사회복지를 지역주민들의 생활의 안정을 추구하는 것이라고 설명하고 있다(右田 紀久惠, 1993). 생활이란 인간다운 삶으로 해석할 수 있으며, 이런 생활이 최근 산업화, 도시화로 인해 많은 변화가 있었다. 즉, 생활이 다른 무엇인가에 의존하지 않으면 안 되는 상황에 처해 있다고 할 수 있다(一番ヶ瀬康子, 1994). 우선 우리들은 아침에 일어나면 집에 있는 수도꼭지를 틀어 얼굴을 씻는다. 이 물은 공공정책에 의해 상수도를 통해 집으로 연결되어 있으며, 얼굴을 씻은 물도 하수도를 통하여 흘러 내려간다. 이 또한 상수도와 같이 공공정책에 의해 설비, 관리되고 있다(山手 茂, 1992). 또한 아침의 식료품도 농촌형의 사회에서는 자급자족으로 충족하였지만 도시형의 사회에서는 쌀은 물론 야채, 생선, 고기, 닭고기까지도 공공정책에 의해 각지에서 공급되는 것이며, 조리하는데 필요한 에너지 즉 전기 가스도 — 물론 기업에 의해 공급된다고는 하지만 — 공공정책에 의해 운송시스템, 품질, 요금 등이 결정된다. 그리고 직장으로 출근을 할 경우에도 농촌형 사회에서는 특별한 교통수단이 필요 없었으나 지금 우리의 상황에서는 자동차나 철도, 지하철, 버스 등을 이용하지 않으면 안 된다. 이 또한 공공정책에 의해 정비되면서 일정한 수준을 유지하고 있는 것이다. 일어나서부터 잠을 잘 때까지 우리의 생활은 공공정책의 망 가운데 있는 것이다. 이것은 하루의 생활뿐만이 아니라 생애에 있어서도 연속되는 것이다. 즉 유아기, 유년기, 소년기, 청년기, 성년기, 숙년기, 노년기에 이르기까지 각 시기에 따른 공공정책이 필요하다다(川添 登·一番ヶ瀬康子, 1993). 도시화된 사회의 특징은 생활의 사회화이다(副田義也 外, 1973). 즉, 생활 시스템의 기계화와 외부화이다. 생산과 생활은 사회분업에 휘말려 한편은 기계화 또 한편은 외부화 되었다. 효행까지도 사회화에 의해 이로워지고 말았다(예를 들면 간병인, 식당에서의 축하연 등).

도시형 사회로의 변모는 지역 주민들의 생활이 공공정책에 대한 의존과 기대, 반대로는 공공정책이 지역 주민들의 생활에 대한 책임으로 관련을 맺게 된다고 할 수 있다. 따라서 주민의 생활의 면에서 보면 공공의 보장 과제와 영역은 크게 3가지로 분류할 수 있다(川添 登·一番ヶ瀬康子, 1993). ①복지문제인 사회보장의 과제 — 공적부조, 사회보험, 사회복지 서비스, ②도시문제인 도시자원의 과제 — 집회시설, 교육, 의료, 복지시설, 공원 등과 같은 시민시설, 상하수도, 도로망, 교통망 등과 같은 도시장치와 공영주택, ③환경문제인 사회보건의 과제 — 공중위생, 식품, 의약품, 더불어 공해대책 등이다.

2) 지방자치행정과 지역사회복지

앞에서 주민의 생활이 행정과 얼마나 밀접하게 관계되어 있는지 알 수 있었다. 진정한 의미에서 주민 생활의 안정을 추구하고 문제를 해결하기 위해서는 주민의 생활을 알 수 있으며, 정책을 현실적으로 수립하며, 또 그것이 불합리하다는 것을 알게 되었을 때에 즉시 변경, 수정 가능한 지방자치행정이 이 역할을 담당하는 것은 어쩌면 당연한 일인지도 모른다. 또한 지역 주민의 생활이 지역에 따라 다르며, 같은 지역에 있는 주민이라고 하더라도 각 주민마다 다양하고 독특한 생활양식을 갖고 생활을 하고 있으므로 각 지역의 특징과 그 지역의 복지문화를 유지, 발전시키는 것은 역시 지방자치단체의 행정만이 가능하다고 할 수 있다(木田 弘, 1990).

공공의 보장 과제에 대한 책임은 우리나라의 헌법에서 명백히 언급하고 있다. 즉, 헌법 제34조에서 「모든 국민은 인간다운 생활을 할 권리를 가진다. 국가는 사회보장, 사회복지 증진에 노력할 의무를 진다」고 명기되어 있으며, 제35조에서는 「모든 국민은 건강하고 쾌적한 환경에서 생활할 권리를 가지며, 국가와 국민은 환경 보존을 위해 노력하여야 한다」 또 제36조에서는 「모든 국민은 보건에 관하여 국가의 보호를 받는다」는 국민의 생활권에 대한 보장을 분명히 하고 있다(대한민국헌법, 1989).

아울러 지방자치단체의 책임까지도 헌법 제117조에서 언급을 하고 있는데 즉 「지방자치단체는 주민의 복리에 관한 사무를 처리하고 재산을 관리한다」고 되어 있으며, 사회복지사업법 제2조의 2에 의하면, 「국가와 지방자치단체는 사회복지를 증진할 책임을 진다」고 되어 있다(사회복지사업법, 1989).

따라서 국가 및 지방자치단체는 국민의 생활권에 대한 추구와 사회복지에 대한 책임도 분명히 하고 있음을 알 수 있다. 그러나 국민의 생활의 질에 대한 책임을 성실히 수행하는데 있어서 중앙에서 하는 것이 바람직한가 아니면 지방이 담당하는 것이 효과적이며 바람직한 것에 대한 논란이 바로 분권, 역할분담(전광현, 1994)에 관한 것인데, 결국 다양한 생활모습과 지역의 특성을 추구하는 경우에 있어서의 권한의 분리와 상호 협조에 의한 정책 추진이야말로 중요하며 필요한 것이다(伊部英男, 大森 彌, 1988).

이런 분권과 분담은 생활 권리의 하나인 복지의 문제를 해결하는 데 있어서도 대단히 중요한 요소가 되고 있다. 종래의 복지 즉, 시설중심의 복지와 화폐적 서비스를 추구하던 선별적 복지에서는 이러한 문제들이 크게 표면화되지 않았다. 그러나 산업화, 도시화, 핵가족화로 인하여 생활의 사회화와 가족의 복지 기능의 축소, 지역 연대감의 상실, 고령화 사회의 도래 등으로 말미암아 주민들의 복지문제의 다양화, 고도화와 복잡화 현상과 아울러 사회복지의 새로운 이념인 정상화의 도입과 사회복지서비스를 시행하는데 기본 관점으로 생각하고 있는 생활의 질(QOL, 三重野 卓, 1990 參考)에 대한 문제 등으로 인하여 재가중심의 서비스와 비화폐적 서비스의 중요성(村田正子, 1987)이 부각되기 시작하였다. 이러한 여러 가지를 정리하고 체계화하려는 노력을 지역사회복지라고 말하고 있는데 이를 개념적으로 말하면 지역 주민의 생활의 문제를 해결하기 위해 생활자, 주민주체의 원칙에 입각하여 (국가)지방자치단체 및 주민조직, 민간단체가 협력하여 개별적, 종합적, 조직적으로 원조를 하는 지역시책과 지역활동을 말하며 지역사회복지를 구성하는 요건으로서 지역에서 생활이 가능하게 할 수 있는 제도의 충실, 서비스의 체계적 실시, 그런 서비스를 구체적으로 이용할 수 있도록 원조하는 방법이나 기술 혹은 물적, 제도적 조건을 정비하기 위한 제반 활동이다(阿部志郎 외, 1986). 따라서 이를 근거로 하여 지역사회복지적 입장에서 사회복지를 전개하려고 하는 기초지방자치단체의 역할의 중시, 재가복지의 충실, 민간복지서비스의 건전 육성, 복지와 보건의료의 연계 강화 · 종합화, 복지 담당자들의 양성과 확보, 서비스의 종합화 · 효율화를 추진하기 위한 복지정보제공체제의 정비 등 일선자치 행정기관의 정책주체에 의한 사회복지서비스의 다양화 및 체계화에 노력을 기울이고 있다고 할 수 있다.

보다 효과적인 주민의 생활의 질을 보장하기 위한 노력이 지역사회복지이며 이를 위해서는 지역 주민의 생활의 문제를 직접적으로 느낄 수 있는 기초행정이 그 권한과 책임을 부여받고 다양한 복지 자원을 활용하여 각 시민과 단체들의 협력과 분담에 의하여 실제적이고 구체적인 복지계획에 의하여 서비스를 제공하는 여건이 중요하고 필요하다(전광현, 1997).

3. 지역사회복지행정과 지역분권

분권화란 정부의 권한을 가능한 지방자치단체로 이양하여 지방자치단체로 하여금 광범위하고 강력한 권능을 부여하여 지방자치단체의 자율성과 독립성을 보장하는 것을 말하는 것으로서 가능한 한 권한을 중앙정부에 집중하는 중앙집권의 상대적 개념이라고 하며 행정 분산의 개념과는 거리가 있다고 한다. 따라서 여기서의 분권은 집권과의 관계에서 상대적 개념이기에 완전한 분권이란 있을 수 없다고 하며 그러기에 양자 사이에 항상 균형이 필요하다고 한다(안용식 외, 2000).

따라서 정부 간의 관계에서 주민, 시민, 국민의 생활의 질을 생각할 경우에 정부 간의 역할 분담은 간과하여서는 안 되는 부분이라고 생각된다. 국민이기에 전국적으로 보장받아야 되는 부분 즉, 국민최저생활의 보장과 같은 소득 보장은 당연히 중앙정부인 국가가 담당하여야 할 것으로 사려되며, 보건·의료와 같은 부분은 광역정부가 담당하여야 할 것이며, 지역주민의 복지서비스 부분은 기초정부가 담당하여야 할 것이라고 사려 된다. 일찍이 영국이나 미국이 이러한 원칙에 의거하여 하였다고 한다.

4. 한국의 지역분권에 대한 현황

1) 지방자치단체사무의 종류

우리나라 지방자치단체는 자기에게 부여되는 제 기능의 수행을 위하여 다양한 종류의 사무를 처리하고 있으나 헌법과 지방자치법은 명시적으로 사무의 종류를 규정하지 않고 있다고 한다(한국지방자치학회, 2000). 즉, 헌법 제117조 제1항은 지방자치단체가 사무를 처리할 수 있다는 점을 규정하고 있고, 지방자치법은 제9조 제1항에서 지방자치단체는 그 관할 구역의 자치사무와 법령에 의하여 지방자치단체에 속하는 사무를 처리한다고 규정되어 있으며, 또 제93조에는 국가사무는 법령에 따른 규정이 없는 한 시·도지사와 시장·군수 및 자치구의 구청장에게 위임하여 행한다고 규정하고 있다. 이에 대하여 일반적으로 제9조 제1항에 속하는 관할 구역의 자치사무를 자치사무로, 같은 항의 법령에 의하여 지방자치단체에 속하는 사무를 단체위임사무로 보고 이 두 가지 종류의 사무가 자치단체사무를 구성하는 것으로 해석하고 있다. 또 법령에 다른 규정이 없는 한 시 · 도지사와 시장 · 군수 및 자치구의 구청장에게 위임하여 처리하는 국가사무(지방자치법 제93조)를 기관위임사무로 해석하고 있다. 이에 따라 지방자치단체장이 관리하고 집행하는 사무는 당해 지방자치단체의 사무(자치사무와 단체위임사무)와 법령에 의하여 그 지방자치단체의 장에게 위임된 사무(기관위임사무)가 된다.

즉, 자치사무는 법령에서 표현된 용어를 그대로 사용한 것이며, 단체위임사무는 법령에 의하여 자치단체에 위임된 것이라는 의미이며, 기관위임사무는 국가의 사무 가운데 자치단체장에게 위임된 것을 의미한다. 기관위임사무도 역시 법령에 의하여 위임되었지만 지방자치단체가 아니라 지방자치단체장에게 위임되었다는 점에서 단체위임사무와 구별된다.

여하튼 오늘날의 지방정부는 더 이상 사회영역에 속하는 것이 아니라 중앙정부와 더불어 공공업무를 처리하는 공공주체로서 지위를 가지고 있다. 이로 인해 업무이원론의 이론적 기반이 상실되었다. 주민의 입장에서는 지방정부가 처리하는 사무가 어떤 성질을 갖는지는 별로 중요하지 않다. 단지 지방정부가 처리하는 공공업무로서 이해하고 있을 뿐이다. 따라서 진정으로 지역 주민들의 다양하고 복잡한 복지 욕구를 해결할 수 있고 지역의 복지공동체를 형성할 수 있는 행정의 역할 분담 체계가 중요하고 의미 있는 것이다. 그런데 지금의 행정체계는 중앙에 권한이 집중되어 있다. 그리하여 효과적 행정의 수행이 곤란한 상태에 있다. 지금 우리나라의 사무구분을 보면(2003년도), 국가사무(73%), 국가위임사무(3%), 지방사무(24%)로 되어 있어서 지방정부는 업무를 추진하기에 대단히 불합리하고 과다하게 중앙관여적인 상태다.

2) 지방자치단체와 지방재정

지방분권과 관련하여 무엇보다 판단의 기준이 되는 부분이 재정이다. 지금까지의 한국의 지방재정의 현상은 다음과 같다.

(1) 중앙정부에의 재정의존성

한마디로 우리나라의 지방재정 현실은 아직도 열악한 수준에 머무르고 있다. 2003년도 국가 전체적인 총예산규모는 약 233조 원으로 이중 지방예산총규모는 78조 원으로 국가재정 대비 67%: 33%에 불과하고, 이 중 중앙정부로부터의 이전재원이 34.6%에 이르고 있어 중앙의존성이 강하게 나타나고 있다.

또한, 국세중심의 조세체계로 국세와 지방세의 비중이 80: 20으로 지방세구조가 여전히 취약하고, 세수탄력성이 낮은 재산과세(45.8%) 위주로 되어 있어 재원 확충이 상당히 어려운 현실이다.

결국 할 일은 많은데 재정규모가 따라주지 못해 '일'에 비해서 '돈'이 부족한 재정과 기능의 불일치 현상이 일어나고 중앙과 지방간의 수직적 재정불균형 현상이 초래되고 있다.

(2) 낮은 재정자립도와 심한 지역별 편차

지방자치단체가 스스로의 일을 위해 자체적으로 재원을 조달할 수 있는 능력을 나타내는 재정자립도를 보면 2003년도 경우 전국평균 56.2%에 불과하고, 50% 이하가 179개 자치단체로 79%를 차지하고 있다.

또한, 지방자치단체의 지방세 및 세외수입의 세원여건이 되는 지역경제력의 차이에 따라 광역·기초간, 도시·농촌간 상당한 격차가 나타나고 있는바, 서울특별시 95.1%, 광역시 70.2%, 도 39.4%, 시 46.8%, 군 18.8%, 자치구 43.2%로 나타나고 있다.

[표 12-1] 2003년도 자치단체 재정자립도 현황(%)

구 분	전국	특별시	광역시	도	시	군	자치구
평 균	56.2	95.1	70.2	39.4	46.8	18.8	43.2
최 고 (단체명)	-	95.1 (서울)	74.4 (대구)	75.8 (경기)	95.8 (과천)	57.0 (울주)	92.6 (서울중구)
최 저 (단체명)	-	-	58.1 (광주)	14.0 (전남)	13.5 (나주)	7.2 (신안)	20.4 (광주남구)

주) 전국 및 시·도별 재정자립도 평균을 산출하는 경우에는 순계규모를 사용하고, 개별 단체로 재정자립도를 산출하는 경우에는 총계예산규모를 사용함.

한편, 전 지방자치단체의 61%에 해당하는 151개 지방자치단체가 지방 세수입으로 자체 인건비를 해결하지 못하고 있고, 자체수입(지방세와 세외수입)으로 인건비를 해결하지 못하는 단체도 35개 단체(14%)나 되고 있을 정도로 재정자립도의 지역 간 격차가 크다.

(3) 재정지출구조의 비탄력성과 '17%의 지방자치'

지방예산에서 인건비 등 경상예산이 전체예산의 23.2%를 차지하고, 법적·의무적 경비와 국고보조 지방비부담 등 필수경비를 제외하면 '03년의 경우 예비비와 자체사업비를 포함한 투자가용재원이 21.4%에 불과한 실정이다. 이에 따라 지방자치단체가 지역주민의 기대와 요구에 따라 자기 결정과 책임 하에 사업을 추진할 수 있는 자율투자 사업비가 일반회계 총계예산의 17%로 낮은 수준에 머무르고 있다. 다시 말하면, 우리나라의 지방자치는 재정적으로만 본다면 '17%의 지방자치' 라고 할 수 있다.

특히, 민선자치이후 국가사무의 지방이양 및 국고보조금의 증가에 따른 의무적 지방비 부담증가 등으로 재정경직도가 심화되고 있다.

5. 정부의 지방분권추진 성격과 내용

1) 정부의 지방분권추진 성격과 의미

노무현 정부는 정부의 명칭을 '참여정부'로 확정하고, 참여정부가 추구하는 가치이자 기본방침으로서 '분권과 자율'을 4대 국정 원리의 하나로 제시하였으며, 아울러 '지방분권과 국가균형발전'을 국정 12대 의제 중의 하나로 선정하였다(제16대 대통령직인수위원회, 2003). 그리고 지방분권의 제도화를 위하여 중앙정부의 혁신과 연계시켜 추진해 나간다는 방향에 따라 2003년 4월 9일 '정부혁신지방분권위원회'를 발족시켰으며, 이 위원회를 중심으로 지방분권화에 대한 로드맵을 발표하고, 곧 이어 2003년 12월 29일에 국가균형발전 3대 특별법인 '지방분권특별법', '국가균형발전특별법', '신행정수도건설을 위한 특별조치법' 등을 제정하는 등 재빠르게 정책을 추진하였다. 이런 가운데 지방분권화 정책의 일환으로서 재정분권화 정책을 추진하고 있으며, 이로 인해 특히 보건복지부(현 보건복지가족부)의 보조금제도에서 중대한 변화를 가져왔다.

참여정부가 국정의 주요 과제로서 추진한 '분권화' 정책은 기존의 국가운영의 근본을 바꾸는 역사적 과업으로서 사회 전반에 미치는 영향을 다음과 같이 설명하고 있다(정부혁신지방분권위원회, 2003). 첫째, 21세기 지식정보사회의 변화된 정치 환경은 국가운영 패러다임의 전환을 요구하고 있는 바, 그 방향은 통치^{Government}에서 협치^{Governance}로, 관에서 민으로, 중앙에서 지방으로, 소외에서 참여로 이며 둘째, 세계화 현상은 국가역할의 변화와 지방의 역할 증대를 요구하고 있는 바, 국가의 매개 없이 지방이 직접 세계를 대면하고, 지역중심의 생활안전망을 요구하며, 다양성과 창의성에 기반을 둔 지역경쟁력 강화를 요청받고 있으며, 그리하여 셋째, 21세기 정치 환경은 지식정보의 공유, 주체성과 책임성 확립, 개성과 다양성 발현에 기초한 분권형 국가운영을 요구하고 있다는 점을 강조하고 있다.

이를 위하여 첫째, 주민과 함께 하는 지방분권국가 둘째, 지방의 창의성과 다양성이 존중되는 국가 셋째, 아래로부터 지속적인 자기혁신이 가능한 국가 넷째, 자율과 책임, 공동체 정신을 바탕으로 하는 국가 건설을 이룩하여 '지방 활력을 통한 국가발전'을 목표로 하고 있다.

2) 노무현 정부의 지방분권 추진의 내용과 방향

정부혁신지방분권위원회에서 작성한 재정분권화 내용 가운데 사회복지에 큰 영향을 주는 부문이 바로 국고보조금제도 부문이다. 이 위원회는 현 국고보조금제도의 문제로 첫째, 지방재정의 자율성을 저해하는 국고보조금의 증가 둘째, 지방이 아닌 중앙의 우선순위에 따라 소액분산투자가 지속되며, 지방비의 배정^{matching}과 사후정산의 문제 발생 등 국고보조금 제도 자체의 비효율 및 낭비요인 상존 등을 들고 있다. 이러한 문제를 해결하기 위하여 국고보조사업 정비 기준으로서 첫째, 지방이양 대상사업으로 명백한 지방사무에 대한 국고보조, 반복적 집행성격의 시설물 경상운영비 지원사업, 단순한 지방재원 보전성격의 보조사업, 국고보조의 실익이 낮은 소액보조사업 등을 들며 둘째, 국고보조 대상사업으로 사무성격상 명백히 국가사무인 경우, 국가적으로 꼭 필요한 사업이나 지방이양시 축소가 예상되는 사업, 중앙정부의 정책수립과 밀접히 연계되어 있고 대내외 환경변화에 국가적으로 대처해야 하는 사업 등을 들고 있고 셋째, 국가균형발전특별회계 대상사업으로 낙후지역, 농산어촌 및 지역 SOC 개발관련 사업, 지역의 문화·예술·관광자원 개발관련 사업, 지역전략산업, 문화관광클러스터 등 지역혁신 관련사업, 그리고 기타 국가균형발전특별법상 규정된 사업 등을 들고 있으며 넷째, 기타 제도개선방안과 과제로 포괄보조금 제도 도입 추진, 보조율 정비 및 차등보조 방안 검토, 지방재정의 자율성·책임성 확보안방 강구, 국고보조대상사업에 대한 관리 강화 등을 들고 있다.

한편, 향후 추진계획을 보면, 2005년도 예산편성지침에 반영할 것이며, 지방이양사업의 재정이양 방안 마련(04. 6), 국고보조금 정비 관련 법령 정비(04. 9), 2005년도 예산편성 시 정비방안을 반영(04. 6~9)하겠다는 것이다.

6. 바람직한 지역사회복지를 위한 지역분권의 문제와 과제

1) 지방복지행정의 문제 및 과제

(1) 사무배분의 획일화

지방정부의 특수성, 행정수요의 차이, 재정 능력, 인구 규모 등을 고려하지 않고 광역자치단체와 기초자치단체별로 동일한 내용의 사무를 배분하고 있다는 것이다. 즉, 지방자치단체를 시·도와 시·군·자치구로 대별한 후 자치단체의 종류별 사무배분기준을 일률적으로 적용하기 보다는 개별 지방자치단체의 특성에 맞는 사무 배분이 이루어지도록 하여야 할 것이다.

(2) 광역과 기초 간 사무배분 기준의 부재

시·도와 시·군·구간의 사무배분기준이 불합리할 뿐만 아니라 양자 간에 사무의 중복이 많이 발생한다는 것이다. 지방자치법 제10조에는 광역적 사무, 동일기준의 사무, 통일적 사무, 연락·조정사무, 독자처리의 부적당 사무 및 대규모 시설의 설치·관리 등을 시·도의 사무로 제시하고는 있으나 시·군·구의 사무에 대하여서는 막연히 시·도가 처리하기로 되어 있는 사무를 제외한 사무라고만 규정하고 있다. 즉, 광역자치단체의 사무를 먼저 규정한 뒤 나머지 잔여사무에 대하여 기초자치단체의 사무로 규정하고 있어 시·군·구의 독자적인 사무배분 규정이 없다. 이처럼 애매한 사무규정에 의거하여 광역과 기초자치단체와의 사무 중복이 발생하고 또 양자 간의 책임의 한계가 불분명할 뿐만 아니라 기초의 사무 처리를 광역이 통제·감독함으로 기초자치단체가 하급기관화되지 않도록 하여야 할 것이다.

(3) 지방복지행정의 효율적 운영

지방행정의 비효율성 문제는 국가통제를 강화하게 하는 유도 요인이 되고 있다. 이는 지방의회·자치단체장의 정치적 메커니즘 속에서 효율성이 제고될 수 있도록 투명성을 강화하고 법적인 상호관계 정립이 중요한 문제이고 과제라고 할 수 있다. 국민의 자원을 낭비하였다는 이유로 중앙의 사전·사후적 통제를 강화해야 한다는 논리에 대한 빌미를 주지 않도록 하는 책임 있는 행정이 되어야 할 것이다.

(4) 지방정부 행정 조직과 기능의 전문성의 향상

전달체계의 미비와 재정부족 그리고 전문행정인 양성의 과제가 부각될 것이기에 이에 대한 대비와 개선 노력이 계속되어야 할 것이다. 그리고 주민 복지욕구의 해결을 위해 자치단체의 정책체계화의 출발점은 무엇보다도 과학적인 욕구 실태조사나 지역복지 수요의 분석이 선결과제이다. 따라서 지방정부는 복지수요와 복지자원을 확인하는 정기적 조사가 우선적으로 실시되어야겠다.

(5) 종합화, 계획화, 참여와 협동

지역차원에서의 종합화, 계획화, 참여와 협동이라는 3가지 원칙을 수행할 수 있는 조건과 여건의 개선이 있어야 하는데, 이는 지금의 횡적인 복지행정에 따라서는 극복할 수 없으므로 행정 조직의 개편은 물론 관련법의 제정과 이를 장기적으로 분석·대응할 수 있는 연구, 행정 관료들의 의식의 전환 또한 필요할 것이다.

2) 지방재정의 문제 및 과제

앞에서 언급한 대로 지방재정분권이 지방자치의 정치적 가치와 민주발전은 물론이고 주민의 요구[need]에 대한 효율적이고 효과적인 접근이 되도록 획기적으로 개선되어야 한다. 이를 위하여 권한과 책임의 이양과 협력은 대단히 중요하고, 이를 할 수 있는 능력은 재정이다. 지방정부가 재정의 부분에서 자유롭지 못하다면 많은 권한은 부담으로 작용하고 결국은 지역사회복지를 후퇴하게 하는 결과를 낳을 것이다.

(1) 지방재정권한의 이양과 지방정치메커니즘의 활성화

지방재정권한 중 예산편성지침과 지방채발행 승인권은 오랜 전통을 갖고 우리나라 지방재정의 운영과 건전성 유지에 크게 기여해 온 제도이다. 예산편성지침이 경상예산을 최소화하고 사업예산의 가용재원을 최대한 확보하여 지역개발을 촉진해 왔다고 한다면, 지방채발행 승인권은 우리나라 지방자치단체의 건전성을 유지하는데 크게 기여할 것이다. 그러나 분분권·자율화가 낭비·남용의 부작용으로 나타나지 않도록 주민·의회·단체장의 3각 관계를 기본 틀로 하면서 시민단체·지방언론·이익단체들이상호견제와 균형을 유지하는 '지방정치메커니즘'에 권한을 배분하고 인터넷 등에 재정정보를 공개하는 방안을 병행하여 강구할 필요가 있다.

(2) 지방재정운영의 책임성 강화

지방재정의 확충만큼 중요한 것이 주어진 재원을 합리적·효율적으로 운영하는 지혜이다. 지방분권에 따라 지방재정의 규모와 운영의 자율성이 대폭 확대될 것이므로 동시에 지방재정운영의 건전성과 책임성 확보를 위한 제반 제도의 정착이 시급히 요구된다. 그러나 이러한 제반 장치들이 지나칠 경우 지방의 자율권을 제약할 우려가 있다. 따라서 지방재정운영의 건전성 확보는 분권화와 자율의 원칙을 최대한 존중하여 지방자치 단체별로 특성을 인정하는 방향으로 추진하여야 할 것이며, 지방의회, 주민과 전문가들을 통한 자율적 통제를 강화하는 방향으로 하여야 할 것이다.

(3) 재정분석·진단제도의 실효성 강화

지방자치단체에 대한 재정분석을 실시, 그 결과를 공개하여 지방재정위기를 사전에 예방하고자 하는 재정분석진단제도의 경우도 제도의 공정성과 객관성을 확보하도록 지속적인 개선작업이 뒤따라야 할 것이다. 이를 위해서는 경상경비 운영상황측정 등 보다 객관적이고 합리적인 재정분석 지표를 개발·보완하고 재정분석·진단을 전문기관에서 수행하도록 하여 제도운영의 전문성·공정성을 높여 나가야 한다.

(4) 지방행정의 복식부기의 도입

물론 시범적으로 시행하고 있는 지방정부도 있으나 아직도 대부분 단식부기에 의하여 재정을 집행하고 있다. 그러나 복식부기의 도입과 정착을 통해 지방재정의 효율성과 투명성을 더욱 강화해야 할 것이다. 복식부기는 현금, 자산, 부채 등 재정상황을 실시간으로 파악, 자치단체 간 사업별 성과비교 등을 통해 효율적 재정운영을 도모할 수 있다는 점에서 지방재정 건전성 강화에 크게 기여할 것으로 기대되고 있다. 따라서 복식부기에 대한 지속적인 연구와 개선을 통해 연차적 확대와 성공적 정착을 도모해야 할 것이다.

3) 지방의회 기능의 문제 및 과제

이러한 지방분권의 의미를 보다 활발하게 살리기 위해서는 의회 기능의
보완이 필요하다.

(1) 지방의회의 활성화를 위한 제도적인 개선

지방의회는 주민의 대표기관으로서 지방행정에 대한 정치적인 의사를
결정하고 집행기관의 행정을 통제하는 지방정치의 중심기관임에도 불구
하고 제도상의 미비와 인적자원의 빈곤으로 기대되는 역할을 충분히 수행
하지 못하고 있다. 이에 지방의회를 활성화하기 위한 제반조치가 이루어
져야한다. 지방의회활동이 단순히 집행부에 대한 산발적 견제기능으로 그
치지 않고 정책기능을 통한 선도적 기능을 하게 하여야 할 것이다.

(2) 지방의회의 권한확대

지방의회가 지방정치의 중심으로 활동할 수 있도록 여건을 구비해야 한
다. 현재의 지방자치법에 의하면 지방정치의 권력의 중심은 지방자치단체
장에 치우쳐 있으며 지방의회는 지방정치에서 소외되도록 지방의 내부적
인 구조가 제도화되어 있다. 지방의정을 활성화하기 위해서는 무엇보다도
지방의회가 주민대표기관으로서 활동을 할 수 있도록 권한과 활동여건을
조성해 주어야 한다. 이를 위하여 지방의회의 권한을 지방자치단체장에
대등하도록 하여야 한다. 지방자치단체의 모든 중요한 문제가 지방의회에
서 심의 · 의결 될 수 있도록 하여야 한다.

(3) 지방의회의 전문성제고

지방의회의 운영이 효율적으로 이루어지도록 하여야 한다. 지방의정의 효율성을 제고하기 위하여 먼저 지방의회의 전문성이 제고되어야 한다. 지방의회의 예산심의와 결산의 효율성을 제고하기 위해서는 지방의회에 상임위원회를 두어 지방재정을 상시적으로 감시·통제할 수 있도록 하는 제도가 도입되어야 한다(분권과 참여를 위한 시민사회네트워크, 2003).

4) 지역복지계획과 주민 참여의 문제 및 과제

(1) 지방재정운영상황 자율공개 확대

우선 주민 참여를 위한 전제조건으로 지방재정운영상황 자율공개가 확대되어야 한다. 지방자치가 진전될수록 중앙정부에 의한 외부적 통제보다는 지역주민에 의한 자율적·내부적 통제가 지방분권의 취지에 부합하는 수단이 될 것이다. 따라서 지방재정의 책임성도 지역주민 스스로 확보할 수 있도록 다양한 제도적 기반이 구축되어야 할 것이다. 이를 위해 지역주민이 재정정보에 쉽게 접근할 수 있도록 지방재정운영과정과 그 결과에 대한 공개와 다양한 정보 제공이 선행되어야 할 것이고, 더 나아가서 지방행정과정에의 주민참여도 제도적, 법적으로 보장되어야 한다. 지금까지 단순히 보고하고 자문을 받는 형식적인 참여가 아닌 합의와 결의 과정을 주민들의 참여 속에서 이루어지도록 하는 장치가 필연적으로 있어야 할 것이다.

(2) 주민참여를 도모하기 위한 조직과 활성화 방안 구현

중복되는 이야기이지만 주민참여를 도모하기 위한 조직과 활성화 방안이 구현되어야 할 것이다. 주민, 시민참여는 사회복지에서 과거로부터 지금까지 특히 지역사회복지시대에 강조되고 있다. 이에 대한 노력은 지역사회복지의 성패까지도 좌우한다고 할 수 있다. 시민참여는 크게 '자치단체의 정책결정과정에의 참여'와 '지역사회활동에의 참여'로 구분된다. 먼저 정책결정과정의 참여부분에 있어서는 현행 사회복지와 관련해서 조직·운영되고 있는 각종 위원회들의 역할과 기능을 강화해야 할 것이다. 현재 각종 위원회(사회복지위원회, 기초생활보장위원회, 장애인복지위원회, 보육위원회, 청소년육성위원회 등)가 형식에 치우쳐 있으며, 심지어 사회복지법상에 규정된 각종 위원회를 설치하지 않고 있다는 것이 현실이다. 따라서 이들 위원회의 통폐합과 함께 설치하여 실질적이며 구체적인 활동이 되도록 하여야 할 것이다.

(3) 지역사회복지계획의 체계화와 과학화

우선 계획을 수립하는 데 있어서 고려하여야 할 요소로서, 제도적 서비스와 지역사회 서비스간의 가장 적절한 균형을 찾으려고 노력해야 한다. 그리고 공급자 중심 즉, 제공자 우위의 서비스에서부터 지역주민의 욕구 중심 즉, 수혜자 우위의 서비스로 이동해야 할 것이다. 복지제공의 다원화 속에서 공적 복지영역과 독립적인 민간 복지영역 간의 균형에 관심을 기울여야 한다. 즉, 민간영역은 이용자가 선택할 수 있는 서비스를 계속적으로 확대할 수 있도록 노력하고, 공적영역은 시민적 최저기준의 충족역할을 충실히 이행할 수 있도록 노력하는 민간 행정과의 역할 분담과 협력관계에 대한 이해와 노력이 필요할 것이다.

5) 지역격차에 따른 문제 및 과제

분권에서 우려하는 요소 중의 하나가 지역 간의 격차를 어떻게 극복할 것인가에 대한 우려이다. 즉, 지방자치체 간의 자유 경쟁을 하게하면 재정이 어려운 자치제는 살아남기 어렵다고 할 수 있다.

(1) 기초재정수요 충족을 위한 교부세 법정률 인상

우선, 지방분권의 전제로 영양실조에 걸린 지방재정에 대한 문제 해결의 차원에서 지방자치단체의 기본행정수요 부족액을 보충해 주는 지방교부세 법정률의 인상이 불가피하다. 물론 지방교부세 법정률이 인상 조정되었으나, 국가사무의 지방이전 등 추가 재정부담 수요증가로 실질적 재정 확충효과는 거의 없는 실정으로 지방교부세의 기본행정수요충족률이 점차 하락하고 있다. 따라서 지방자치단체의 기본행정수요에 대한 재정충족률을 끌어올리기 위해 교부세 법정률을 인상하여야 한다.

(2) 균형부담금 제도 도입

어려운 지방과 풍부한 지방간의 격차를 해소하기 위한 방안으로 균형부담금 제도를 도입할 필요가 있다. 어느 정도 재정의 여유가 있는 지방의 재정을 어려운 지방의 재정을 위하여 나누어 주는 제도이다. 그리하여 지방간의 격차를 해소하려고 하는 의지를 만들어야 할 것이다.

(3) 특별보조금 제도 실시

지방분권에 의한 지역 격차를 어느 정도 해소하고 국민이면 어디에서도 어느 수준의 복지서비스를 받을 수 있도록 하여야 할 것이다. 이를 위하여 특별보조금 제도를 실시하여야 할 것이다. 전문성에 의한 서비스를 지방정부로부터 유도하기 위해서는, 중앙정부가 지정한 사업을 시행할 경우에는 이에 대한 재정적인 지원을 하여야 할 것이다.

7. 나오는 말

노무현 정부가 추진하려고 하는 지방분권화 및 재정분권화 정책이 제대로 된다면 지방행정과 정치에 대한 주민의 참여가 활성화되며, 동시에 지역사회발전과 주민의 복지증진에 대한 기대와 요구가 구체적이고, 현실적이며 더 나아가서는 크게 증대될 것으로 기대된다. 특히 지방자치로 인한 주민의 참여정치의 활성화와 주민들의 복지 욕구의 증대와 다양화는 지역사회복지 발전에 도움이 될 것이다. 그러나 왜곡된 지방분권화가 지방정부의 불충분한 재정능력과 지역 간 경제, 사회의 불균형으로 인해 사회복지 혜택의 불평등과 사회복지서비스의 부익부 빈익빈현상을 초래할 가능성도 없지 않다. 그리고 비전문가들의 정치적, 경제력 등에 의한 참여로 인하여 지역사회복지서비스의 전문성이 더욱 후퇴될 가능성도 배제할 수 없다.

어느 조사에 의하면 고령화 지수가 10~13%에 이르기 까지 선별적 복지, 의료중심 및 중앙집권적인 복지정책을 추진하고 있다고 하는 것이다. 그러나 고령사회로의 진입에 따라 보편적 복지, 케어중심, 지방분권으로 갈 수밖에 없다고 하는 결과를 제시하고 있다. 이는 고령화 사회와 고령사회를 거친 복지선진국들의 연구 분석이다. 그리하여 세계적인 흐름이 분권이라고 하는 주장도 어느 정도 이해가 되는 것이다. 우리보다 앞서가는 국가들은 벌써 고령화 사회 및 고령사회에 진입하였기 때문에 사회적 상황 속에서 행정의 사항도 변화될 수밖에 없는 결과를 가져오기 때문이고 이로서 복지 후발국으로서의 우리나라도 이에 동조할 수밖에 없는 상황이라고 할 수 있다. 그러나 중요한 것은 복지라고 하는 것은 정치논리나 학문적 논리가 아닌 국민과 주민의 삶의 논리로 접근되어야 한다고 하는 것이다. 따라서 현 정부의 분권지표에도 표출되고 있는 작은 정부에 대한 지향은 우려가 되는 표현이라고 할 수 있다. 지역사회복지에서의 분권은 작은 정부로의 지향이 아니라 중앙정부와 복지에서의 커다란 권한을 갖고 있는 지방정부 사이의 긴장관계를 지향하는 것이라고 할 수 있다.

지역사회복지와 복지재정

윤정수[*]

1. 들어가는 말

지방분권과 더불어 시작된 지방정부의 복지재정 문제는 고령사회에 진입한 일본뿐 아니라 고령화 사회에 접어든 한국에 있어서도 사회구조 전체에 영향을 미치는 중요한 과제임에 틀림없다. 그럼에도 불구하고 양 국가 모두 권한과 재정의 이전에 정부 간의 이견이 충돌하고 있는 것도 사실이다.

이러한 상황 가운데 양국가의 복지재정을 둘러싼 제 문제를 비교 연구한다는 것은 의미 있는 작업이기도 하지만 양국가의 지방분권의 배경과 경제구조의 차이 등으로 직접 비교하는 것은 적지 않은 문제의 소지가 있어, 이글에서는 양국의 지방분권 이행 과정에서 지방정부의 복지재정 확보에 이

*梅花女子大學教授

르기까지 유사관련 사안에 대한 변천 과정과 실태를 중심으로 다루려고
한다.

한국은 최근 정부혁신지방분권위원회를 중심으로 지방분권화와 재정분
권정책에 대한 일정을 발표하고 관련입법의 정비를 서두르고 있다. 이는
지금까지 지방재정예산 중 사회복지재정의 중추적 역할을 맡아 온 중앙정
부 보조금제도의 커다란 변화를 예고하는 것이다. 따라서 이 글은 한국과
일본의 지방분권이 복지재정의 형성에 미치는 배경과 그에 따른 문제점 그
리고 복지재정의 운영실태를 비교하면서 앞으로의 과제에 대한 이해를 목
적으로 구성하였다.

이 글의 구성은 2절에서는 지방분권과 복지재정을 중심으로 양국의 사
회복지 관련재정의 위기 속에 진행되는 지방분권과 복지재정의 변화에 초
점을 두고 지방분권이 이루어지기까지의 배경과 지방분권과 더불어 제기
된 복지재정의 문제점은 무엇인가를 살펴보았고, 3절에서는 지방정부와
복지재정의 실태를, 그리고 4절에서는 지역사회복지와 민간재원의 법적
근거와 조달 방법 등을 다루었다. 마지막 5절에서는 지방정부와 복지재정
의 당면 과제를 정리하였다.

2. 지방분권과 복지재정

1) 한국의 지방분권과 복지재정

(1) 지방분권화의 배경
한국은 전후 반세기에 걸쳐 경제성장과 군비확장이라는 양대 과제를 통
해 중앙집권과 집중을 유지하였고, 1990년대에 들어서는 복지국가의 청사
진을 구체화시켜 가는데 필요한 복지재정의 확장도 중앙 집중화를 부추기

는 요인이 되었다.

정부는 1970년대 이후 경제성장이라는 미명아래 중앙집권화와 중앙집중화를 묵인하면서 정부조직 또한 '거대한 정부'로 변모하였고, 비대해진 조직운영의 효율성과 막대한 경비의 팽창이 복지국가에의 걸림돌로 드러나게 되었다. 이에 20세기 말의 '복지사회'는 정부와 시장의 새로운 관계와 시점이 요구되었고 그 핵심이 지방정부와 재정에 대한 관계정립이라 할 수 있다.

따라서 한국은 지방자치제도 원년이라 할 수 있는 1995년부터 10여 년 동안 많은 시행착오를 겪으면서 지방분권화에 적응해오다가 2002년 출범한 참여정부에서 본격적인 지방화시대를 맞게 되었다. 이러한 지방분권의 배경에는 과거 경제성장정책에서 나타난 국가의 불균형적 발전이 근본적인 요인이라고 할 수 있으며, 특히 수도권과 비수도권의 경제적 격차가 가져온 결과라 할 수 있다.

지방분권과 재정의 관계는 단일국가 혹은 연방국가인지에 따라 다르지만, 한국은 독일의 형태를 닮은 일본과 유사한 체계로 변화하고 있다. 결국 한국의 지방재정은 지방세의 과세권이 거의 없어 재정자립도에 심각한 영향을 미치고 있으며, 이를 중앙정부의 보조금이나 교부세 등의 원조재원으로 충당하여 행정의 자립도를 현저하게 저해하고 있는 실정이다. 복지사회구현을 위해서도 중앙정부의 획일적 제도와 지침하달보다는 지방분권 하에서의 구성원의 복지제도 운용에의 참여가 보다 용의하고 효율적이라는 것에는 이견이 없다. 그러나 지방분권이 헌법 제34조에서 보장하는 국민에 대한 국가의 복지정책의 책임을 지방정부에 전가하고 회피하는 수단으로 악용될 위험의 소지도 내재하고 있어 이에 따른 대안모색이 선결되어야 한다. 다시 말하면 앞으로의 복지사회는 국가를 중심으로 중앙 및 지방정부와 민간자본을 포함한 제3섹터와의 새로운 관계가 형성되어야 할 것이며, 이를 위한 중앙정부와 지방정부의 행·재정의 책임을 동반한 균형, 세제와 시장개방의 범위 등 실질적인 전환을 통한 분권화의 정착이 요구되는 시점이다.

(2) 참여정부의 지방분권과 복지재정

또한 참여정부의 지방분권에 대한 의지는 역대 어느 정부보다도 강력하다고 할 수 있으며 이는 노대통령의 선거공약인 '참여와 분권'에서도 잘 나타나 있다. 그는 대통령후보 당시 '자율과 분권의 지방화시대'를 정책목표의 하나로 제시하였으며, 지방화시대의 구현을 공약하면서, 지방으로의 행정수도 이전을 위한 '국가균형위원회'를 대통령자문기구로 설치하고, 이의 법적근거로 '지역균형발전 특별법' 및 '지방분권법'의 제정을 표방하였으며, 이를 통해 국세의 지방이전, 교부세율의 인상 등을 구체적으로 제시하였다. 그는 지방화시대 구현을 위한 공약실천의 일환으로 대통령 당선 후 새 정부의 정체성을 '참여정부(2003년-2007년)'로 규정하고 '정부혁신지방분권위원회'를 청와대 직속기구로 설치하여 지방분권화시대를 열어나갔다.

[표 13-1] 참여정부의 복지관련 지방분권 및 재정이양추진 로드맵[1]

구분	현행	참여정부안
국고보조사업 정비	세분화, 종류과다 - 3억 원 미만사업 13.1% - 법정보조율사업 31%에 불과	보조금정리 및 자주재원화(2003-5)
지방교부세법정율 인상	현행교부세율15%	단계별인상 추진(2004-5)
지방예산편성지침과 지방채발행승인제	지침유지, 사전승인제유지	폐지(2004-5)
중복감사 문제 주민감사청구제	과다 중복감사 감사청구인수: 20세 이상 1/50이상	중복감사 개선(2003-4) 감사청구 활성화방안 마련(2003-4)
주민소송제	없음	도입방안 검토(2004)
주민소환제	없음	도입방안 검토(2004)
자원봉사활동 기본법	없음	법제정방안 마련(2004)

참여정부의 정부혁신지방분권위원회가 제시한 지방분권화 로드맵 가운데 복지와 재정에 관련된 일정만을 정리해 보면 표 13-1과 같다.

참여정부가 제시한 지방분권로드맵의 특징으로는 우선 다양한 국고보조금을 정리하거나 지방정부 스스로가 재원을 확보하도록 한다는 것이며, 지방교부세 또한 단계별로 인상을 추진하며, 기존의 지방예산편성 지침 및 지방채 발행승인제도 폐지하여 지방정부의 자율적 판단에 의해 재원을 확보할 수 있도록 중앙정부의 권한을 이양한다는 것이다. 또한 중앙정부와의 중복된 감사제도를 개선하는 한편, 특히 주민감사청구의 활성화를 꾀하고, (2003년 당시) 실행되지 않고 있는 주민소송제, 주민소환제 등의 도입을 적극적으로 검토하여 지방정부의 책임 있는 재원활용을 유도하겠다는 것이었다.

즉, 참여정부의 지방분권 로드맵은 권한과 재정의 분권을 이양하되 지역주민의 참여와 결과에 대한 지방정부의 책임을 묻겠다는 의지를 반영한 것이라 할 수 있다. 이러한 결과는 역대정부의 분권화시도와 무산에 대한 비판여론이 참여정부의 국정기조 설정에 영향을 미쳤으며, 이를 시행에 옮길 수 있도록 구체적 방안이 마련된 요인으로 작용하였다고 보인다.

그럼에도 불구하고 이러한 상황을 고려할 때 한국의 지방분권화 열기가 지방의 재정분권과 더불어 고려되어야 할 '재정분권과 경제성장과의 관계, 재정분권과 부패가능성의 문제, 재정분권과 형평성문제, 지역경제의 안정성문제, 거시경제에 미치는 영향' 등이 충분히 논의되지 않은 채 진행되어 앞으로 진행될 지방분권화 과정에 작용할 가능성도 배제할 수 없다. 특히 지방분권을 통한 복지서비스의 효율성 재고를 꾀하려는 노력이 지방정부의 사회전반에 걸친 전환에의 인식부족이나 예측불능으로 야기될 수 있는 지역경제의 침체는 복지재정의 삭감으로 이어질 수 있다는 점 또한 간과할 수 없는 대목이다.

(3) 한국의 지방정부와 복지재정

전후 한국은 외국의 원조와 민간의 복지법인 설립을 토대로 복지서비스를 제공해오다가, 실질적으로 1970년대부터 정부의 재원을 중심으로 전환되었고, 90년대 중반부터는 대부분이 국민의 세금과 사회보장부담금으로 충원되고 있다. 최근 국민의 질적 복지욕구의 분출은 국가재정에 부담이 되고 있으며, 지난 2008년 7월 1일부터 시행된 '노인장기요양보험'은 강제징수 방식인 사회보험방식이라는 점에서 복지재정의 대부분이 세금이 아닌 이용자의 부담으로 전가되는 형태를 보이고 있으며, 앞으로 예상되는 고령화로 그 부담은 더욱 심화될 가능성이 크다고 하겠다. 이는 기존의 조세제도 개념인 소득재분배원칙의 변화를 의미하며, 지방분권화와 더불어 계산된 '지역의존형 복지형태'의 시작이라고 할 수 있다.

지방분권과 더불어 시작된 지역복지의 주체 및 복지재정에 관한 논의는 정치, 경제, 사회를 망라한 사회구조 전체의 전환이 필요하다는 기본인식이 그 바탕에 깔려있다. 즉, 지금의 복지재정의 위기는 정치권이 사회권 보호를 위해 구축한 사회안전망이 붕괴되었기 때문이라는 관점이다. 따라서 사회구조 전체의 전환인식이란 사회안전망의 재구축을 위한 분권이자 재정확보여야 한다는 것이다.

일반적으로 사회안전망구축을 위한 복지재정은 중앙정부와 지방정부, 그리고 사회보장기금의 3주체에 의한 재정적 역할을 일컬어 말하는데, 한국의 사회보장기금은 '독립주체'로서 인정받지 못하고 있는 실정이다. 이는 사회보장기금이 중앙집권 및 집중에 일조하였고 복지재정의 비대화 등에 일정 부분의 정치적 역할을 갖고 있었기 때문에 중앙정부의 관리통제 하에서 자유로울 수 없었다고 생각된다.

이는 독일과 프랑스 등 선진유럽국가의 사회보장기금의 대표자 선출과 자율적 운영제도와는 대조적인 형태로 우리정부의 복지재정이양에 관련된 정책수립에 필요한 선례가 될 수 있을 것이다.

한편 선진국에서도 연방국가인 미국이나 독일은 재정분권화체제이고, 영국이나 프랑스와 같은 나라는 중앙 집중체제를 유지하며, 한국의 제도와 가장 가까운 일본은 지방재정의 세출비중은 높지만 중앙정부의 기관위임사무나 규제로 행정의 자립성은 궁핍할 뿐 아니라 자주과세권은 거의 없어 엄밀히 말하면 분권적 집중형[2]이라 할 수 있는 또 다른 형태를 취하고 있다.

2) 일본의 지방분권과 복지재정

(1) 지방분권의 배경

일본은 고도경제성장으로 경제규모 세계 2위국으로 부상하면서 1973년을 '복지원년' 으로 선언하고 정신장애인복지법, 노인복지법, 모자과부복지법, 아동수당법 등을 제정하면서 특히 노인의료비의 무료를 선언하고 '사회보장수준의 향상' 을 국정기조로 제시하였으나, 그해 가을의 석유파동 이후 저성장시대로 접어들면서 중앙정부와 지방정부의 재정적자가 서서히 진행되었다.

선진유럽의 국가와 더불어 '복지국가' 를 추구하던 일본은 사회보장관계비의 확충으로 국가 부담이 현저하게 팽창하였고, 이를 채우기 위한 국공채발행의 누적으로 재정적자의 규모가 가속화 되면서, 결국 1975년에는 국가의 재정위기로 까지 치닫게 되었다. 이를 극복하기 위해 중앙정부는 사회복지관련 보조금 등의 재정부담을 지방정부에 전가하게 된다. 더욱이 80년대 후반에 들어서 급속히 폭락한 거품경기로 인한 경제침체는 장기화되었고, 이는 국세 및 지방세수의 감소로 이어졌고, 정부의 감량경영 일환으로 복지재정의 억제 및 삭감안이 제기 되었다. 이러한 동향은 지방정부에서도 크게 다르지 않아 정부 간 재정관계에 있어서 복지재정의 분권화가 본격적으로 논의되기에 이르렀다.

결국 복지재정의 심각한 위기를 맞은 일본 정부의 구조개혁 일환으로 중앙정부와 지방정부간의 관계 및 역할의 조정을 포함한 복지재정의 분권화의 제 문제가 구체적으로 거론되었던 것이다. 다시 말하면 정부의 '재정구조의 개혁'은 '복지구조의 개혁'으로 인식되었고 이는 곧 현실로 나타나게 되었다.

　　정부 간 재정관계 업무비율을 보면 중앙과 지방이 4: 6 인데 비해, 재원의 비율은 6:4로 재원이 중앙에 집중되어 있어, 지방재정의 부족분에 대해서는 중앙으로부터 지방교부세,[3] 국고부담금, 국고위탁금, 장려적 보조금 등의 명목으로 이전 지출됐다. 이는 '집중분산형의 정부간 재정관계'를 나타내는 일본의 특징이라고 할 수 있으며, 정부 간 복지재정의 핵심과제로 부각되었다.

　　결국 논의의 핵심은 중앙정부와 지방정부 간의 재정경비 부담의 균형을 어떻게 잡을 것인가의 문제이다. 특히 지방정부에 따라 다소의 차이는 있으나 복지재정에서는 공공과 민간의 분담관계, 비영리와 영리를 포함한 민간단체의 참여와 관련된 분권화 문제가 쟁점의 핵심 사안이라 할 수 있다.

　　우선 정부 간 사회복지 행·재정에 관한 제도개혁이 중점적으로 이뤄진 1980년대 후반부터 살펴보면, 먼저 지방정부에 있어서 복지재정 변화의 특징은 크게 세 가지인데, 첫째는 국고부담금으로 충당되어 온 고율의 보조금이 삭감되어 지방정부의 사회복지재정부담이 커졌다는 것이고, 둘째는 1986년에 제정된 제2차 기관위임사무정리법에 의해 사회복지관련 사업의 상당부분이 단체위임사업화 되었다. 셋째는 1990년의 사회복지관계 제법의 개정으로 지방분권을 토대로 하는 '시정촌중심의 고령자복지서비스의 일원적 실시', '노인보건복지계획의 책정', '고령자 및 장애인복지시설의 조치권 이양', '재가복지서비스의 법정화' 등의 제도개혁이 이뤄졌다.

　　특히 90년대에는 중앙정부의 고령자보건복지추진 10개년 전략, 지방자치체의 고령자보건복지계획, 장애인플랜 등의 지방정부를 주축으로 하는 사회복지서비스 확충을 위한 계획이 본격적으로 전개된 시기라 할 수 있다.

2000년에는 앞서 언급한 고령자보건복지추진의 일환으로 계획된 개호보험제도가 제정·실행되면서 지방정부가 보험주체인 보험자로서의 역할을 감당하는 첫 시도가 이루어졌으며, 한편으로는 민간참여의 사회복지서비스가 본격적으로 시작된 역사적인 순간이자, 전후 추구되어 온 일본의 복지국가 목표수정이 현실화된 순간이기도 하였다.

(2) 일본의 지방재정법과 복지재정

일본의 사회복지제도는 제2차 세계대전 이후에 본격적으로 형성되었다고 볼 수 있다. '법적으로는 일본국헌법, 재정법, 지방자치법, 지방재정법 등 패전과 함께 미군점령기에 성립된 일련의 신헌법체제하의 재정제도를 기초로 그 이념의 구체화로서 실현되었다'[4]

일본의 사회복지사업의 대부분은 지방자치단체가 사업주체이자 실시주체로 되어 있으나, 1948년 '지방재정법' 제9조에 '지방자치단체나 그 기관의 사무를 이행하기 위해 필요한 경비에 관해서는 그 지방자치단체가 전액을 부담한다는 원칙'을 규정하고 있으나, 동법 제10조에 예외 조항을 두어 국가의 재정을 포함한 정책시행에 대한 지원의 가능성을 열어 두고 있다. 그 가운데 사회복지재정에 관련된 주요 내용만 살펴보면 다음과 같다.

첫째, 지방공공단체가 법령에 기초해 실시하지 않으면 안 되는 사무로서, 국가와 지방공공단체 상호의 이해에 관계하는 사무 가운데 국가가 그 경비를 부담할 필요가 있는 사안에 대해서는 국가가 그 경비의 전부 또는 일부를 부담한다(동법 제10조).

둘째, 지방자치단체가 국민경제에 부합할 수 있도록 종합적으로 수립된 계획에 따라 실시하지 않으면 안 되는 법률 또는 법령에서 정한 토목이나,

그 외의 건축사업에 필요한 경비 중 법률로 정한 경비에 관해서는 국가가 그 경비의 전부 또는 일부를 부담한다(동법 제10조2항).

셋째, 지방공공단체가 실시하지 않으면 안 되는 법률 또는 법령에서 정한 재해에 관련된 업무로, 지방세법 또는 지방교부세법에 의해서는 그 재정수요에 적합한 재원 확보가 곤란한 것을 시행하기 위해 필요한 경비에 관해서는 국가가 그 경비의 전부 또는 일부를 부담한다(동법 제10조3항).

여기에서도 알 수 있듯이 사회복지관계 경비부담의 균형이 결여된 법률의 보완적 의미로 예외조항을 두고 있다는 것이 명백하다. 이에 따라서 생활보호에 필요한 경비, 특별양호노인 홈 등의 이전경비는 동법 제10조에 준거하고, 사회복지시설의 건설에 필요한 경비 등은 동법 제10조2항에 준거하며, 재해구조사업에 필요한 경비는 동법 제10조3항에 준거하여 국가부담금이 이전되었다.

이 외에도 국가의 이해에 관계되는 업무를 시행할 때는 지방공공단체가 그 경비에 대한 부담의무를 갖지 않는다(동법 제10조4항)는 조항을 삽입함으로써, 국가가 복지재정부담을 지방정부에 전가하는 것을 견제하고 있다. 뿐만 아니라 지방자치단체가 전액을 부담하는 복지사업에 관해서도 국가가 이를 인정한 경우에는 보조금교부가 가능하도록 동법 제16조에 규정함으로써 국가에 의한 복지정책기조를 유지하고 있다.

이러한 일본의 복지정책은 당분간 지속되나 1975년을 전후로 엄습한 경제위축을 기점으로 복지재정의 지방분권화 정책으로 선회하게 된다.

3. 지방정부와 복지재정 실태

1) 한국의 지방정부와 복지재정 실태

한국의 복지재정은 IMF 경제위기를 기점으로 높은 증가율을 보이고 있다. 1998년부터 2001년까지 정부예산의 연평균 증가율은 9.5%인데 비해 광의의 복지예산은 15.4%에 이르렀다. 그 중 사회복지서비스 분야는 8.7%의 증가율을 보였고, 생활보호, 재해구호, 귀순북한동포구호 등의 공공부조는 28.4%라는 높은 증가율로 4년에 무려 두 배에 넘는 예산증액을 확보한 것인데 특별회계 예산이 많은 복지예산의 특성을 감안하더라도 '국민의 정부'의 복지정책기조를 알 수 있는 결과이다.[5]

이러한 경향은 참여정부에서도 계속되는데, 중앙정부의 일반회계예산 가운데 복지예산의 증가를 보더라도 표 13-2에서 보는 바와 같이 1998년을 기준으로 2002년에 주춤하던 비율이 다시 상향곡선으로 나타나 2004년에는 2.94배의 증가를 보이고 있으며, 정부예산에서 차지하는 비중도 8%대에 이르고 있다.

그럼에도 불구하고 한국의 복지재정은 OECD 가입국가 중 가장 낮은 수준에 머물고 있다. 특히 지방정부의 재정수입이 중앙에 의존도가 높을 뿐아니라 중앙정부사업의 대응예산이 주를 이뤄 수동적 복지정책이 불가피한 실정이다.

[표 13-2] 일반회계예산 중 복지예산의 변화추이[6]   (단위: 억 원, %)

	1998	1999	2000	2001	2002	2003	2004
정부예산(A)	755,800	836,900	887,400	991,200	1,096,300	1,116,600	1,175,400
복지예산(B) (98년=100)	31,498 (100)	39,370 (125)	53,105 (169)	74,202 (236)	77,243 (245)	83,527 (265)	92,569 (294)
B/A(%)	4.2	4.7	6.0	7.5	7.0	7.5	7.9

지방정부의 세입구조를 보면 서울과 광역시를 제외한 도와 기초자치단체인 시·군은 중앙정부에 예속되어 있다고 해도 과언이 아니다. 지방정부의 중앙의존도를 2001년 지방세입 구조를 통해 보면, 각 도는 평균 58.4%, 시는 38.9%, 군은 71.3%를 중앙정부로부터 지방교부금, 지방양여금, 보조금 등의 명목으로 이전재정을 확보하고 있는 것으로 나타났다.

이러한 지방정부의 열악한 재정확보율 가운데 복지재정의 실태를 살펴보기 위해 참여연대의 배포자료를 통해 기초자치단체인 부천시의 사회복지예산 평가자료를 보면, 사회보장비의 2001년도 세출예산액은 전체예산 중 15.4%에 불과하며, 이를 구체적으로 살펴보면 표 13-3에서 보는 바와 같이 사회보장비 전체예산 중 49.7%가 중앙정부의 이전재정이며, 12.5%가 광역자치단체인 도의 이전재정으로 충원되고 있다. 특히 대상자 지원사업은 중앙정부와 도의 이전재정이 71.7%의 높은 의존도를 보이고 있으며, 시가 주관하는 직접사업에 지출하는 예산은 사회보장비 전체예산 중 3.4%에 지나지 않아 대응예산에 의한 복지재정이 대부분을 차지하고 있음을 알 수 있다.

이는 '지방화시대'란 명분으로 권한의 이전이 진행되는 과정에서 재정의 분권은 이뤄지지 않았다는 것을 의미하며, 결국 지방정부의 행·재정

[표 13-3] 2001년 부천시의 사회복지예산[7] (단위: 천 원, %)

	국비	도비	시비	계
행정비용	5,000	0	1,228,907	1,233,907(2.0)
시 직접사용	228,526	302,432	1,878,573	2,409,531(3.4)
시설지원	4,885,644	2,776,349	10,915,243	18,577,236(1.0)
대상지원	24,620,259	4,441,341	8,213,824	37,275,424(62.3)
임의단체지원	0	0	267,420	267,420(0.4)
계	29,739,429 (49.7)	7,520,122 (12.5)	22,503,976 (37.6)	59,763,518(100.0)

* 자료: 김종해, "부천시 2001년도 사회복지예산평가"

의 운용에 걸림돌로 작용하여 업무의 효율성을 떨어뜨리는 결과를 가져왔다고 볼 수 있다.

2) 일본의 지방정부와 복지재정 실태

일본의 사회보장 관계비는 미국을 제외한 서구유럽 국가들에 비하면 국가예산 대비로 볼 때 적은 편에 속한다. 그럼에도 2004년도 예산을 일반회계 기준으로 보면 지방교부세 교부금이 20.1%이고, 사회보장 관계비는 사회보험비가 18.7%, 사회복지비가 2.0%, 생활보호가 2.1%, 보건위생이 0.6%, 실업대책이 0.6%로 전체의 24.1%에 달한다.[8] 이러한 수치는 선진 유럽에 비해 결코 많지 않은 비율임에도 불구하고 일본은 제도개혁을 통하여 복지재정의 지방분권을 서두르고 있다.

이러한 일련의 계획에 따라 중앙정부는 1984년부터 1990년에 이르기까지 국고보조분담금의 삭감을 이행하는데, 표 13-4에서 알 수 있듯이 국고보조분담 비율을 낮추고 지방정부의 부담을 높이기 위해 복지관계 경상경비를 집중적으로 삭감하였다.

[표 13-4] 복지관계 경상경비의 국고보조분담율의 변화[9]

	1984	1985	1986	1987-88	1988-90	2000-04
생활보호비	8/10	7/10	7/10	7/10	3/4	3/4
보육소조치비	8/10	7/10	1/2	1/2	1/2	1/2
노인복지시설보호비[10]	8/10	7/10	1/2	1/2	1/2	1/2(양호노인홈) 1/4(특별양호노인홈)
재가복지: 단기보호 주간보호 가정봉사	1/3 1/3 1/3	1/3 1/3 1/3	1/2 1/2 1/3	1/2 1/2 1/2	1/2 1/2 1/2	1/4
실업대책사업비	2/3	6/10	1/2	1/2	1/2	1/2

[표 13-5] 일본지방정부 재정의 구성

(단위: 억 엔, %)

	2001년도	구성비
지방세	355,488	35.5
지방양여세	6,240	0.6
지방특별교부금	9,018	0.9
지방교부세	203,498	20.3
국고지출금	145,501	14.5
지방채	118,156	11.8
기타	162,141	16.3
합계	1,000,041	100.0

* 자료: 總務省編『地方財政白書2003年版』國立印刷局

생활보호비는 84년까지 8/10이던 것을 85년부터 7/10으로 하향조정 했다가 88년에 들어서 3/4로 상향 조정하였고, 사회복지시설 조치비는 84년에 8/10이던 것을 85년에 7/10으로 하향 조정하였다가 86년부터는 1/2로 다시 낮추었다. 이 중 노인복지시설 보호비 중 특별양호노인홈은 2000년 이후 개호보험제도가 시행되면서 피보험자에게 부담금을 징수하는 대신 국고부담금이 1/4로 하향 조정되었고, 재가복지 분야의 국고보조금은 통칭 '골드플랜' 이라 불리는 고령자 보건복지추진 10개년 전략이 진행되는 동안 1/2의 수준을 유지하나 개호보험제도가 시행된 2000년 이후엔 피보험자 부담금과 지방분담금을 제외한 국고 분담율은 1/4로 낮아졌다. 실업대책사업비도 84년에 2/3이던 것을 85년에 6/10으로 하향 조정하였다가 86년부터는 1/2로 국고 분담율을 낮추어 항구화恒久化 되었다. 특히 1986년부터의 대폭적인 삭감원인은 제2차 기관위임사무정비법에 의한 사회복지 관계 사무가 기관위임 사무에서 단체위임 사무로의 전환에서도 찾아볼 수 있다.

일본지방정부의 재정의 구성은 표 13-5에서도 알 수 있듯이, 개호보험 제도가 시행된 다음해인 2001년도 일본의 지방정부재정의 구성은 지방양

[표 13-6] 민생비의 목적별 내역

(단위: 억 엔, %)

	세출준계결산액	도도부현	시정촌
사회복지비	37,965(27.0)	10,860(24.6)	30,107(27.6)
노인복지비	36,881(26.2)	17,394(39.4)	24,762(22.7)
아동복지비	42,554(30.3)	12,449(28.2)	34,143(31.3)
생활보호비	23,079(16.4)	3,399 (7.7)	20,071(18.4)
재해구조비	65 (0.0)	44 (0.1)	0 (0.0)
계	140,544(100.0)	44,146(100.0)	109,082(100.0)

* 자료: 總務省編『地方財政白書2003年版』國立印刷局

여세, 지방특별교부금, 지방교부세, 국고지출금 등의 국가부담금이 36.3%, 지방세 35.5%, 지방채 11.8%로 90년대에 비해 국가부담금이 현저히 줄어들어 지방정부의 국가의존도가 크게 감소한 것을 알 수 있으며, 지방채의 발행이 커다란 수입원이 되고 있음을 알 수 있다.

동년도의 목적별세출결산액을 표 13-6을 통해 보면 총 97조 4317억 엔 가운데 사회복지재정은 민생비란 명목으로 14조 544억 엔이 세출 되었고, 이는 전 세출액의 14.4%를 차지하고 있다. 이 민생비의 내역을 살펴보면 아동복지비 30.3%, 사회복지비 27.0%, 노인복지비 26.2%, 생활보호비 16.4%의 순이고, 도도부현의 총 사회복지재정은 4조 4146억 엔으로 시정촌 10조 9082억 엔의 약 40%에 불과하다. 이는 사회복지시설의 설치 및 운영이 시정촌 중심으로 시행되고 있으며, 도시구역의 생활보호사무소가 시운영으로 전환한 것에 기인한다.

4. 지역사회복지와 민간재원

1) 한국의 지역사회복지와 민간재원

한국 최초의 사회복지관이 설립된 이후 60여년이 지난 1983년 사회복지사업법이 개정됨으로써 지역복지의 중추적 역할을 수행해온 사회복지관에 국가의 재정지원이 시작되었다. 그럼에도 불구하고 사회복지관 재정의 많은 부분을 사회복지법인이 스스로 조성하지 않으면 안 되는 실정이다. 전국 364개(2005년 현재)사회복지관의 재정자립도를 보면 2002년 당시 전국 평균이 54.6%였으며, 서울이 95.6%, 수도권이 82.1%, 기타지역이 44.3%로 과밀지역과 과소지역의 재정차가 현저하게 벌어져 있는 것을 알 수 있으며, 이는 서울을 제외한 대부분의 사회복지관이 민간재원에 의지하고 있다는 것을 보여 준다.[11]

이러한 재원의 보충을 위해 정부는 사회복지사업법 제2조에 '지역사회를 기반으로 일정한 시설과 전문인력을 갖추고 지역주민의 참여와 협력을 통하여 지역사회복지문제를 예방하고 해결하기 위하여 종합적인 복지서비스를 제공하는 시설을 말한다'라고 사회복지관을 정의하여, 사회복지활동에 필요한 재원의 일정부분을 지역사회에서 민간인 사회복지법인이 스스로 해결하도록 명시하였다.

이를 토대로 지역사회에 근거한 사회복지법인의 재정확보를 위한 방법은 크게 두 가지로, 광역자치단체를 중심으로 운영되는 공동모금회의 배분을 통한 재정확보와 자체개발사업에 의한 재정확보에 의지하고 있는 실정이다. 공동모금회는 중앙조직과 광역자치단체별로 조직되어 있으며 모금업무를 담당하는 모금위원회와 배분업무를 담당하는 배분위원회로 구성되어 있다. 한국은 지역별 차이는 있으나 일본과 달리 지역배분방법을 제외한 기관배분형과 문제 및 프로그램 배분형을 중심으로 배분하고 있어,

적극적 소수의 참여를 확보할 수는 있으나 소극적인 대다수의 참여를 포기하는 일면이 있다. 이러한 단점의 보완을 위해 지역의 문화적 특성을 살린 지방자치단체를 축으로 하는 적극적 지원자의 개발과 중앙정부가 중심이 된 광범위한 지지층 개발을 위한 양축이 제도적으로 정착되어야 민간재원의 확보가 보다 용이해 질 것이다.

특히 사회복지법인을 포함한 민간단체의 자체개발사업으로는 개인후원 및 단체후원을 개발하거나 시설대여 및 도서출판 등의 수익사업, 그리고 지역프로그램의 개발 등 자원확보를 위한 지역에서의 공감대 형성도 기대치에 미치지 못해 자칫 자위적 행사에 역량이 소모될 가능성이 제기되고 있다. 이의 보완을 위해 지역민을 중심으로 하는 자문기관의 구성 및 자원봉사자 모집과 교육 등을 통한 인적자원 확보에도 힘을 기울이고 있으나, 제도적 구속력이 없고 인센티브 제도에 대한 낮은 인식 등 선진의식의 결핍으로 큰 성과를 올리지 못하는 실정이다.

2) 일본의 지역사회복지와 민간재원

일본의 사회복지 민간재원은 헌법 제89조에 '공금과 그 외의 공적재산은 …중략… 공적지배에 속하지 않은 자선, 교육, 박애사업에 대해 이를 지출하거나 그 이용에 제공되어서는 안 된다' 라고 명시하고 있다. 이는 '공사분리원칙' 에 의한 것으로서, 사회복지법의 '사업경영의 준칙' 을 규정한 제61조에 '1.공적책임전가의 금지, 2.부당관여의 금지, 3.부당한 공적 원조요구의 금지' 로 구체화하여 나타난다. 즉, 자선이나 박애정신 실현을 목적으로 설립된 민간의 사회복지사업은 공비조성이 금지되어 있으나, 관계 행정부서의 지도감독을 받게 된다면 공적지원을 받을 수 있다는 것을 의미한다. 또한 동법 제60조에는 '주무관청으로부터 인가를 받은 법인 이외에는 기본적으로 사회복지사업 참여가 인정되지 않는다.' 고 명시하였으며, 동법 제58조에는 '사회복지법인이 시행하는 사업에 대해선 공적지원이 용이하게 되어 있는 한편, 모든 부분에서 엄한 행정감독이 가능하도록 규정'하고 있어 사실상 민간재원의 공적자원으로의 편입을 유도하고 있는 것이다.

민간의 사회복지사업에서 필요한 재원조성은 공적지원금 외에도 사회복지법에 근거한 위탁금, 사업수익금, 기부금, 공동모금배분금, 차입금 등으로 구성된다.

위탁금은 위탁계약에 의해 위탁을 받은 사회복지법인 등이 서비스실행에 필요한 비용을 위탁자인 지방자치단체에 요구하는 것이다. 사업수익금은 경영하는 사회복지사업에 지장이 없는 한도 내에서, 공익을 목적으로 하는 사업 또는 수익을 사회복지사업이나 공익사업에 충당할 목적으로 하는 사업에 근거한 수입을 말한다. 공동모금의 배분금은 도도부현의 각 지역을 단위로 이루어지는 기부금제도로서 이를 분배할 때에 공정성을 기하기 위한 배분위원회가 설치되어 있으며, 배분방법으론 기관배분형과 문제 및 프로그램 배분형, 그리고 지역배분형을 두루 활용하고 있다. 이밖에도 공영경기단체인 경마, 경륜, 오토레이스, 모터보트 등이 수익금의 일부를 사회복지시설건축비로 보조하기도 하며, 독립행정법인인 복지의료기구 등이 민간시설의 정비나 직원연수 등에 저리의 차입금을 지원하기도 한다.

5. 맺음말: 지방정부와 복지재정의 과제

지방분권과 더불어 진행되어 온 사회복지재정의 지방이전이 주는 장점은 지방정부의 복지재정확보 및 세출에 대한 자율성을 신장시킬 뿐 아니라 자생력을 강화시킨다는 점에서 커다란 의의가 있다고 생각하며, 지역사정을 가장 가까이서 감지할 수 있는 기초자치단체의 지역현실에 맞는 복지계획을 능동적으로 수립할 수 있는 계기가 될 수 있다는 것이다. 이는 한편으로 지방정부의 복지예산책정에 지역주민의 참여기회가 확대 되었다는 것을 의미하기도 한다.

그럼에도 불구하고 중앙정부의 복지예산 확보에 대한 책임이 지방정부로 전가되어 국가적 차원에서의 복지정책이 후퇴하거나 제자리걸음 할 가능성이 높아졌고, 복지재정의 권한 및 예산을 이전 받은 지방정부의 복지사회구현에의 인식의 차가 지역사회의 삶의 질, 또는 복지 불균형 및 불평등으로 나타날 가능성도 배제할 수 없으며, 이와 더불어 책임 있는 복지계획과 실천에 대한 인적자원의 부족도 현실적으로 우려되어 자칫 지역 간의 갈등이 야기되는 부정적인 측면도 간과할 수 없는 현실이다.

'복지국가' 를 추구하던 일본의 사회복지 정책은 '지방분권화' 라는 미명 아래 최저복지수준을 유지하기 위한 업무체제마저도 지방정부에 이양하였고, 중앙정부 중심의 재정개혁의 결과는 복지재정에 대한 국고부담금을 줄이고 지방정부의 자율적 재정확보에 그 책임을 전가하기에 이르렀다. 더욱이 개호보험제도 실시 이후 지방정부간의 복지재정의 불균형이 현실화되면서 그 대안 모색의 필요성이 절실한 실정이라고 할 수 있다.

한편 지방분권화가 본격적으로 시작된 한국에서는 이미 민간자본의 활용에 과대 의존하는 상태로 국가책임하에서 지역복지가 육성되는 '공적복지제도의 확립' 이 선결되어야 한다는 인식이 확산되고 있다. 따라서 양국의 지방분권화에 따른 복지재정 및 실무 이양에 대한 배경과 집행에 있어서의 차이는 있으나 지방정부의 복지정책 확립을 위한 대책으로 분권의 효율성과 공적책임이 함께하는 다음과 같은 공통과제가 고려되어야 할 것이다.

첫째, 공적책임의 부분에서는, 복지재정분권화와 함께 향후 국가차원에서의 장기적인 복지정책에 대한 청사진의 제시로 국민 모두가 신뢰할 수 있도록 하여야 할 것이며, 지방정부에서는 복지재정확보 및 세출의 능동적 집행을 위한 인적, 물적 재원의 환경이 갖추어져 있는지 확인되어야 할 것이다. 아울러 지방정부의 복지재정계획 수립 및 집행에 대한 책임을 평가하는 제도의 구축과 집행기관의 신뢰성이 검증되어야 할 것이다.

둘째, 지방분권을 통한 효율성을 높이기 위해서는, 지방정부에의 실질적인 권한이양과 사업집행을 위한 복지재정의 확보를 보장하여야 할 것이며, 민간재원의 유입을 위해 영리·비영리를 포함한 지역사회 민간단체의 적극적인 복지사업 참여를 위한 방안이 모색되어야 할 것이다. 아울러 효율성과 공적책임의 균형을 유지하기 위해서 모든 사업의 공개 원칙이 적용되어야 할 것이다.

셋째, 이러한 양대 과제를 성공시키기 위한 선결과제로 중앙정부, 광역자치단체(일본은 정령도시를 포함한 도도부현), 기초자치단체로 이어지는 현행 복지전달체계가 중앙정부에서 자치단체로 이어지는 두 단계 행정시스템이 바람직하며, 이에 따른 법적·제도적 구조개혁이 이뤄져야 할 것이다.

편집후기

　본서는 일본에서 출판된 『地域福祉論—住民自治型地域福祉の確立にむけて』(牧里每治編著 川島書店刊, 2000年)을 한글 번역판으로 출판하지 않겠느냐는 전광현 교수님의 제안이 계기가 되어, 한·일 양 국가에서 동시에 『지역복지론』을 발간하는 기획으로 발전했지만, 우여곡절 끝에 최종적으로 『한일지역복지론』이라는 제목으로 출판하게 되었습니다. 본서는 한국과 일본 각각의 지역복지에 관한 비교분석연구라고 하기에는 체계성에 부족함이 있고, 또한 일본의 지역복지에 대한 상황을 한국에 소개한다는 계몽적인 내용도 아니지만, 한국의 지역복지에 대한 상황을 가미하여 양국의 지역복지에 관한 중요한 논점을 제시해보자는 야심찬 의도 하에 시작되었습니다. 본서의 구성에 있어서도 당초의 번역판 기획과는 전혀 다른 내용으로, 편집자의 한 사람인 저의 글 「지역복지의 개념과 지역복지계획」을 제외한 그 외의 논문은 새로 작성된 것으로 한일지역복지와 관련된 실천적, 정책적 연구과제를 제시하고 있습니다. 집필자 분들도 저와 사세 미예꼬씨를 제외하면, 한일 양국의 신진연구자들로 구성되어 있습니다.

　한일 지역복지비교연구를 진행시키기 위해서는, 지역복지실천과 그것을 촉진하는 지역복지정책이 정착되어야 할 것입니다. 한국의 지역복지는 그 실천이나 정책에 있어서 아직 출발점에 서 있다고 생각할지 모르나, 일본의 지역복지실천과 정책도 역사적 축적이 충분하다고 얘기할 근거는 없습니다. 일본이 조금 앞서 지역복지실천과 지역복지정책을 전개하고 있지만, 양국 어느 쪽이라고 할 것 없이 실천적, 정책적으로 지역복지를 추진해 가면서 어떻게 해 나갈 것인가에 대해 고민하고 있는 상황이라고 해도 좋을 것입니다. 그런 의미에서 양국이 서로 문제제기를 하면서 비교연구의 성과를 축적해 갈 필요가 있습니다. 이러한 활동들을 통해서 한일 지역복지비교연구의 범위를 확장시킴과 동시에 그 내용을 심화시켜 갈 수 있을 것이라고 확신합니다.

　지역복지는 지역사회와 지방자치체 단위에서 행해지는 사회복지실천을 그 연구대상으로 하지 않으면, 지역복지연구의 고유성과 특수성을 주장할 수 없다는 것은 잘 알려진 바입니다. 그런 의미에서 본서가 불완전한 상태이기는 하지만 양국의 지역 복지에 대한 연구에 관심을 갖도록 자극하고, 지방자치체 차원에서 국제비교연구가 가진 의미와 방법, 더욱이 지역복지실천과 지역복지정책에 대한 내용을 더욱 더 충실하게 하는 계기가 되기를 기대합니다. 양국의 지역복지실천이 '가깝고도 먼' 관계가 아니라 '가깝고도 가까운' 단계로 진입하고 있음을 재확인하면서, 북유럽형이 아닌 아시아형의 지역복지 국제비교연구교류가 촉진되기를 기원합니다.

지역복지의 실제는 지역복지정책 분야만으로 충분하게 설명되지 않으며, 그렇다고 지역사회에서 행해지고 있는 서로돕기활동 또는 자원봉사활동만으로 충분하게 설명되는 것도 아닙니다. 지역사회의 사회복지시설과 복지조직도 지역복지실천을 구성하는 자원으로서 중요한 요소이기도 합니다. 또한 지역복지실천으로 인식되고 있는 호조활동과 주민활동도 지역복지의 실제를 표현할 수 있는 중요한 대상이 되기도 할 것입니다. 지역복지실천과 지역복지정책이 정확하게 지역복지의 실제를 설명하고 있는가에 대해서 끊임없는 검증이 이루어져야 할 것입니다. 지역복지실천과 지역복지정책에 면면히 계승되고 있는 사상과 사명을 이어가는 연구와 교육이 되어야 할 것입니다. 지역복지에 관심을 가지고 계시는 모든 독자 분들의 기탄없는 의견과 꾸짖음을 부탁드립니다.

마지막으로, 본서의 발간은, 연구 교육과 육아에 분투하고 있는 김난희씨, 권현주 씨의 충실한 번역작업이 없었으면 실현되지 못했을 것입니다. 이 자리를 빌어서 감사의 말씀을 드립니다. 그리고 본서의 기획에 동의해 주시고 협력해 주신 나눔의 집의 유보열 대표님의 지원이 없었으면 본서는 세상의 빛을 보지 못했을 것입니다. 긴 시간이 걸린 집필과 편집 작업에도 강한 인내력과 관용으로 기다려 주신 대표님의 계속적인 지원에 이 지면을 통해서 감사의 뜻을 표합니다.

2010년 2월
마끼사또 쯔네지

1장

1. 자선조직협회COS(Charity Organization Society)나 인보관(Settlement)등의 활동이 대상으로 하고 있는 지역은, 교회가 활동하고 있던 교구(敎區)이거나 빈민가 등의 슬럼(slum) 지구이다. 전자는, 지역사회에 난립하는 자선단체를 조직화하고 합리적인 빈민구제를 추구했던 것으로 그 연락조정기능과 볼런티어 조직화는 지역복지의 원류로 이해되고 있다. 인보관은 산업혁명 이후에 형성된 슬럼의 빈곤을 극복하기 위한 방책으로 대학 등의 지식인이 문화적·인격적 접촉을 통해서 무산노동자계급과의 사회적 연대를 꾀하려고 했던 활동이라고 할 수 있다.

2. Community Chest는 공동모금을 일컫는 말로, 미합중국 오하이오주 클리브랜드의 공동모금이 그 기원이 되고 있다. 그러나 시설기관의 조직화에 의한 합동모금활동은 피츠버그 등에서 이미 행해지고 있었다고 한다. 기부금을 배분받은 시설과 기관이 중심이 되어 진행되던 모금활동에서 기부를 했던 시민이 직접 모금활동을 하고 배분계획을 세우는 공동모금으로 변화해 왔다고 한다. 지역사회개발(Community Development)도 지역복지의 형성에 조금이나마 기여해 왔고, 원래는 영국의 구식민지독립을 촉진하는 경제개발에 연동한 사회개발의 방법으로 시작되었는데, 후에 이 방법은 선진국의 빈곤지역에도 적용되게 된다.

3. 유이(結い)와 모야이(もやい)와 미조(講)는 일본의 지역복지의 前史로 이해되는 경우가 많다. 유이와 모야이는 공동노동, 교환노동이란 관행으로서, 미조는 종교적, 경제적, 오락적인 호조 (互助)집단으로서 촌락사회에 존재하고 있었다고 한다. 지역복지의 시점에서 언급되고 있는 문헌으로는 이하를 참조하기 바란다.
阿部志郎ほか編(1984).『地域福祉敎室』, 有斐閣. p.2~3.
岡知史(1991).『セルフヘルプと日本の自助的互助組織』, 未刊行. p.42~52.

4. 지역복지의 연구대상을 활동(분야), 방법(기술), 정책, 사상(이념)으로 구분하는 고찰방법은 조금 편의적인 것이다. 牧里毎治(1995).「地域福祉の理念と槪念」, 牧里毎治ほか(編著)『これからの社會福祉⑥地域福祉』, 有斐閣. p.3~5.

5. 지역사회사업(community social work)에 대해서는, 영국의 1982년의 'Berkeley보고'에서 다수파(多數派)의 보고가 community social work를 사회적 케어계획과 상담을 중심으로 한 종합적 방법으로 제안했던 것이 유명하지만, 미합중국에서는 다른 의미로 community social work가 사용되고 있다. 예를 들면 S.H.Taylor와 R.W.Roberts에 의하면 지역사회조직화를 확대발전시켰던 내용이라고 한다. 지역사회사업은 지역사회개발, 서비스조정, 계획, 정치적 행동, 지역사회연결의 다섯 항목이다. 지역사회실천에 대해서는, 사회사업사전에 수록되어 있는 D.N.Gamble의 '지역사회실천모델'에서는 지역조직화, 기능적 지역사회의 조직화, 지역사회개발, 사회계획, 프로그램개발과 연결, 정치적 행동, 연합, 사회운동 여덟 가지 모델로 되어 있다고 한다.
S. H. Taylor & R. W. Roberts(1985). "Theory and Practice of Community Social

Work", Columbia UP.

M. O. Weil & D. N. Gamble(1992). 'Community Practice Models' "Encyclopedia of Social Work" 19th ed. NASW.

6. 岡村重夫(1970).『地域福祉研究』, 柴田書店. p.43~82. 竹內愛二·高森敬久(1970).『コミュニティ·ディベロップメント』, ミネルヴァ書房. 若林敬子(1973).「地域社會開發の槪念と原則」, 松原治郎編『現代のエスプリコミュニティ』, 至文堂. p.94~107. 高森敬久ほか編(1989).『コミュニティ·ワーク』, 海聲社. p.184~191.

7. 장애인의 자립생활운동도 지역복지에 있어 유력한 상상이라고 말할 수 있다. 의료모델에서 무장애(barrier free)환경, 권리옹호 등 환경개선으로 연결되는 생활모델로의 패러다임(Paradigm)전환을 일궈낸 Gerben Dejong의 자립생활사상은 그 전형이라고 말할 수 있다. Gerben Dejong(1979). ' Independent Living: From Social Movement to Analytic Paradigm' in "Archives of Physical Medicine Rehabilitation", No. 60. 障害者自立生活セミナー實行委員會『障害者の自立生活』

8. 지역복지를 구조적 개념과 기능적 개념으로 나누어서 논했던 최초의 논문은, 拙稿(1984).「地域福祉の槪念(1), (2)」阿部志郎ほか編『地域福祉教室』有斐閣 이다. 그 후, 재정리해서 拙稿(1986).「地域福祉の槪念構成」, 右田紀久惠ほか編『地域福祉講座』第1卷, 中央法規版 으로 조금 더 상세하게 논술되어 있으므로, 상세한 내용에 대해서는 위의 문헌들을 참고하기 바란다.

9. 三浦文夫(1993).「現代地域福祉の意義と課題」, 大坂讓治ほか監修『高齡化社會と社會福祉』中央法規出版. '재가복지형지역복지' 론은 三浦文夫씨가 명명한 것이다.

10. 右田紀久惠(1993).『自治型地域福祉の展開』, 法律文化社. 右田紀久惠씨는 내발적 발전을 기본으로 하면서, 이것과 불가분한 관계인 외발적 개혁 속에 분권화와 참여를 그 위치에 두고 자치형지역복지를 논하고 있다(p.18~26). 그 외 주민자치의 관점에서 지역복지의 활동에 대해서 그 위치를 정한 것으로서 다음의 문헌도 자치형지역복지와 관련된 문헌으로 생각할 수 있다. 三塚武男(1992).『住民自治と地域福祉』, 法律文化社.

11. 새로운 공공이라고 하는 개념은, '자치형지역복지' 를 제창하고 있는 右田紀久惠씨가 제시했던 것이지만, 필자가 사용했던 '또 하나의 공공활동' 과 '자치형지역복지' 는 개념적으로 명확한 것은 아니라는 지적을 받고 있다. 아직도 독자적으로 개념적 전개가 이루어지지는 않았지만, '또 하나의 공공활동' 이란 NPO 등 공공법인(公共法人)이 아닌 민간단체, 공익법인(公益法人)과 공익법인(共益法人)이 새로운 지방자치를 창조해내는 파트너로서 존립하는 의의를 나타내고자 했던 것이다.

'자치형지역복지' 에 대해서는 지적된 것처럼 필자의 사용방법은 '주민자치' 에 편중한 이해로 오해를 사게 한 것은 사죄한다. 바르게 한다면 '주민자치형지역복지' 라고 해야 할 것이지만, 더욱 더 난감한 문제를 덧붙이는 것 같아 오히려 후술한 것처럼 '자기조직화형의 지역복지' 로 말을 바꾸는 쪽이 좋을지도 모르겠다. 岡村重夫씨의 '주체성의 지역복지론' 을 기초로 해서 복지의 주민자치·지방자치를 만들어가는 프로세스와 방법에 역점을 두고 싶다.

右田紀久惠(1997).「これからの地域福祉實踐の意義とあり方」, 大橋謙策監修『地域福祉實踐の課題と展開』, 東洋堂企畵出版社. 牧里每治(1995).「地域福祉の理念と槪念」, 前揭書. 牧里每治(1995).「非營利民間組織(NPO)とネットワーク」, 右田紀久惠『地域福祉總合化への途』, ミネルヴァ書房.

12. '참여형지역복지론' 은 '주체형성의 지역복지론' 으로 표현함이 좋을 것이다. 지역복지의 주체형성을 추진하는 복지교육의 목표로서 지역복지계획주체의 형성, 지역복지실천주체의 형

성, 사회복지서비스 이용자주체의 형성, 사회보험제도계약주체의 형성을 들어 지역복지의 실체화를 구상하고 있다. 右田紀久惠도 일찍이 지역복지의 주체로서 주민을 권리주체, 생활주체, 생존주체로서 인식하는 것이 중요하다고 논하고 있다. 大橋謙策(1995). 『地域福祉論』, 放送大學敎育振興會. p.72~82. 右田紀久惠ほか編(1973). 『現代の地域福祉』, 法律文化社. p.5~7.

13. 본 절은 다음의 논문에서 지역복지를 둘러싼 사회적 배경에 대해서 부분적으로 발췌해서 다시 쓴 것이다. 牧里每治(1999). 「戰後社會福祉各領域の課題と展望地域福祉」, 一番ヶ瀬康子ほか編 『講座戰後社會福祉の總括と２１世紀への展望』, ドメス出版.
    복지개혁에 대해서는 많은 문헌이 있지만, 주로 아래의 것을 참고했다.
    古川孝順(1991). 『兒童福祉改革』, 誠信書房. 古川孝順(1995). 『社會福祉改革』, 誠信書房. 古川孝順(1997). 『社會福祉のパラダイム轉換』, 有斐閣.

14. 古川孝順 『社會福祉のパラダイム轉換』有斐閣 1997年 및 古川孝順 『社會福祉學序說』 有斐閣 1994年.

15. 조금 명확하지 않지만, 여기에서 말하는 '자기조직화'는 사회학에서 말하는 '자기조직성'을 참고로 한 것이다. 자기조직성이란 시스템이 환경과 상호작용하는 과정에서 스스로의 구조를 변화시켜 새로운 질서를 형성하는 성질을 나타낸 개념이다. 사회가 변화하는 것이 아니라 인간이 사회를 만들고 변화시켜 간다는 주체성을 시스템론으로 새로운 지역복지시스템을 구상할 수 있지 않을까라고 생각하고 있다.
    今田高俊(1986). 『自己組織性社會理論の復活』, 創文社. p.176. 吉田民人ほか(1995). 『自己組織性とはなにか』, ミネルヴァ書房.

16. 중앙집권적 행정과 복지관료제와의 밀접한 관계에 대해서는, 다음의 문헌이 날카로운 분석을 하고 있다. 新藤宗幸(1996). 『福祉行政と官僚制』, 岩波書店.

17. 그림 1-1은 2000년 2월에 행해진 「지역복지계획에 관한 실태조사」(전국 3252 시정촌을 대상으로 한 조사로 회수율 48.1%, 1565 시정촌 회답)를 가지고 유형화한 것이다.
    다음의 문헌을 참고하기 바란다. 地域福祉計畵に關する調査硏究事業報告書(2001). 『地域福祉計畵の策定に向けて』, 全國社會福祉協議會, p.9. 地域福祉計畵に關する調査硏究事業報告書(2002). 『地域福祉計畵・支援計畵の考え方と實際』, 全國社會福祉協議會, p.5.

18. 지역복지계획으로써 정리된 초기의 문헌은 『地域福祉計畵, 理論と方法』(全國社會福祉協議會, 1984)을 들 수 있지만, 여기서 말하는 지역복지계획은, 사회복지행정의 조치・조치비제도시대의 시정촌과 시정촌사회복지협의회의 공사협동을 전제로 한 행동계획의 특징을 가진 것이다. 그 의미에서 사회복지법에서 법정화된 현재의 지역복지계획과는 기본적으로 다르다. 이용계약제도의 양상을 띠고 있는 개호보험제도시대의 지역복지계획은 시정촌의 행정계획이라고 하는 색이 강하다. 종래의 계획과 구별하는 의미에서 편의적으로 신 지역복지계획이라고 호칭하고 있다. 또한, 지역복지계획의 착수에 관한 계보에 대해서는 鷹野씨의 논고가 간결하게 정리되어 있다. 鷹野吉章(2001). 「地域福祉計畵の位置と系譜」大橋謙策. 原田正樹編(2001). 『地域福祉計畵と地域福祉實踐』万葉舍, p.37~60.

19. 그림 1-2의 출처는 이하의 논문이다. 牧里每治(1991). 「老人福祉法等八法改正と生涯學習, 地域福祉計畵と住民主體形成」月刊社會敎育, 417號, 國土社, p.52~60. 이 그림은 다음의 문헌에도 게재되었다. 古川孝順(1992). 「市町村地域福祉計畵と住民參加」 『社會福祉供給システムのパラダイム轉換』, 誠信書房, p.30~44.

20. 시민・주민으로부터 발언된 요구와 욕구는 집약된 형태로 주민집단과 임의그룹을 통해서 실현되지만, 그러한 것들이 시민・주민을 대표하는 요망과 제안으로서 정통성을 가지기 위해

서는 공공적 성격을 가진 조직을 매개로 해서 제출, 표명될 필요가 있다. 그런 의미에서 사회 복지협의회는, 전통적으로도 해당 시정촌의 복지관계자들의 요구·요망을 처리할 수 있을 것으로 기대되고 있는 조직이라고 말할 수 있다. 그러나 그 외에도 협의회방식이거나 중간매개조직이 존재하고 있음을 인정하지 않은 것은 아니다. 牧里每治(1997),「ボランティア·NPO活動の活性化と仲介·支援システムの構築に向けて」月刊福祉, 5月號, 全國社會福祉協議會, p.52~59.

5장

1. 上野谷加代子·松端克文·山縣文治編(2004),『よくわかる地域福祉』, ミネルヴァ書房, p.112.
2. 久保美紀(1995),「ソーシャルワークにおけるEmpowerment概念の檢討—Powerとの關連を中心に—」『ソーシャルワーク研究』Vol.21 No.2, 相川書房, p.93.
3. 岡知史(1997),「當事者組織·セルフヘルプグループ」日本地域福祉學會編『地域福祉事典』, 中央法規, p.126~127.
4. 전후 일본의 주요한 동향은 다음과 같이 정리할 수 있다. 전전 장애인에 대해서는 상이군인보호대책은 제외하고는 구체적인 시책이 없었고 단지 생활곤궁자로서 구빈대책의 대상에 그치고 있었다. 장애인 당사자들의 집단적 행동은 전후 부흥기인 1945년대의 제사회복지법의 제정, 전문단체의 설립과 동시에 활발하게 되었고, 장애인, 환자단체의 설립과 재건이 잇달아 이루어졌다. 주요한 움직임으로서, 전일본 농아연맹(全日本聾啞連盟), 일본맹인연합(日本盲人連合), 일본신체부자유아협회(日本肢體不自由兒協會), 결핵환자(結核患者) 등이 결성한 일본환자동맹(日本患者同盟), 전국나병환자협의회(全國ハンセン氏病患者協議會), 정신박약자육성회 등을 예로 들 수 있다. 연이어 1955년대에는 전국조직인 일본신체장애인단체연합회(日本身體障害者團體連合會), 전국척추손상자연합회(全國脊髓損傷者連合會)와 다양한 부모회가 발족되어 단체의 연합화가 진행된다.「심신장애인대책기본법 (현·장애인기본법)」이 제정되고, 자폐증아동부모회와 전국난치병단체연락협의회 등이 발족하였고 1965년대에는 제1회 휠체어시민전국집회를 계기로, 장애인이 생활하기 쉬운 거리만들기 운동(생활권확대운동)이 각지에서 전개되었다.
  1975년대는 차별철폐를 요구하는 운동이 넓게 퍼져갔다. 이러한 흐름과 함께 장애인실태조사의 실시와 양호학교의무제 반대운동의 전개, 국제장애인의 해 일본추진협의회(후에 일본장애인협의회(JD)로 개칭됨) 설립이 실현된다. 이러한 움직임은 신체장애인복지법의 개정, 장애인 기초연금제도의 창설 등 관계법의 개정으로 이어지게 되었다. 1985년대에는 장애인단체와 그 대표들이 중앙정부, 지방자치체의 고문기관이랑 시책의 검토에 참여하는 기회가 증대하게 된다. 福祉士養成講座編集委員會編(2001),『新版社會福祉士養成講座 3 障害者福祉論』, 中央法規, p.268~275.
5. 渡邊洋一(2000),『コミュニティケア研究—知的障害をめぐるコミュニティケアからコミュニティ·ソーシャルワークの展望—』, 相川書房, p.141.
6. 上野谷ほか前揭書, p.160.
7. 右田紀久惠(1993),『自治型地域福祉の展開』, 法律文化社, p.14.
8. 同, p.15~16.
9. 牧里每治(1990),「社會活動法」岡本民夫·小田兼三編著『社會福祉援助技術總論』, ミネル

ヴァ書房, p.165~169.

10. 牧里, 前揭書, p.165~166.

11. 加山彈(2004), 「第8章 ソーシャル・アクション(社會活動法)の理論と技術」, 岡本民夫 監, 久保紘章ほか編著『社會福祉援助技術論(下)』, 川島書店, p.215~229.

12. 渡邊(1995), 「エンパワーメントを志向したソーシャルワークに關する一考察－社會福祉 の固有の視点から－」『ソーシャルワーク研究』Vol.21 No.2 相川書房, p.100~107.

13. 渡邊洋一(2000), p.177~185.

14. 同, p.105.

15. 渡邊(2000), p.183.

16. 이 '일원(一員)' 은 도움을 주는 측과 도움을 받는 측이라고 하는 관계성을 넘어라는 의미가 포함되어 있지만, 그것은 어의로서의 'power' (사회자원이랑 서비스 수급기회를 달성하기 위한 주체형성에 필요한 힘)과 'em' (동일화된다, 같은 입장에 서다)의 위에서 이루어진다 (渡邊, 183).

17. 이것과 상부구조로서의 행정적 책임(accountability)을 축소하는 논의와 구별해야 하는 것은 말할 필요가 없을 것이다(渡邊, 171).

18. 太田義弘(1992), 『ソーシャル・ワーク實踐とエコシステム』, 誠信書房, p.113.

19. 同, p.113~114.

20. 이러한 사례가 근년의 경향이라고 말할 수 있지만, 본 연구에서는 논지로부터 제외하고자 한 다. 또한 그것에 대해서 필자가 검토했던 논문은 다음과 같다.
拙稿(2003), 「コミュニティ實踐の今日的課題－近年のソーシャル・アクションの動 向－」『關西學院大學社會學部紀要(第95號)』, p.203~215.

21. 일반적으로, 이러한 매체를 통해서 작위적으로 만들어진 가상현실에서는, 인간적인 사실성 의 결여에 대한 위험도 지적되고 있다. 그러나 일단 여론이 형성되면 현실사회에 있어서 거 대하고 불가시적인 압력단체(プレッシャー・グループ)가 될 수 있을 것이고, 결코 도외시할 수 없을 것이다.

22. 拙稿(2003).

23. 논거가 되는 논자로서, 파울로 프레이리(Paulo Freire)를 들 수 있다. 프레이리는 반대화적 행동론을 비판하고, 문제제기형 교육을 지지하고 있다. Freire, Paulo.(1970). Pedagogia do Opprimido, Charles E. Tuttle(小澤有作・楠原彰・柿沼秀雄・伊藤周譯(1979)『被抑 壓者の敎育學』, 亞紀書房. p.240).

24. 급진적 시민운동가로 알려진 알린스키(Saul D. Alinsky)는 당사자가 직면하고 있는 '위기' 에는, 그 어의에서 '위험' 과 '기회' 라고 하는 상반된 의미가 포함 - 리스크는 동시에 기회로 서 가능성을 가지고 있다 - 된다고 지적하고 있다. Alinsky, Saul D.(1946). Reveill for Radicals, University of Chicago Press(長沼秀世譯(1972), 『市民運動の組織論』, 未來 社. p.89).

7장

1. 村上俊介・石塚正英・篠原敏明編(2004), 「市民社會とアソシエーション」, 社會評論社 2004. 2는 현재의 사회학상의 논의를 제시하고 있다.

2. 大阪ボランティア協會編(1981), 『參加する福祉』, ミネルヴァ書房에서 早瀬 등은 볼런티어

활동유형으로서, Ⅰ행정위촉활동형, Ⅱ관직 · 관리활동형, Ⅲ전문기능제공형, Ⅳ계속 · 계약활동형, Ⅴ액션형, Ⅵ지역사회적 활동형, Ⅶ일상적 활동형(일상적으로 행해지는 볼런티어 활동)등 7유형을 제시하고 있다.

3. 上記(4), p.91.

4. 후생노동성은 1991년 3월에 근로자들의 볼런티어 활동에의 참여를 장려하는 '일과 볼런티어, 어느 쪽도 나의 중심적 생활'을 발표하여 근로자의 볼런티어 참여를 추진하고 있다. 킹보라(勤ボラ)라고 하는 용어도 등장하고 있다.

5. 1999년은 '국제고령자의 해'였다. '국제고령자의 해'의 목적은 1991년 제 46회 국제연합 총회에서 채택된 「고령자를 위한 국제연합 원칙」(the United Nations Principles for Older Persons)을 촉진하고, 이것을 정책 및 실제적 계획 · 활동으로 구체화하는 것이다. 이 「원칙」은, 고령자의 '자립(independence)', '참여(participation)', '케어(care)', '자기실현(self-fulfilment)', '존엄(dignity)'을 실현하는 것을 목표로 하고 있다.

9장

1. 右田紀久惠(1993). 『自治型地域福祉の展開』, 法律文化社. 高田眞治(1997). 「社會福祉の內發的發展の課題と展望(Ⅲ) 社會福祉の創發：あらたな公共性」, 『關西學院大學社會學部紀要』76號, p.43~56.

2. 2003年 6月 30日 までに認證をうけた法人數.
http://www5.cao.go.jp/seikatsu/npo/data/pref.html

3. 藤井敦史(1999). 「NPO概念の再檢討：社會的使命を軸としたNPO把握」, 『組織科學』Vol.32 No.4, 組織學會, p24~32.

4. 日本都市センター編(2002). 『自治的コミュニティの構築と近隣政府の選擇』.

5. 岡村重夫(1974). 『地域福祉論』, 光生社, p.69.

6. 牧里毎治(1992). 「福祉コミュニティの形成と小學校區」鈴木廣編著『現代都市を解讀する』, ミネルヴァ書房, p.350~369.

7. 右田紀久惠(1993). 『自治型地域福祉の展開』, 法律文化社.

8. 三本松雅之(1999). 「コミュニティと福祉」, 藤田弘夫, 吉原直樹編『都市社會學』, 有斐閣, p.100~118.

9. 總合開發硏究機構(1994). 『市民公益活動基盤に關する調査硏究』.

10. NPO법인 타카히토 마을 만들기의 회를 설립하기 전의 상황이다. 설립 후 2002년 8월 후생노동성의 신인보관설치운영요강(新 · 隣保館設置運營要綱) 및 2003년의 지방자치법 개정과 동시에, 2005년 단계의 교또시의 커뮤니티 센터 운영관리방식은 교또시의 직영이 되었다.

11. 교또시에 있어서 지구사회복지협의회(地區社會福祉協議會)는 학구사회복지협의회(學區社會福祉協議會)로 호칭하고 있다.

12. 마메모야시는 NPO법인 하가시구조 마을 만들기 지원센터의 애칭이다.

13. 1997년 야마오학구전역(學區全域)에서 4개의 마을 사업을 고안하고자 야마오 마을 만들기 협의회가 발족됨. 하가시구조개선대책위원회는 그 멤버로서 가입하고 있다.

14. 平山洋介(1993). 『コミュニティ · ベースド · ハウジングー現代アメリカの近隣再生』, ドメス出版.

15. NPO법인은 커뮤니티형성에 기여함에 있어서 거주(居住)라고 하는 시점을 가지고 사회적으

로 고립되기 쉬운 사람들에 대한 주택과 복지가 혼합된 사업이 하나의 열쇠가 되고 있다. 이와 같은 움직임이 전국적으로 퍼져가고 있다. 林泰義(1998), 「住宅市場とNPOの普及可能性」, 『都市住宅學』, 24號, 都市住宅學會, p.40~46 參照.

10장

1. 상세한 내용에 대해서는, 본서의 제1장과, 다음의 문헌을 참고하기 바란다.
   牧里每治(1984), 「地域福祉の概念」 阿部志朗・右田紀久惠・永田幹夫・三浦文夫編 『地域福祉教室』, 有斐閣.
2. 상세한 내용에 대해서는 岡本榮一著(2002), 「場─主體の地域福祉論」 日本生命濟生會社會事業部編 『地域福祉研究』, 日本生命濟生會, No.30, p.11~25를 참고하기 바란다.
3. 岡本榮一는 대표적인 지역복지론을 검증한 결과로, 「場＝展開ステージ軸」에 가까운 이론으로 「福祉コミュニティ・地域主體志向の地域福祉論」(岡村重夫阿部志朗)도 「在宅福祉志向の地域福祉論」(永田幹夫三浦文夫)가 그리고 「主體＝推進支援軸」에 가까운 이론으로 「政策制度(自治)志向の地域福祉論」(右田紀久惠眞田堤井岡勉)도 「住民の主體形成參加志向の地域福祉論」(大橋謙策渡洋一)가 각각 대응하는 것으로 보고 있다. 상세한 내용에 대해서는 다음의 문헌을 참고하기 바란다. 岡本榮一著(2001), 「地域福祉の考え方の發展」 新版・社會福祉士養成講座 7 『地域福祉論』 中央法規出版, 14~19頁.
4. 小笠原祐次는, 사회복지시설의 사회적 역할의 변화에 대해서, 아래와 같이 정리하고 있다.
   ① 明治시대~궁민(窮民)과 부랑자로 인한 사회적 곤란에의 사회방위적(防衛的) 역할
   ② 明治10년대~사회복지시설의 대상별 분화, 수용보호, 보호구제
   ③ 大正시대~구제적 곤궁자의 구제보호와 함께 저소득자인 도시노동자의 구제지원(救濟支援)
   ④ 昭和시대~구호법(救護法)의 시행으로 대상자가 한정된 경제적 곤궁자의 보호구제와 후방을 보호한다고 하는 전쟁수행의 역할
   ⑤ 전후 사회복지6법의 성립, 가족지원과 원조를 필요로 하는 개인을 보호, 가족이 없는 아동과 빈곤을 이유로 자택에서 생활할 수 없는 고령자와 장애인을 보호하는 것이 주 역할이었다.
   ⑥ 1964년~사회적 자립이 곤란한 사람들에게 일반적 지원을 행하는 역할, 더욱이 가족을 포함해서 지원한다는 역할이 명확하게 되었다.
   ⑦ 1965년 후반~지역사회에서의 역할이 강조되게 되고, 시설의 사회화의 과정을 겪은 시기였다. 사회복지시설의 일반적 역할에 대해서, 자택에서의 생활이 곤란하게 된 사람들의 생활을 지원하는 장으로서의 역할과 장애 등의 치료・훈령 등 전문적인 자립지원을 하는 역할이 있다.
   그리고 사회복지시설의 사회적 의의에 대해서 ①이용자의 사회적 자립을 지원하는 것, ②가족생활지원, ③시설의 지역시설화를 통한 지역주민의 생활・복지원조의 역할, ④복지교육 역할, 볼런티어 활동과 전문직을 목표로 하는 학생의 실습의 장으로서의 역할, ⑤복지정보 발신기지로서의 의의가 있고, 가족생활지원과 지역주민의 생활・복지원조에 있어서 시설의 통과적 기능이 중요시되고 있다.
   小笠原祐次(1999), 「序章社會福祉施設の體系・制度の再編と今日の課題」 小笠原祐次・小國英夫・福島一雄編著 『これからの社會福祉 7 社會福祉施設』 有斐閣, p.3~7과, 小笠原祐次(2003) 「第一章社會福祉施設の沿革概況及び役割」 新版・社會福祉學習書編集委員會編 『新版社會福祉學習書 2003(第14卷)社會福祉施設欶意(經營)論』 全國社會福祉協

議會, p.20~25.

5. 藤野豊(2001)에 한센병에 관한 격리정책에 대해서 그 역사를 시작으로 근년의 동향까지 자세하게 기록되어 있으므로 참조.

6. 어떤 자치체의 탈시설 선언에 대해서, '전(全)입소시설 해체 선언' '지적장애인, 지역으로' 또는 그 선언에 대한 타(他)자치체의 반응에 대해서 '戸惑いも' '受け入れ態勢課題' 라고 하는 타이틀로 朝日新聞記事(2004. 2. 20)가 기록되어 있다.

7. 일본에서는 '탈시설화' 라고 하는 용어로 사용되고 있지만, 유럽의 문헌을 보면 영어로 'deinstitutionalization movement' 로 표기되어 있으므로 이 글에서도 그 표기대로 탈시설화운동으로 표기하기로 한다.

8. 右田紀久惠는 '참여론' 에 대해서 다음과 같이 정리하고 있다. '①자조적인 협동활동에의 참여, ②원조·서비스 공급활동에의 참여, ③정책결정·계획입안에의 참여, ④조직적 압력행동에의 참여. 나아가 ①과 ②의 자조는 발전의 요건이다' 라고 하는 내발적 발전론의 시점으로 보면, 참여의 구성요건이긴 하지만, 그것들은 어디까지나 ③을 기초로 해서 존재해야 한다고 주장하고 있다. 右田紀久惠著(2005). 『社會福祉研究選書 ②自治型地域福祉の理論』, ミネルヴァ書房, 2005, p.24.

9. 물론 아렌트(Arendt)의 공공공간(公共空間)개념의 문제점이 지적되고 있다. 그것은 아렌트의 공공공간은 여성과 노예에 의해서 지탱되고 있던 사적영역 위에 성립된 것으로, 즉 '아렌트의 견해에는, 고대 아테네의 사적영역은 가족의 재산 위에 확고하게 위치하고 있는 가정(家政)으로 구성되어 있었다. 가정은 과세정산 단위이기도 하기 때문에, 인간생활의 자연적이고 물질적인 면은 전부 ― 아렌트의 용어법으로는 노동은 전부 ― 공적무대의 빛과는 동떨어지고, 사적으로 행해졌다. 자기 자신의 가정 안의 사생활의 내면으로, 시민은 자신과 가족의 물질적 행복에 관심을 가지고 있었다. 가정이 종속(從屬)의 장소였던 것은 가장이 여성, 어린이, 노예를 지배하기 위해 상습적으로 폭력을 사용한 작은 전제정이기 때문만이 아니라 관계자 모두, 생산과 소비와 생식을 요구하는 생명과정의 냉혹하고 무한정한 필연에 맡겨져(Canovan, 1992: 152)' 있고, 또한 공공공간으로부터 사회문제를 배제하고 있는 것이다. 아렌트는 사회문제인 경제와 관련된 문제를 인간의 자연화로 보고 정치로부터 배제했다. 그것이 의미하는 것은 사회문제는 인간의 생물학적 차원으로의 환원이고, 세계의 관심을 타인과 공유할 수 없는 것이라고 하였다. 그러나 이 세계의 공유라고 하는 점에서 생각하면, 사회문제는 항상 타인과 공통의 관심이 되지 않는다고 한정 지을 수 없다. 실제로 아렌트도 모 담화에서 이른바 사회문제가 정치적 문제가 될 수 있음을 인정하고 있다. 伊藤洋典(2002), 「3 アレントにおける「公的人間」の成立の論理」中村直美·岩岡中正編著『時代轉換期の法と政策』, 成文堂, p.44. 그러나 사적영역에서 약자인 사람들을 그 대상으로 하고 있는 지역복지의 이념과 생활문제를 지역복지문제의 대상으로 하고 있기 때문에 지역복지추진 또는 실천 과정의 일부분에 아렌트의 공공공간 이론에서 시사를 받는 것에는 지장이 없다고 생각한다. 상세한 아렌트의 공공공간 이론의 문제점에 관해서는 다음의 문헌을 참조하기 바란다. 齊藤純一著(2001). 『公共性』, 岩波書店.

10. 齊藤純一가 사용한 단어로, 인칭적 연대를 가능하게 하는 생(生)의 보장은 사회 전역을 커버하지는 못한다. 그것은, 제도화되어 있지 않음과 생의 보장으로써는 불안전하고, 나아가, 누가 지원(支援)하고, 그 지원을 누가 받고 있는지가 드러나기 쉽다는 난점도 있다며, 인칭적 연대의 불안정성을 지적하고 있다. 그러나 주로 비인칭적 연대에 의해 생의 보장을 확보하고 있는 복지국가의 사회적 연대는 안정된 것이라고 말할 수 있을까. 또한 일본의 재정적 난점은 사회보장의 안정성을 보장할 수 있는 것일까. 오히려 인칭적 연대의 강화야말로 비인칭적

연대의 안정성을 꾀할 수 있다고 생각한다. 齊藤純一著(2004).「序論社會的連帶の容と課題」「社會的連帶の理由をめぐって―自由を支えるセキュリティー」, 齊藤純一編著『講座・福祉國家のゆくえ5 福祉國家/社會的連帶の理由』, ミネルヴァ書房, p.275~276.

11. 山脇直司의 공공철학의 주요한 이론적 틀에 관한 내용에 대해서는 다음의 문헌을 참조. 山脇直司(2005).『社會福祉思想の革新―福祉國家・セン・公共哲學―』かわさき市民アカデミー出版部.

12. 그림 10-4에 관한 자세한 내용에 대해서는 다음의 문헌을 참고하기 바란다. 金蘭姬著(2007).「地域福祉推進と『公共の空間』」, 關西學院大學社會學部研究會編『關西學院大學社會學部紀要』102號, p.101~114.

13 장

1. 이태수(2004).「재정분권과 사회복지 이대로 좋은가?」를 토대로 재구성 함.

2. 和田八束(1999).「21世紀の福祉と財政」『分權時代の福祉財政』13頁, 敬文堂.

3. 일본의 지방교부세의 재원은 소득세, 법인세, 주세의 수입예상액의 각 32%에 상당하는 금액, 소비세의 수입예상액의 29%에 상당하는 금액, 담배세수입예상액의 25%에 상당하는 금액의 합산액을 국가가 지방정부에 대해 교부하는 세를 말한다. 단, 비율은 연도에 따라 변동할 수 있다.

4. 林健久(1992).『福祉國家の財政學』130頁, 有斐閣.

5. 보건복지부·한국보건사회연구원(2002).『한국의 사회복지지출추계』.

6. 보건복지부.『보건복지부세입세출예산서』각 년도를 참조.

7. 이태수(2004).「재정분권과 사회복지 이대로 좋은가?」. 부천시는 서울의 서남쪽에 위치하며 인구 864천명으로 문화예술의 도시를 컨셉으로 표방하고 있다.

8. 『圖說日本の財政』2004年度版を參照.

9. 國立社會保障・人口問題研究所『社會保障統計年報』各年度版,『圖說日本の財政』各年度版を參照に作成.

10. 노인복지시설보호비는 2000년 개호보험이 실시된 이후 양호노인홈은 기존의 조치비제도 하에서 국가보조금이 조달되었으나, 특별양호노인홈은 개호보험적용시설로 구분되어 국가보조금이 감소하고 이용자의 부담이 증가하였다. 그러나 2005년 이후에는 양호노인홈도 개호보험적용시설로 편입될 예정이어서 국가보조금은 감소하나 개호보험이용료는 인상될 전망이다.

11. 한국에는 이 외에도 2005년 현재 노인복지관 137개소, 장애인복지관 116개소가 설립 운영되고 있어 지역사회복지의 중추적 역할을 감당하고 있다.

1장

右田紀久惠ほか編(1973).『現代の地域福祉』, 法律文化社.
岡村重夫(1974).『地域福祉論』, 光生館.
阿部志郎ほか編(1984).『地域福祉教室』, 有斐閣.
右田紀久惠・高田眞治編(1986).『地域福祉講座第1卷社會福祉の新しい道』, 中央法規出版.
永田幹夫(1988).『地域福祉論』, 全社協.
眞田堤(1992).『地域福祉の原動力』, かもがわ出版.
三塚武男(1993).『住民自治と地域福祉』, 法律文化社.
右田紀久惠編著(1993).『自治型地域福祉の展開』, 法律文化社.
大橋謙策(1995).『地域福祉論』, 放送大學教育振興會.
牧里每治ほか編(1995).『これからの社會福祉⑥地域福祉』, 有斐閣.
今田高俊(1986).『自己組織性?社會理論の復活』, 創文社.
古川孝順(1994).『社會福祉學序說』, 有斐閣.
古川孝順(編)(1992).『社會福祉供給システムのパラダイム轉換』, 誠信書房.
鈴木廣(編)(1992).『現代都市を解讀する』, ミネルヴァ書房.
大坂讓治ほか(監修)(1993).『高齢化社會と社會福祉』, 中央法規出版.
右田紀久惠(編)(1995).『地域福祉總合化への途』, ミネルヴァ書房.
吉田民人ほか(1995).『自己組織性とはなにか』, ミネルヴァ書房.
坂田周一ほか編(1996).『これからの社會福祉⑥社會福祉計畫』, 有斐閣.
新藤宗幸(1996).『福祉行政と官僚制』, 岩波書店.
古川孝順(1997).『社會福祉のパラダイム轉換』, 有斐閣.
古川孝順(編)(1998).『社會福祉21世紀のパラダイム』, 誠信書房.
一番ケ瀬康子ほか(編)(1999).『戰後社會福祉の總括と21世紀への展望』, ドメス出版.

2장

翁百合(2002).『金融の未來學 ― ちいさなセーフティネットをめざして ―』, 筑摩書房.
平岡公一(2003).『イギリスの社會福祉と政策研究』, ミネルヴァ書房.
廣井良典(2003).『生命の政治學』, 岩波書店.
廣井良典(2001).『定常型社會―新しい「豊かさ」の構想』, 岩波書店.
伊藤周平(2002).『「構造改革」と社會保障』, 萌文社.
金子勝(1999).『セーフティネットの政治濟學』, 筑摩書房.
厚生省社會―援護局(2000).「社會的援護を要する人人に對する社會福祉のあり方に關

　　する檢討會」, 報告書.

二文字理明(2002). 「敎育－「個性重視型」共生社會の基礎」『スウェーデンにみる個性重
　　視社會』, 二文字理明・伊藤正純編, 櫻井書店.

寺西重郞(2003). 「アジアのソーシャルセーフティネット」『アジアのソーシャルセーフ
　　ティネット』寺西重郞・一橋大學一濟硏究所經濟制度硏究センター編, 勁草書
　　房.

大橋謙策(2002). 「21世紀型トータルケアシステムの創造と地域福祉」『21世紀型トータ
　　ルケアシステムの創造』, 大橋謙策・野川とも宮・城孝・遠野トータルケアシステ
　　ム硏究會編, 万葉舍. 高田眞治(1992). 「社會福祉の基礎」『社會福祉原論』, 岡本榮
　　一・高田眞治・岡本民夫編, ミネルヴァ書房.

高田眞治(2003). 『社會福祉內發的發展論これからの社會福祉原論』, ミネルヴァ書房.

山口稔(2001). 「地域福祉を支える制度と財源」『コミュニティとソーシャルワーク』, 平野
　　孝・宮城孝・山口稔編, 有斐閣.

3장

白澤政和・中西茂編(1998). 『公的介護保險への一營戰略』, 中法法規出版.

金子努(2004). 『高齡者ケア改革とソーシャルワークⅠ』, 久美.

橋本泰子(2001), 「地域ケアとケアマネジメント－介護保險制度下における新たな課
　　題－」『社會福祉硏究』80：88~94.

上野谷加代子(2004). 「高齡者の地域生活を支える新しい福祉システム－自治體經・民間
　　の協同の視点から－」『社會福祉硏究』89：16~23.

山手茂(2003). 『社會福祉專門職と社會サービス』, 相川書房.

David Challis & Bleddyn Davis(1986). Case Management in Community Care,
　　London: British Crown(窪田曉子・谷口政隆・田端光美譯(1991). 『地域ケアにお
　　けるケースマネジメント』, 光生館).

高森敬久・高田愼治・加納惠子他著(2003). 『地域福祉援助技術論』, 相川書房.

牧里每治・野口定久・河合克義編著(1995). 『地域福祉』, 有斐閣.

白澤政和編著(1999). 『介護支援專門員實踐テキストブック』, 中央法規出版.

大森彌(2004). 「高齡者の地域生活を支える仕組みを問う－基礎自治體の新しい役割－」
　　『社會福祉硏究』89：9~15.

ジョン・キャンベル. 「論壇介護保險がはらむ過剩給付の恐れ」, 朝日新聞. 1998年2月20日.

西村淳(2000). 「イギリスのケアマネジメント」, 橋本泰子・竹内孝仁・白澤政和監修. 『海
　　外と日本のケアマネジメント』, 92~106, 中法法規出版.

Malcolm Payne(1995). Social Work and Community Care, Macmillan Press Limited
　　(杉本敏夫・淸水隆則監譯(1998). 『地域福祉とケアマネジメント－ソーシャルワ
　　ーカーの新しい役割－』, 筒井書房).

Jenyth Worsley(1992). Good Care Management, London(小田兼三・杉本敏夫監譯
　　(1998). 『高齡者のためのケアマネジメント』, 雄山閣出版).

筒井孝子(2004). 『高齡社會のケアサイエンス』, 中央法規出版.

木村次(2005). 「介護保險制度見直しに對する意見」.

(http://homepage3.nifty.com/caremanager/words/minaoshi)

久留米市健康福祉課長壽介護課(2005).「地域包括支援センターの設置について」
(http://www3.city.kurume.fukuoka.jp/kaigo/02/07/)

4장

Anthony N. Maluccio et, al. (2002). Social Work Practice with Families and Children
, Columbia University Press.

Brobfenbrenner, Urie(1979). The Ecology of Human Development, Harvard
University Press.

Carl Dunst(1995). Key characteristics and features of community based family
support programs Cicago: Family Support America, p.37.

Froland, C. et al.(1981). Helping Networks and Human Services, Sage Publications.

福西勇夫(1997).『ストレス對處からみたソーシャルサポート 現代のエスプリ』363, pp.
20~29.

小松源助(1988).『ソーシャルサポートネットワークの實踐的課題―概念と必要性―』,
社會福祉研究.

松田博雄, 他編(2003).『三鷹市の子ども家庭支援ネットワーク』, ミネルヴァ書房.

McKnight, J.(1996). Mapping Community Capacity Institute for Policy Research,
Northwestern University, pp.1~21.

三澤直子(1997).『子育てに對するソーシャルサポートの必要性』. pp.153~163.

西村祐子(2004).『草の根NPOのまちづくり』, 勁草書房.

奥山千鶴子 NPO法人びーのびーの編(2003).『おやこの廣場びーのびーの』, ミネルヴァ
書房

大橋謙策(2005).「福祉教育を取り巻く環境と今後の發展に向けて」, 月刊福祉. 2005. 3
pp.38~43.

Sandra Austin(2005). Community-Building Principles: Implications for Professional
Development Child Welfare vol. 48(2). pp.105~122.

竹内富士夫(2005).「三鷹市子ども家庭支援ネットワーク」の活動から, 都市問題96號第
2卷 pp. 17~22.

The Blackwell Encyclopadia of Social Work pp.328~330

東京都社會福祉協議會(2004).『子ども家庭支援センター實態調査報告書』.

山縣文治(2005). 地域子育て支援に求められる據点機能, 月刊福祉. 2005. 2. pp.24~27.

山本健慈地域づくりと保育活動, 大前哲彦, 他編(1998).『地域住民と共に』, 北樹出版
pp. 143~155.

山手茂(1996).『福祉社會形成とネットワーキング』, 亞紀書房.

6장

淺井春夫(1999).『社會福祉基礎構造改革으로 어떻게 되나 일본의 복지』, 日本評論社.

國民生活센터 編(1997).『戰後消費者運動史』, 大藏省印刷局.

福祉옴부즈맨研究會 編(2000).『福祉 "옴부즈맨" ― 새로운 시대의 권리옹호 ―』, 中央法規.

古川孝順(1998).『社會福祉基礎構造改革 ― 그 과제와 전망 ―』.

松野弘(2004).『地域社會形成의思想과論理 ― 參加・協動・自治』, 미네르바書房.

Murray G. Ross(1955). Community Organization: Theory and Principles, Harper &
　　　Row.〔岡村重夫譯(1968).『커뮤니티 조직화 ― 理論・原則과 實際 ―』, 全國社會福
　　　祉協議會〕.

田村正勝 編著(2003).『되살아나는 커뮤니티』, 文眞堂.

7장

「國民の社會福祉に關する活動への參加の促進を圖るための措置に關する基本的な指
　　　針」, 平成5年4月厚生省告示第117號.

東京ボランティア・市民活動センターのホームページ.「ボランティア活動の4つの原
　　　則」による整理1 http://www.tvac.or.jp/infolib/beginners/index.htm.

經濟企畫廳編.「國民生活白書 ボランティアが深める好緣 平成12年版」, 平成12年11月,
　　　p.11

「國民生活白書」, 平成16年度版.

田尾雅夫著(2001).「ボランティアを支える思想超高齡社會とボランタリズム」, アルヒー
　　　フ, 2001. 7.

拙著(2001).「シルバーボランティアの現狀と課題」, 瀨川一人・佐瀨美惠子編著『粹・い
　　　きいきシルバーボランティアのすすめ』, シーム出版. 2001. 10.

シルバーボランティア硏究會報告書(2002).「高齡期のボランティア活動を促進するボ
　　　ランティアセンター及びコーディネーターの役割」p.6~14.

池田幸也著(2003).「敎育とボランティアコーディネーションー敎育改革の鍵を探るー」,
　　　ボランティアコーディネーター白書, 2004年版, p.14~21.

西部忠著.「地域通貨を知ろう」岩波ブックレットNo. 5. p.76.

8장

乾光哉(2005).「プラットホームシステムがもたらす21世紀型協動のあり方」, 福祉
　　　NPOと社協等地域の關係團體による連携・協動促進モデル事業報告書.(http://www.
　　　hanzou.or.jp/platform/pf-system.htm, 2005. 1. 5)

塚市社會福祉協議會(2005).「福祉のラウンドテーブル」. (http://homepage1.nifty.com/
　　　takarazukashakyo/roundtable1.htm, 2005. 2. 28)

10장

牧里每治(1984).「地域福祉の2つのアプローチ論」, 阿部志朗・右田歌紀久惠・永田幹
　　　夫・三浦文夫編,『地域福祉敎室』, 有斐閣. p.60~68.

岡本榮一(2002).「場ー主體の地域福祉論」, 日本生命濟生會社會事業部編,『地域福祉硏
　　　究』, 日本生命濟生會. No. 30. p.11~25.

岡村重夫(1974).『地域福祉論』, 光生館.

秋山智久著(1978).「施設の社會化」とは何かーその槪念・歷史・發展的段階鐵道弘濟
　　　會鐵道弘濟會社會福祉部,『社會福祉硏究』23: 40~41.

瀧口桂子著(1999).「9章施設と地域社會」小笠原祐次・小國英夫・福島一雄編著,『これからの社會福祉7 社會福祉施設』有斐閣, p.257~274.

室田保夫著(2003a).「序論社會福祉の歴史を學ぶ」, ― 菊池正治・清水敎惠・田中和男・永岡正己・室田保夫編著『日本社會福祉の歴史付・史料 ― 制度・實踐・思想 ― MINERVA 福祉專門職セミナー⑦』, ミネルヴァ書房.

室田保夫著(2003b).「第2章産業革命期の慈善事業」, 菊池正治・清水敎惠・田中和男・永岡正己・室田保夫編著『日本社會福祉の歴史付史料 ― 制度・實踐・思想 ― MINERVA 福祉專門職セミナー⑦』, ミネルヴァ書房.

永岡正己著(1993).「近畿圈における地域福祉の源流の比較研究」, 日本地域福祉學會地域福祉史研究會編集,『地域福祉史序說 ― 地域福祉形成と展開 ―』, 中央法規出版.

永岡正己著(2003a).「第4章 ― 第一次世界大戰後の社會と社會事業の成立」, 菊池正治・清水敎惠・田中和男・永岡正己・室田保夫編著『日本社會福祉の歴史付・史料 ― 制度・實踐・思想 ― MINERVA福祉專門職セミナー⑦』, ミネルヴァ書房.

永岡正己著(2003b).「第6章日中戰爭・太平洋戰爭と戰時厚生事業」, 菊池正治・清水敎惠・田中和男・永岡正己・室田保夫編著『日本社會福祉の歴史付・史料 ― 制度・實踐・思想 ― MINERVA福祉專門職セミナー⑦』, ミネルヴァ書房.

右田紀久惠著(2005).『自治型地域福祉の理論』, ミネルヴァ書房.

右田紀久惠著(1993).「分權化時代と地域福祉―地域福祉の規定要件をめぐって―」, 右田紀久惠.

編著『自治型地域福祉の展開』, 法律文化社, p.10~11.

高田眞治著(2003),『社會福祉研究選書社會福祉內發的發展論 これからの社會福祉原論』, ミネルヴァ書房, p.166~167.

山脇直司(2005).『社會福祉思想の革新 ― 福祉國家・セン・公共哲學 ―』, かわさき市民アカデミー出版部, p.59~72.

Erving Goffman(1961). ASYLUMS―Essays on the Mental Patients and Other Inmate, the United States of America.

藤野豊著(2001).『「いのち」の近代史「民族淨化」の名のもとに迫害されたハンセン病患者』, かもがわ出版.

J. Mansell and K. Ericsson(1996). Deinstitutionalization & Community Living(中園康夫, 末光茂監譯(2000).『脫施設化と地域生活』「第1章序論: 脫施設化に向けて」, 相川書房).

Linda H. Rammler(1992). About the Lives of Other Human Beings: The benefits of deinstitutionalization for people with mental retardation, McGill Journal of Education, Vol. 27, No. 3, p.311~327, クノフォーラム『脫施設化(deinstitutionalization)おける社會性と行動研究』p.313-314

J. David Smith, Edward A. Polloway(1995). Patterns of Deinstitutionalization and Community Placement, Education and Training in Mental Retardation and Developmental Disabilities, 88, p.21~27, クノフォーラム『脫施設化(deinstitutionalization)おける社會性と行動研究』p.321~328.

Piat, Myra(2000). THE NIMBY PHENOMENON: Community Residents' Concerns about Housing for Deinstitutionalized People. Health & Social Work, May 2000, Vol.25 Issue2, p.127~139.

Craig, Tom & Timms, Philip W. (1992). Out of the ward and onto the streets? Deinstitutionalization and homelessness in Britain. Journal of Mental Health, 1992, Vol.1 Issue3, p.265~276.

Baum, Alice S. & Burnes, Donald W. (1993) Facing the facts about homelessness. Public Welfare, Spring 93, Vol.51 Issue2, p.20~28.

Grob, Gerald N.(1995). The paradox of deinstitutionalization. Society, Jul/Aug95, Vol.32 Issue5, p.51~60.

11장

감정기(2000). 「비영리민간단체의 지역사회복지 협력방안」, 지역사회복지운동, 제8집, 한국지역사회복지학회.

강문규(2000). 「NGO시대의 도래와 대응」, 경희대 NGO대학원.

김기식(2001). "시민단체와 사회복지계의 새로운 연대를 모색하며", 2001년 한국사회복지학회 춘계학술대회.

박상필(1999). 「비영리단체(NPO)의 개념틀 정립을 위한 이론적 논의」, 한국행정연구, 제8권 제2호.

박석희(1999). 「민간환경단체의 실태와 활성화 방안 연구 — 상호의존적 동반자 모형의 관점에서 —」, 서울대학교 행정대학원 석사학위논문.

박태영 · 신민정(2001). 「지역사회복지 증진을 위한 비영리민간단체의 활용방안」, 사회복지개발연구, 통권 제27호, 사회복지개발연구원.

박태영 외(2005). 「평택시 사회복지 기초자료 조사보고서」, 평택시.

박충훈 · 김연수(2002). 『NGO의 자율성 확보를 위한 지원체제 확립방안』, 경기개발 연구원.

안용완(2001). "사회복지계에서 본 시민단체와 사회복지", 2001년 한국사회복지학회 춘계학술대회.

이인재(2004). 『한국지역복지실천론』, 나눔의 집.

이창호(1999). "시민운동 · 사회복지 · 자원봉사", 『새 천년 한국 시민사회의 비전』, 한양대 출판부.

이창호(1999). '시민단체와 사회복지', 제10회 전국사회복지대회 자료집, 한국사회복지협의회.

이형진 역(2001). 『NPO란 무엇인가』, 아르케.

조희연(2000). "한국 시민사회단체(NGO)의 역사 현황과 전망", 김동춘 외, 『NGO란 무엇인가』, 아르케.

행정안전부(2008). 비영리민간단체 등록현황(2008. 12. 31)

12장

강동식 · 안용식 · 원구환(2000). 『지방행정론』, 대영문화사.

강호성(1997). 「한국지역복지정책의 모형정립에 관한 연구 — 대전광역시를 중심으로 —」, 사회복지개발연구원, 사회복지개발연구, 제3권 제1호.

김회창(2000). "중앙행정 권한의 지방이양에 관한 소고", 인천광역시 동구의회.

김정훈(1996). 「국세와 지방세의 조정방안」, 한국지방행정연구원.

김재훈(1995). 「지방화 시대의 정부 간 협력체계 구축 방안」, 한국행정연구원.

박경일(1995). 「지방자치단체의 정책시스템에 있어서 복지정책 체계화의 전략과 과제」, 동국대학교 영남지역발전연구소, 지역발전연구, 제1권.

박광준(1996). "경제사회의 불균형과 삶의 질", 『삶의 질과 지역불균형』, 부산여자대학교 사회과학연구소 편, 세종출판사.

박병현(2004). "한국사회복지의 중앙정부와 지방정부의 역할: 시, 군의 소지역을 중심으로", 2004 한국사회복지학회 춘계학술대회 자료집.

방성수(1995). 「지방자치시대의 복지행정 방향」, 사회복지개발연구, 제1권 제3호, 사회복지개발연구원.

봉민근 · 전수일(1995). 『지방자치와 복지행정』, 홍익재.

분권과 참여를 위한 시민사회 네트워크(2003). "지방분권 과제와 시민운동의 실천방안".

송정부(1997). "지방자치와 지역복지의 불평등", 『한국사회복지와 불평등』, 김영모 박사 회갑기념논문집간행위원회, 일조각.

송대회 · 노기성(1992). 「지방자치제 실시에 따른 중앙 · 지방재정기능의 재정립」, 한국개발연구원.

이계식 · 박종규 · 박종구(1996). 「중앙 · 지방정부 간 관계 및 재원조달」, 한국개발연구원.

이재완(1998). "지방자치와 사회복지", 『한국사회복지의 현황과 쟁점』, 인간과 복지.

이정호(1995). "지방자치의 의의와 사회복지에 미치는 영향", 계간 사회복지, 통권 제124호, 한국사회복지협의회.

오재일(2003). "분권화 시대. 지방의 준비와 대응방안", 지방자치헌장 선포 2주년 기념사업회, 지방자치헌장 선포 2주년 기념 시민대토론회.

한성덕(1995). "자치단체의 주민복지대책", 지방자치단체의 정책과제, 대구발전동우회.

홍문식 · 장영식 · 오영희(1995). 『지방자치시대의 주요 보건 · 복지사업 평가체계 개발』, 한국보건사회연구원.

전재일(1996). 「지방자치 하에 있어서 사회복지 활성화 방안」, 사회복지개발연구, 제2권 4호.

전광현(1994). "일선사회복지행정의 변화와 과제", 경남사회복지대회, 경상남도사회복지협의회.

전광현(2004). "지방분권과 사회복지지서비스", 계간 사회복지 겨울호, 163호, 한국사회복지협의회.

정부혁신지방분권회위원회(2003). "참여정부 지방분권의 비전과 추진방향", 제5회 국정과제회의 보고자료.

참여연대 사회복지위원회(2005). "복지와 재정분권화 이대로 좋은가" 토론회 자료.

한국사회복지학회(2004). "지방화와 사회복지현장의 과제", 2004 한국사회복지학회 추계공동학술대회.

한국사회복지정책학회(2004). "탈중심화 시대 사회복지정책에서의 중앙정부와 지방정부의 역할재편", 제1회 서울사회복지정책포럼.

한국사회복지정책학회(2004). "참여정부 사회복지정책의 조망과 과제", 2004 후기학술대회.

한국사회복지행정학회(2004). "사회복지행정 환경의 변화와 복지거버넌스", 2004 추계학술대회.

한국지방자치학회(2000). 『한국지방자치론』, 삼영사, 제3판.

통계청(1996). 『한국의 사회지표』.

한국도시행정연구원(1997). 『전국통계연감』.

한국보건사회연구원(1995).『지방자치시대의 주요 보건·복지사업 평가체계 개발』.

藤村正之(1992).「自治體福祉政策の實施構造」, 社會保障研究所編, 福祉國家の政府間關係, 東京大學出版會.

坂寄俊雄·小倉襄二 編(1980).『生活·社會保障と自治體』, 法律文化社.

山下裟麥男 編著(1994).『轉換期の福祉政策』, ミネルウア書房.

右田紀久惠(1993).『自治型 地域福祉の展開』, 法律文化社.

伊部英男·大森 彌 編著(1998).『福祉における國と地方』, 中央法規出版.

眞田是(1992).『地域福祉の原動力-住民主體論爭の30年』, かもがわ出版.

大橋謙策 編著(1996).『地域福祉計劃策定の視點と實踐』, 第一法規.

武川正吾(1992).『地域社會計劃と住民生活』, 中央大學出版部.

佐佐木信夫(1994).『新しい地方政府』, 芦書房.

横田克巳(1992).『參加型市民社會論』, 現代の理論社.

福井英雄·高田昇編(1993).『地域づくりと住民自治』, 法律文化社.

恒松制治(1994).『富野暉一郎·宮本憲一·地方分權』, 東方出版.

三塚武男(1992).『住民自治と地域福祉』, 法律文化社.

木田弘(1990).『現代地方自治の機能と役割』, ぎょうせい.

稻葉一洋(1992).『住民の參加と地域福祉計劃』, 現代地域福祉論, 法律文化社.

牧里毎治(1997).『地域福祉計劃の考え方と機能』, 地域福祉事典, 中央法規.

橋本和孝(1989).『生活樣式の社會理論』, 東信堂.

北川淸一(1991).『生活と社會福祉』, 海聲社.

山手 茂 編(1992).『生活原論-生活と福祉の基礎理論』, 放送大學敎育振興會.

一番ケ瀬康子 編著(1994).『生活福祉論』, 光生館.

川添 登·一番ケ瀬康子 編著(1993).『生活學原論』, 光生館.

副田義也·松原治郎·靑井和夫 編(1973).『生活構造の理論』, 有斐閣.

三重野 卓(1990).『'生活の質'の意味』, 白桃書房.

古川孝順(1994).『社會福祉學序說』, 有斐閣.

高田眞治(1981).『社會福祉計劃論』, 誠信書房.

高田眞治(1997).『地域福祉計劃の系譜』, 地域福祉事典, 中央法規.

西 三郎·大山 博·龜谷二男 編(1993).『新時代の自治體福祉計劃』, 第一書林.

濱野一郎·野口定久編(1996).『コミュニティワークの新展開』, みらい.

濟藤彌生·山井和則(1995).『高齡社會と地方分權』, ミネルウア書房.

日本家政學會 編(1992).『生活資源論』, 朝創書店.

社會保障講座編輯委員會 編(1981).『生活と福祉の課題』, 綜合勞動研究所.

日本地域福祉學會地域福祉史研究會 編(1993).『地域福祉史序說』, 中央法規.

필자소개(가나다순)

가와시마 유리꼬(川島ゆり子) / 花園大學專任講師

「地域福祉計畵の評價」牧里毎治 野口定久 編著 分擔執筆『地域福祉計畵の研究―協動と參加によるシステム形成』2008年 4月, ミネルヴァ書房, pp. 220-237.

「コミュニティ・ケア概念の變遷 ― 新たなケアの展開に向けて―」『關西學院大學社會學部紀要』103, 2007年 11月, pp. 67―78.

「ソーシャル・キャピタル論の社會福祉研究への援用 ― 地域を基盤とする社會福祉實踐の展開に向けて-」『日本の地域福祉』日本地域福祉學會紀要21, 2008年 4月, pp. 43-57.

권현주 / 岡崎女子短期大學敎授

三好明夫・西尾孝司編著 分擔執筆『高齡者福祉學―介護福祉士・社會福祉士の專門性の探求―』學文社, pp. 11-26, 2007.

「中都市在住高齡者の手段的サポート選好度とその構造―大都市在住高齡者との比較の視点に基づいた考察―」『厚生の指標』54(2), pp. 1-6, 2007.

김난희 / 關西學院大學非常勤講師

「韓國の地域福祉推進における市民團體の現狀と可能性について一考察」『社會福祉學』日本の社會福祉學會, 49(4).

「地域福祉推進と『公共的空間』」『關西學院大學社會學部紀要』102, pp. 101-114, 2007.

니시 기요꼬(西郁代子) / 金城大學社會福祉學部助敎

「12章 地域における福祉サービスの評價方法と實際」坪井眞編著『地域福祉の理論と方法』(株)みらい, pp. 182-196, 2009.

마끼사또 쯔네지(牧里每治) / 關西學院大學敎授

『住民主體の地域福祉論─理論と實踐』井岡勉監修, 牧里每治・山本隆編 (京都)法律文化社, 2008.

『協動と參加の地域福祉計畫─福祉コミュニティの形成に向けて』牧里每治・野口定久編著 ミネルヴァ書房, 2007.

『自治體の地域福祉戰略』牧里每治・野口定久・武川正吾・和氣康太編著 學陽書房, 2007.

박태영 / 대구대학교 사회복지학과 교수

『지역사회복지론』, 학현사, 2008.

『자원봉사론』, 공동체, 2008.

사또 준이치(佐藤壽一) / 寶塚市社會福祉協議會事務局長

사세 미예꼬(佐瀨美惠子) / 甲南女子大學准敎授

『住民參加による認知症デイの10年』介護支援の會松原ファミリー・易司・佐瀨美惠子編 エルピス社 2005年 11月.

「高齡者を援助する專門職と保險・醫療・福祉の總合的援助」「高齡者の權利擁護と高齡者虐待の防止」「高齡者に對する相談援助活動」『高齡者福祉概說』第 2 版 黑田硏二・淸水彌生・佐瀨美惠子編著 明石書房 2006年 4月, pp. 133-152, 153-167, 207-226.

「地域福祉とソーシャルワーク」(共著)『地域福祉論』石川一宏・牧里每治編著 ミネルヴァ書房 2007年 3月, pp. 1-23.

윤정수 / 일본 梅花女子大學大學院 現代人間學硏究科 교수

日本社會福祉學會 國際學術交流促進委員會 위원

국제고려학회 사무총장

이시카와 구니꼬(石川久仁子) / 大阪人間科學大學專任講師

쯔지다 미요꼬(土田美世子) / 龍谷大學准敎授

「子育て支援のためのネットワーク構築」分擔執筆『福祉社會の再構築』，ミネルヴァ書房，pp. 125-145, 2008.

전광현 / 서울신학대학교 사회복지학과 교수

한국지역사회복지학회장

카야마 탄(加山彈) / 東洋大學專任講師

「社會福祉援助技術の形成と發展」井村圭壯・谷川和昭編 分擔執筆『社會福祉援助技術の基本體系』，勁草書房，pp. 57-69, 2007.

「まちづくり政策」古川孝順編 分擔執筆『生活支援の社會福祉學』，有斐閣，pp. 204-216, 2007.

「地域福祉と住民參加・事者參加」井村圭壯・豊田正利編 分擔執筆『地域福祉の原理と方法』，學文社，pp. 141-151, 2008.

찾아보기

한일지역복지론

초판 1쇄 발행 2010년 2월 26일

엮은이 | 전광현 · 마끼사또 쯔네지
펴낸이 | 박정희

기획편집 | 권혁기, 이주연, 최미현, 양송회
마 케 팅 | 김범수, 이광택
관   리 | 유승호, 양소연, 김성은
디 자 인 | 하주연, 강미영
웹서비스 | 이지은, 양지현

펴 낸 곳 | 사회복지전문출판 나눔의집
등록번호 | 제25100-1998-000031호
등록일자 | 1998년 7월 30일

서울시 구로구 구로3동 222-7 코오롱디지털타워빌란트 703호
대표전화 | 02-2103-2480 팩스 | 02-2103-2488
홈페이지 | www.ncbook.co.kr / www.issuensight.com

ISBN 978-89-5810-166-6 (93330)